Hans Modrow · *In historischer Mission*

Hans Modrow

In historischer Mission

Als deutscher Politiker unterwegs

Mit einem Vorwort von Oskar Lafontaine

edition ost

Vorwort

Hans Modrow lernte ich in den 80er Jahren in Dresden kennen. Dort stand er seit geraumer Zeit an der Spitze der Bezirksleitung der SED. Warum er einst von der Parteizentrale an die Peripherie kommandiert worden war, entzog sich meiner Kenntnis. Um ehrlich zu sein: Kaderpolitische Entscheidungen und deren Hintergründe interessierten im Westen wenig.

Etliche sozialdemokratische Politiker hatten Dresden bereits aufgesucht und dabei auch Hans Modrow getroffen. Den Grund verriet Willy Brandt, als er bei seiner ersten Begegnung mit Modrow diesem am 13. Februar 1990 gestand, daß man seinerzeit den Tipp von skandinavischen Freunden erhalten habe. Man solle nicht nur an die Spree, sondern auch an die Elbe fahren, in Dresden säße ein Mann, der sich von den SED-Spitzenfunktionären ein wenig unterscheide.

Mithin: Ich war nicht der erste SPD-Politiker, ich reihte mich ein. Gerhard Schröder reiste nach Elbflorenz, Klaus von Dohnanyi und Björn Engholm, Egon Bahr und Hans-Jochen Vogel ... Sie suchten und führten vorurteilsfrei den offenen Meinungsaustausch wie Richard von Weizsäcker, der eine Reise in die Tschechoslowakei für einen Zwischenstopp in Dresden nutzte.

Hans Modrow wurde im Westen als »Hoffnungsträger« gehandelt, als ein Mann, der in der Zeit nach Honecker in der DDR eine wichtige Rolle spielen würde.

Immerhin war er nicht nur 15 Jahre jünger als mein Landsmann Honecker, den ich 1987 an der Saar hatte bewirten können. Er verfügte auch über eine etwas andere Weltsicht, woran der Krieg und seine Folgen ursächlich Schuld trugen. 17jährig hatten ihn die Nazis ins letzte Aufgebot gepreßt. Der Sohn eines Seemanns, der sich inzwischen in Pommern niedergelassen hatte, kam im Mai 1945 in sowjetische Kriegsgefangenschaft. Ohne je einen Schuß auf den Feind gefeuert zu haben, wurde er von diesem für ganze vier Jahre ins Lager gesteckt. Erholsam war das alles nicht, aber lehrreich. Und prägend. Ich vermute mal: In jenem Waldlager südlich von Moskau und in der Zentralen Antifaschule in Rjasan hat Modrow mehr über Menschen und die Welt erfahren können als Honecker in zehn Jahren im faschistischen Zuchthaus. Wir wissen ja spätestens seit Marx, daß auch die Umstände den Menschen formen.

Zwischen Kascha und dem »Kapital« wuchsen er und andere ostdeutsche Nachkriegspolitiker heran. Die Maxime, die ihr ganzes Leben bestimmen sollte, entstand in jener Zeit: nie wieder Krieg, nie wieder Faschismus! Und da für sie beides – Krieg und Faschismus – in der »imperialistischen« Produktionsweise wurzelte, hatte dies eine logische Konsequenz: eine alternative Gesellschaft aufzubauen.

Diese Absicht teilten sie wohl mit den meisten Deutschen. Selbst die Adenauer-CDU erklärte am 3. Februar 1947 am Anfang ihres Ahlener Programms: »Das kapitalistische Wirtschaftssystem ist den staatlichen und sozialen Lebensinteressen des deutschen Volkes nicht gerecht geworden. Nach dem furchtbaren politischen, wirtschaftlichen und sozialen Zusammenbruch als Folge einer verbrecherischen Machtpolitik kann nur eine Neuordnung von Grund aus erfolgen.«

Auch Modrow und seinesgleichen haben sich dieser »Neuordnung von Grund aus« verschrieben. Deutschland war besiegt und besetzt: Erst 1990 endete die Nachkriegszeit.

Die Souveränität der Bundesrepublik und der DDR war gewiß von unterschiedlicher Qualität, aber Herr im eigenen Hause waren sowohl Adenauer als auch Ulbricht nicht.

Und daß sowohl Washington als auch Moskau sehr wohl eigene Großmachtinteressen zu Lasten ihrer Verbündeten durchsetzten, ist auch ein offenes Geheimnis.

Die DDR-Führung hatte wirtschaftlich und politisch an zwei Fronten zu kämpfen – vor sich »die Brüder und Schwestern«, hinter sich den Großen Bruder, der weitgehend die Geschäftsordnung diktierte. Eigentlich wollte ich Honecker bereits 1984 zum Staatsbesuch an der Saar begrüßen, was ihm Moskau untersagte.

In dieser mehr als mißlichen Lage hat die DDR Beachtliches geleistet: vom Arbeitsgesetzbuch (das in der Bundesrepublik bis heute seinesgleichen sucht) über die Volksbildung, die medizinische Versorgung, die Landwirtschaft bis hin zur Sozialpolitik. Aber es fehlten Rechtsstaat und Demokratie. Das eine läßt sich nicht gegen das andere aufrechnen, und wo die DDR unter ihren eigenen Möglichkeiten und Ansprüchen blieb, wo sie bürgerliche Rechte beschnitt, da muß man ihr das stets vorhalten. Man muß jedoch die ganze historische Wahrheit sehen, wenn mit der DDR abgerechnet wird, mit diesem gescheiterten Versuch, eine andere, bessere Gesellschaft zu errichten.

Wir waren seinerzeit froh, als die Mauer fiel und die deutsche Zweistaatlichkeit endete.

Doch was haben wir daraus gemacht? Ist die Welt um Vieles besser geworden?

Die Schamlosigkeit der Konzerne ist proportional mit ihren Gewinnen gewachsen. Nicht zu reden von der Schamlosigkeit der Regierenden: Millionen Menschen werden in Jobs gedrängt, die die Existenz nicht sichern, doch sie stehen nicht mehr in der Arbeitslosenstatistik, und schon jubelt alle Welt: der Aufschwung ist da!

Hans Modrow hat vier Jahrzehnte in der DDR Politik gemacht: geradlinig, bodenständig. Ein Parteisoldat, ohne die Parteien wie die SPD oder die SED nicht existieren konnten.

Bei uns nennt man solche Personen »Urgestein«.

Nach der gängigen Lesart hat die DDR die Adligen und die Bürgerlichen vertrieben, zurück blieben nur Kleinbürger und Proleten. Zu denen gehört Hans Modrow durchaus, er hat dies nie bestritten. Ohne Politiker wie ihn hätten wir nie derart geordnet und zivilisiert die deutsche Einheit herstellen können. Selbst der *Spiegel* (20/2007), der sonst kein gutes Haar an Modrow und seiner Partei läßt, befand unlängst: »Die mißliebige Partei, die aus der DDR hervorging, ist ein Glücksfall für die deutsche Demokratie: ein Faktor der Stabilität.«

Viele in Deutschland zeigen Hans Modrow immer noch die kalte Schulter. Im Ausland, das bezeugen die nachfolgenden Erinnerungen, sieht man ihn ein wenig anders. Dort ist der Ministerpräsident a. D. ein »Elder Statesman« und genießt die damit verbundene Aufmerksamkeit.

Die unversöhnliche Ablehnung, die Hans Modrow oft in Deutschland entgegengebracht wird, zeigt, wie weit wir noch von normalen Verhältnissen in der Bundesrepublik entfernt sind.

Oskar Lafontaine,
im Sommer 2007

Wer mit 20 kein Sozialist ist, hat kein Herz –
wer mit 40 keiner mehr ist, hat kein Rückgrat.

Andrej Hunko,
25. März 2007

Warum noch ein Buch?

Verlage neigen dazu, Autoren Arbeit abzutrotzen, wenn sich ein Jubiläum im Kalender andeutet. Das aus diesem Anlaß entstehende und dann gebundene Manuskript nennt die Werbung in völliger Umdeutung der Umstände »Geschenk«, wobei die Frage unbeantwortet bleibt, wer da eigentlich beschenkt wird. Als sich das Ende meines achten Lebensjahrzehntes und damit auch das Ende meines aktiven Politikerdaseins abzeichnete, wurde folgerichtig ein solcher Vorschlag auch an mich herangetragen. Ich hätte wohl nun ein wenig mehr Zeit. Und es wäre doch ein angemessenes *Geschenk* zum 80. Geburtstag …

Ungeachtet des Kalenders habe ich in der Tat noch einige Themen in meinem persönlichen Arbeitsplan, über die ich nachdenken und mich auch öffentlich mitteilen möchte. Gemeinhin reflektiert man über sich, die Welt und seinen Platz auf der selben auch ohne Jahrestage und äußere Anlässe. Doch der Vorschlag kam mir nicht ungelegen. Ich mochte erzählen, welchen Menschen ich überall auf der Welt begegnet bin, unter welchen Umständen und mit welchen Folgen. Natürlich hatte ich da und dort gelegentlich über meine internationalen Kontakte geschrieben, doch ich wollte einmal speziell auf diese Bekanntschaften den Fokus richten.

Ich war Landtagsabgeordneter, gehörte der Volkskammer und dem Deutschen Bundestag an, saß eine Legislatur im Europaparlament. Und ich war mehr als anderthalb Jahrzehnte Ehrenvorsitzender jener Partei, die aus der SED gekommen ist. Da blieb es nicht aus, daß man regelmäßig mit Parlamentariern und Politikern aus vielen Ländern zusammenkam. Dafür sorgt schon das Protokoll. Mir geht es jedoch weniger um solche Begegnungen, die gehabt zu haben keine besondere Leistung darstellt. Mir sind solche Bekanntschaften wichtig, die sich über Jahrzehnte als tragfähig und belastbar erwiesen. Die irgendwann zufällig entstanden: bei Gelegenheit eines offiziellen Treffens, am Rande einer Konferenz, im Rahmen eines Parteitages. Auch wenn die Ämter wechselten, behielt man sich im Auge. Noch heute empfangen mich reife Herren – wir sind ja, wenn auch in verschiedenen Staaten lebend, gemeinsam älter geworden – ,wenn ich etwa nach Japan oder nach Zypern reise, oder wenn ich in Moskau oder Prag, Warschau oder St. Petersburg zu Besuch bin. Wir empfinden noch immer jenen wechselseitigen Respekt, den wir uns in unserer aktiven Zeit zollten. Und manche von diesen Politikern, die ein wenig jünger und darum umso aktiver sind, holen sich Rat und profitieren darum von diesen Beziehungen, die vor Jahrzehnten schon geknüpft wurden.

Der Begriff von der *Einen Welt* ist gültig auch in diesem Metier. Wir haben, jeder an seinem Platze und mit durchaus verschiedenen Intentionen, daran mitgewirkt, daß sich die Völker näherkamen, daß Handel und Wandel sich entwickelten und somit Frieden blieb. Darin sahen wir unsere historische Mission. Wir waren in einer konkreten Zeit an einen bestimmten Platz gestellt und hatten dafür den Auftrag, das Mandat. Das war die politische Ebene, zu der dann auch die menschliche kam. Auch politische Menschen sind verschieden. Da gibt es Verschlossene und auch Verschlagene, ich traf kultivierte und aufgeschlossene Partner, eiskalte und durchtriebene, warmherzige und sympathische. Selten bestand zwischen Parteibuch und Charakter ein direkter Zusammenhang. Unter den Konservativen fand ich soviel Freundlichkeit, wie ich bei vermeintlichen Freunden auf unterdrückte Gegnerschaft stieß. Charakter und Charisma sind keine Frage der Weltanschauung. Das ist eine meiner wichtigsten Lebenserfahrungen.

Und die vielleicht zweitwichtigste: Sachverhalte und Personen sollte man besser emotionslos und ohne Vorbehalte beurteilen. Wer sich ideologisch vernagelt, macht sich selber blind. Diese Beobachtung machte ich in allen politischen Lagern, auch wenn noch immer der Irrtum weit verbreitet ist, Ideologen gäbe es ausschließlich bei den Kommunisten. Warum wohl, zum Beispiel, fand Lothar Bisky in vier Wahlgängen keine Mehrheit im Deutschen Bundestag, als er für seine Fraktion den ihr zustehenden Vizepräsidentenstuhl besetzen sollte? Allein seine Herkunft, die ihm eingebrannt ist als Kainsmal wie anderen Ostdeutschen auch, sorgte für Verweigerung. Die wiederholte kollektive Ablehnung war nicht minder ideologisch motiviert wie jener Eklat im Berliner Abgeordnetenhaus, als Evelyn Kenzler als Verfassungsrichterin abgelehnt wurde. Die promovierte Juristin hatte nicht nur dem Bundestag, sondern auch einmal der SED angehört. Das ist im übrigen auch von Belang, wenn sich beispielsweise ein junger Ostdeutscher für einen Job bei der Bundeswehr bewirbt. Neben den üblichen Auskünften hat er noch einen Zusatzfragebogen auszufüllen, in welchem es um seine Zugehörigkeit und die seiner Eltern und anderer Verwandten zu SED, MfS und andere Organisationen in der DDR geht. Und das 17 Jahre nach dem Ende der zweiten deutschen Nachkriegs-Republik!

Oder was gab es für ein Geschrei, als ich erklärte, daß für die Mauer sowohl der Osten als auch der Westen Verantwortung trüge? Was heute von Historikern kaum mehr in Zweifel gezogen wird, daß nämlich der 13. August 1961 eine unübersichtliche, gefährliche Lage zwischen den Blöcken klärte, die Berlin-Krise beendete und objektiv Voraussetzungen für die Entspannungspolitik lieferte, wird von einigen Kalten Kriegern noch immer bestritten. Bei der notwendigen Hinnahme dieser im übrigen zwischen den Großmächten zuvor abgestimmten Maßnahme haben wir in der DDR so wenig gejubelt wie in der BRD. Die Folgen der Teilung waren auf unserer Seite mindestens ebenso schmerzlich spürbar wie auf der anderen Seite. Wer wie ich zu einer auf diese Weise getrennten Familie gehörte, erlebte es unmittelbar im eigenen Dasein.

Doch die deutsche Teilung war nun mal keine Erfindung der Ostdeutschen, sondern die unmittelbare Folge jenes barbarischen Krieges, den Deutschland 1939 vom Zaun gebrochen hatte. Das deutsche Volk mußte für diese Verbrechen büßen und sühnen. Eine der uns gemeinsam auferlegten Strafen war die Spaltung, die – durchaus logisch – erst durch die Verhandlungen der vier Siegermächte mit den beiden Deutschländern 1990 beendet wurde. Mit diesem 2+4-Vertrag ging die Nachkriegszeit auch ohne einen Friedensvertrag mit Deutschland zu Ende.

Nur Ideologen, die den Blick vor der Geschichte verschließen, kommen zu einem anderen Urteil als jenem, daß die Grenze quer durch Deutschland weder Willkür noch eine rein deutsche Entscheidung gewesen sei.

Eine andere Erfahrung, die ich machte: Ideologie und Haltung sind keineswegs identisch. Auch wenn man die politischen Positionen seines Gegenübers nicht teilte: Konsequentes Beharrungsvermögen und Prinzipien machten ihn berechenbar und damit verläßlich – und auch der Gesprächspartner aus dem anderen Lager wußte die Ehrlichkeit eines geradlinigen Kommunisten durchaus zu würdigen. Ein antikommunistischer Konservativer war darum als Gesprächspartner mitunter zuverlässiger als ein vermeintlicher Linker, der sich wie ein Halm in jedem Wind bog. Da wußte man nie, ob morgen noch galt, was man heute vereinbart hatte. Mancher »Gesinnungswandel« dieser Art konnte mich darum nach 1990 kaum überraschen, wiewohl er auch enttäuschte.

Freundschaften entstehen selten bis nie zwischen Politikern, heißt es. Das trifft wohl zu. Verbindungen sind Zweckbündnisse, gleichsam Koalitionen, temporäre Beziehungen, die sich erledigen, wenn ihr Zweck entfällt. Diese Erfahrungen habe ich auch zur Genüge machen müssen. Die meisten Freundschaften sind älteren Datums, sie entstanden vor der aktiven Politik oder in persönlich kritischen Situationen in der Politik, bei denen sich die Gemeinsamkeit als verbindend erwies. In gewisser Weise gilt das auch auf der internationalen Ebene. Es gibt dort keine Konkurrenzsituation, keine Küchenkabinette oder Intrigen. Grenzüberschreitende Mauscheleien und die Verschiebung von Posten finden eher nicht statt; gut, ich klammere jetzt Brüssel einmal aus.

Anfänglich gab es auch noch ein anderes Moment, das sich aber im Laufe der Jahre verlor. Ich machte meine ersten politischen Schritte bei der Freien Deutschen Jugend und im Weltbund der demokratischen Jugend. Wir sangen damals »Uns vereint gleicher Sinn, gleicher Mut«. Dieser »gleiche Sinn« führte uns zusammen und brachte uns nahe. Näher als jeder politische Gegner. Wir waren in des Wortes ursprünglicher Bedeutung *Genossen.* Die Zugehörigkeit zur Gemeinschaft Gleichgesinnter war weit mehr als die Mitgliedschaft in irgendeinem Verein. Wen die Partei verstieß, wen die Bewegung ausschloß, war der Geborgenheit und oft auch seines Lebensinhalts beraubt. Dieses Verhältnis ist heute, wo alles lockerer geworden ist – auch die Beziehungen untereinander –, kaum noch nachzuvollziehen. Wir reden heute nur noch über die Kehrseite: daß diese Haltung von »der Führung« schamlos mißbraucht worden sei. Wir wissen von Erschießungen in sowjetischen Lagern, daß selbst die Gemeuchelten mit dem Ruf »Es lebe Stalin!« starben – obgleich eben dieser an ihrer Ermordung ursächlich Schuld trug.

Über das berechtigte Beklagen solchen Unrechts vergessen wir, das Positive zu erinnern. Der »von der Partei« anerzogene Gemeinsinn vermochte mehr Mitmenschlichkeit und Solidarität zu erzeugen als jede andere Idee. Wir mußten nicht von einem Band der Generationen reden: Es existierte. Verantwortung füreinander: eine

Selbstverständlichkeit. So etwas entstand nicht im Selbstlauf oder, wie man heute sagt, aus der Not, jener berühmten »Freundschaft im Graben«, mit der man sich gemeinsam der Feinde erwehrte. Diese Haltung verlor sich aus verschiedenen Gründen, die nicht ausschließlich politischer Natur waren. Auch die moderne Industriegesellschaft mit Arbeitsteilung und Mobilisierung trug daran ihren Teil. Die Großfamilie erledigte sich wie das Bedürfnis, sich in eine politische Gemeinschaft hineinzubegeben und sich einem Statut zu unterwerfen. Wenn derzeit weniger als drei Prozent der Deutschen einer Partei angehören, hängt das zwar ursächlich mit der Veränderung der Gesellschaft zusammen – aber vielleicht auch mit dem Zustand der Parteien selbst.

Auch aus diesem Grunde habe ich mich an dieses Buch gemacht. Es ist ein Pläydoyer für ein politisches Engagement. Der Mensch ist nun einmal, bei allen individuellen Neigungen, ein Gemeinschaftswesen. Jeder braucht den anderen – selbst der größte Narziß ist auf Publikum angewiesen. Aus diesem Wissen muß Verantwortung folgen. Jeder, der diese Erde bevölkert, trägt nicht nur abstrakt Verantwortung fürs Klima und für die Zukunft der Menschheit, sondern auch unmittelbar für die Nachbarn, die Kollegen, für Freunde und Verwandte. Diese Verantwortung kann man in sehr unterschiedlicher Weise wahrnehmen – nicht nur als Abgeordneter oder als Berufspolitiker. Aber sie muß übernommen werden. Nicht nur mit Worten, sondern auch in Werken.

Nun weiß ich, daß die Wirkung von Appellen, ob gedruckt oder gesprochen, ziemlich begrenzt ist. Und meist erreichen sie ohnehin nur jene, an die zu appellieren überflüssig ist. Sie wissen auch allein, was zu tun oder zu lassen ist. An jene aber, die man zu erreichen hofft, kommt man nur schwer heran. Es gibt heute weder Zirkel junger Sozialisten noch Parteilehrjahre oder dergleichen. Wenn man lediglich die Erfahrungen der letzten DDR-Jahre nimmt, kann man sagen: Und das ist auch gut so. Gleichwohl hatten solche Gremien nicht nur in den ersten Jahrzehnten eine politische Funktion. Sie haben auch Herzen geöffnet und den Horizont geweitet. Auch dieser Verlust macht sich heute in der Qualität der öffentlich geführten Diskurse bemerkbar. Die Bildungslücken werden immer größer, ohne daß die Betreffenden sich ihres Halbwissens bewußt sind.

Aber vielleicht ist das auch nur ein Eindruck, der dem Alter geschuldet ist. Wenn man Jahrzehnte Wissen akkumuliert, ist einem vieles bereits bekannt, was ein junger Mensch am Beginn seiner Lebensbahn sich erst erarbeiten muß.

Unsereiner hat dann die Aufgabe, seine Erfahrungen weiterzugeben, und die Hoffnung, daß diese auch zur Kenntnis genommen und gar angenommen werden. Das aber wäre dann schon ein ganz großes Glück. Für beide Seiten.

Es ist ganz offenkundig das glückliche Los der Älteren, daß sie nicht mehr darauf beharren müssen, Recht zu haben und Recht zu bekommen. Sie stehen auch nicht mehr unter dem Zwang der Beweisnot. Unser weißes Haar schützt uns zudem vor dem Verdacht, wir schielten auf jemandes Stuhl, den wir besetzen wollten, wenn wir den dort Sitzenden kritisieren. Dies alles macht frei, wirklich frei. Mitunter staunen wir, wenn plötzlich ehemalige Politiker, die in die Jahre gekommen und bar jeglichen Amtes sind, diese Freiheit nehmen und Einsichten äußern, die ihnen niemand zugetraut hätte. Ich erinnere mich an Robert McNamara, der zwischen 1961 und 1968 Verteidigungsminister der USA war und in dieser Eigenschaft Vietnam in die Steinzeit zurückbomben wollte. Mitte der 90er Jahre räumte er selbstkritisch dazu ein, daß er, daß die USA dort falsch gehandelt hätten: »Wir haben uns schrecklich geirrt.« Wieviel Leid, kann man einwerfen, wäre dem vietnamesischen und auch dem Volk der USA erspart geblieben, hätte er dreißig Jahre früher diese Freiheit des Urteils besessen?

Oder nehmen wir Heiner Geißler. Zwölf Jahre lang war er Generalsekretär der CDU unter Helmut Kohl. Er war ein Scharfmacher und Wadenbeißer. Erinnerlich ist vielleicht noch sein verbales Engagement zur Durchsetzung des gefährlichen NATO-Doppelbeschlusses, als er 1983 in einem *Spiegel*-Interview den Kritikern der Hochrüstung entgegenhielt, der Pazifismus habe »Auschwitz erst möglich gemacht«, worauf ihn Willy Brandt als »schlimmsten Hetzer seit Goebbels« bezeichnete. Inzwischen ebenfalls auf die 80 zugehend – er ist drei Jahre jünger als ich –, ist aus dem Saulus erkennbar ein Paulus geworden. »Das gegenwärtige Wirtschaftssystem ist nicht konsensfähig und zutiefst undemokratisch, es muß ersetzt werden durch eine neue Wirtschaftsordnung«, forderte Geißler beispielsweise am 31. Mai 2007 in einer Fernsehsendung und schloß sich den Globalierungsgegnern von *attac* an. Recht hat er. Wie er auch in einem *junge Welt*-Interview am 7. August 2007 die Überzeugung äußerte, daß nach dem Untergang des Realsozialismus

1990 sich die soziale Marktwirtschaft erledigt habe. »Die soziale Marktwirtschaft wurde nach 1990 von der politischen Klasse in der BRD ad acta gelegt. Die wirtschaftswissenschaftlichen Institute spielten dabei eine Rolle, ebenso die Wirtschaftsteile der großen Zeitungen, die zuvor murrend die soziale Marktwirtschaft vertreten hatten, weil sie die Deutschen gegen den Kommunismus immunisierte. Der war nun plötzlich weg, und die wahren Intentionen kamen zum Tragen.«

Eine überzeugendere Rechtfertigung der Sinnhaftigkeit einer DDR und des Sozialismus ist mir in den letzten Jahren nicht zu Ohren oder vor die Augen gekommen. Allein dessen Existenz zwang im Westen zu Zugeständnissen, die man seither nicht mehr zu machen braucht. Mit dieser Wertung ist der CDU-Politiker manchem linken Politiker um Lichtjahre voraus. Doch soviel Zeit haben wir nicht, um darauf zu warten, daß sich auch in linken Kreisen mit der Altersweisheit der positive Bezug zur DDR durchsetzt.

Selbst wenn dafür die Aussichten günstig stehen.

25 Prozent der derzeit in Europa lebenden Menschen sind über 60 Jahre alt, 2050 werden es schon 40 Prozent sein. Setzt sich der Anstieg der Lebenserwartungen künftig so fort wie in der letzten Zeit, ist damit zu rechnen, daß fast jeder zweite, der heute hierzulande zur Welt kommt, an die 100 Jahre alt werden wird. Inzwischen sprechen die Gerontologen vom Dritten Alter, das mit etwa 60 beginnt, und dem Viertem Alter, das jenseits der 80 liegt. Gesunde Ernährung und Lebensweise sowie eine bemerkenswerte medizinische Betreuung machen vieles möglich. Doch bei diesen Studien und Untersuchungen wird oft das seelische Wohlbefinden ausgeklammert. Und das ist unmittelbar an den Zustand der Gesellschaft geknüpft. Kein Großvater kann glücklich im Dritten und Vierten Alter sein, wenn er Zeuge der Perspektivlosigkeit seiner Enkel ist. Und so gern man den Kindern »unter die Arme« greift, macht es alle Beteiligten krank, wenn die Rente zur Finanzierung des Haushaltes der nächsten Generation dienen muß.

Das alles verletzt die Würde und macht auf Dauer krank. Und darum ist es dringlich, dieses System, wie Geißler richtig sagt, durch eine neue Wirtschaftsordnung zu ersetzen. Und in diese müssen und werden die Erfahrungen meiner Generation einfließen.

Hans Modrow,
im Sommer 2007

Mehr als 4,3 Milliarden Euro wurden an 1,66 Millionen ehemalige Zwangsarbeiter in mehr als 100 Ländern ausgezahlt. Die eindrucksvollen Zahlen und ein Festakt im Schloß Bellevue mit Bundespräsident Horst Köhler vermögen dennoch den schalen Beigeschmack nicht zu vertreiben, der den Vorgang stets begleitet hat. Während der erbittert geführten Diskussion Ende der 90er Jahre hielt sich hartnäckig der Verdacht, daß es den Initiatoren aus der Wirtschaft darum ging, mit den Entschädigungen Rechtssicherheit gegen drohende internationale Sammelklagen zu erkaufen. Dabei konnte von Wiedergutmachung ohnehin nie die Rede sein. Bis zu 7.500 Euro wurden an ehemalige Zwangsarbeiter überwiegend nach Tschechien, Polen, Rußland, Weißrußland und in die Ukraine überwiesen. Das machte die erlittenen Leiden nicht ungeschehen.

Frankfurter Rundschau,
12. Juni 2007

Meine ersten Ausländer

Jasenitz liegt am Haff und zwanzig Kilometer nördlich von Stettin. Das Dorf zählt vielleicht zweitausend Seelen. Nach 1939 werden es zunächst weniger: Die Männer müssen in den Krieg. Dann kommen Polen ins Dorf. Junge Männer. Sie arbeiten bei Bauern und schlafen wie deren ehemalige Knechte, die nun schießend die Welt erobern, im Stall bei den Kühen.

Später kommen auch Menschen vom Balkan und aus Skandinavien, die im nahegelegenen Hydrierwerk arbeiten. Unweit des Dorfes ist eine Fabrik im Wortsinne aus dem Boden gestampft worden. Dort produzieren unter deutscher Leitung aus Europa zusammengetriebene Zwangsarbeiter Treibstoff für Flugzeuge, die Bomben auf Städte werfen, aus denen sie kommen. (Ein Vorgang, der sich schon bald auch hier zutragen wird.)

Die »Fremdarbeiter« werden in Ermangelung von Quartieren auf die umliegenden Dörfer verteilt. In unser Dorf und auch ins »Schloß« ziehen Jugoslawen, Dänen und Norweger ein. Das Schloß ist ein zweigeschossiger Kasten, dessen Geschichte interessanter ist als sein Aussehen. Im frühen 14. Jahrhundert gründeten Augustinermönche an dieser Stelle ein Kloster, später wurde dieses säkularisiert. Irgendwann wurde daraus ein preußisches Gut, das aber in jenem Jahr verkauft wurde, als Napoleon Preußen überrannte. Als ich 1928 zur Welt komme, ist es im Besitz des Bauern Dittmann. Das Dorf bringt dort kinderreiche Familien zu günstigen Konditionen unter; es mögen so an die sechs bis acht Großfamilien unter dem Spitzdach sein, manche zählen bis zu zehn Kindern.

Modrows haben »nur« vier.

Heute ist das Haus eine Ruine, die nicht einmal mehr bis zum ersten Geschoß reicht. Jasenitz heißt Jasienica und ist ein Stadtteil von Police, was früher Pölitz war. Während des Krieges befand sich in Pölitz eines der 39 Außenlager des Konzentrationslagers Stutthof. Das KZ Stutthof – aber auch das werde ich erst viel, viel später erfahren – war das Werk Danziger Nazis in den 30er Jahren. Damals hieß die Hansestadt »Freie Stadt Danzig«, weshalb Stutthof als das erste Konzentrationslager außerhalb des deutschen Reiches gilt.

Um meine erste Begegnung mit den Fremden erklären zu können, sollte ich ein wenig ausholen. Dadurch wird auch meine Verwunderung verständlich, die mich noch heute befällt, wenn ich mich dieses Vorgangs erinnere.

Inzwischen wissen wir dank der Wissenschaft, daß Söhne ihren Vätern sehr viel ähnlicher sind, als es ihnen mitunter lieb ist. Und so muß auch ich mir eingestehen, daß ich von Franz Modrow sehr viel mitbekommen habe. Gute und weniger gute Eigenschaften, doch alles in allem wohl genügend positive, daß ich mein Leben in Anstand und Würde gestalten konnte. Vater fuhr von 1900 bis 1917 zur See. Zu den üblichen Seemannsleiden, etwa Malaria, kamen noch andere hinzu, als sein Vorpostenboot während des Krieges in der kalten Nordsee versenkt wurde. Er hatte – wie sein Sohn Franz im Zweiten Weltkrieg – das Glück, gerettet zu werden. Danach bekam er jedoch Magengeschwüre. Er mußte für immer an Land gehen, was ihn nicht davon abhielt, später ein marodes Segelboot zu erstehen, das er mühsam, Planke für Planke, wieder herrichtete.

Warum er sich ausgerechnet in Jasenitz niederließ und eine kleine Bäckerei eröffnete, habe ich ihn nie gefragt. Allerdings mochte er das Gewerbe aus verschiedenen Gründen nicht, und er riet seinen beiden Söhnen Franz und Hans dringend ab, es zu ergreifen. Wir hielten uns an diese Mahnung.

Allerdings war die väterliche Warnung unbegründet, wir mußten sein Geschäft nicht übernehmen. Die Weltwirtschaftskrise 1929/30 schlug um Jasenitz keinen Bogen. Die Bäckerei ging pleite und Vater nach Stettin, wo er sich in einer Fabrik verdingte. Er begann als Bote und arbeitete sich bis in die Buchhalterei hoch.

1932 schloß er sich den Nazis an. Ich will diesen Schritt keineswegs relativieren, indem ich feststelle, daß Franz M. zwar Mitglied der NSDAP, aber kein Nationalsozialist gewesen sei. Tatsache jedoch bleibt, daß mein Vater gleich vielen anderen Deutschen enttäuscht, verärgert und verbittert wegen der wirtschaftlichen Lage seine ganze Hoffnung auf den Demagogen aus Braunau warf.

Als ich das Alter erreicht hatte, trat ich wie allgemein üblich der Hitler-Jugend bei, ich engagierte mich bei der Feuerwehr, die – im politischen Sinne – mehr braun als rot war, was uns aber damals wenig interessierte. In Wettkämpfen wurde der von mir geführte HJ-Zug als die beste Jugendfeuerwehr Pommerns ermittelt und mit einem neuen Löschzug ausgerüstet. Schon bald wurden wir nach Bombenangriffen zu Löscheinsätzen ins Hydrierwerk und nach Stettin kommandiert, wo wir feststellen mußten, daß Wettkämpfe mit der Spritze das eine und Kriegseinsätze etwas völlig anderes waren.

Das soll genügen, um den vermeintlich politisch-gesellschaftlichen Hintergrund auszuleuchten, vor dem sich meine erste Begegnung mit Fremden vollzog, die ein »P« auf ihrer Kleidung trugen. Erstaunt registriere ich in der Rückschau, wie normal der Umgang

Ortsbesichtigung Jasenitz 70 Jahre später. Von Kloster und Gutshaus (links) sind nur noch Ruinenreste vorhanden

Ellen, Inge, Franz und Hans Modrow mit Vater, Mitte der 30er Jahre

erfolgte. Wenn wir bei der Feldarbeit Pause machten, hockten wir nebeneinander am Feldrain oder bei Tisch und aßen aus einem Topf. Bauer Dittmann, der den Hof besaß, spannte uns Kinder in die Feldarbeit mit ein, wir gehörten gleichsam zum Inventar oder zur Familie, wie nun auch die Polen. Sie machten die Arbeit, die getan werden mußte. In diesem Sinne waren sie ins Dorf integriert. Die Herrenmenschen-Ideologie drang in dieser dörflichen Gemeinschaft nicht durch. Ich kann mich nicht entsinnen, daß man im Ort einen allgemeinen Haß gegen »die Polacken« verspürt hätte. Und wo Fremd- und Zwangsarbeiter mit den Deutschen arbeiteten, unterließen es die bewaffneten Bewacher auch sie zu schuriegeln und zu quälen. Ich schränke bewußt ein, denn allein die Tatsache, daß es die meisten Jasenitzer offenkundig als selbstverständlich hinnahmen, wenn Fremde unfreiwillig ins Dorf kamen, und keiner fragte, ob diese Art Verschleppung rechtens sei, deutet mindestens auf Billigung der faschistischen Praxis. Man sah allerdings in den Polen keine Arbeitssklaven, die sie objektiv waren, sondern nützliche Arbeitskräfte, die die notwendigen Verpflichtungen erledigten, und das ordentlich und zu aller Zufriedenheit.

Diese Art Selbstverständlichkeit verstört. Eine Zeitlang hielt ich mir und den Jasenitzern eben jene souveräne Gelassenheit zugute. Ich will mich nicht darauf herausreden, daß ich jung war, die Schule wie üblich mit 14 verlassen und 1942 eine Lehre als Maschinenschlosser begonnen hatte. Mein Horizont reichte damals von Haff bis Hydrierwerk. Und ihn zu weiten wurde mir verwehrt: Ich war partiell farbenblind und auch sonst für die christliche Seefahrt an Deck nicht tauglich. So setzte ich auf den Maschinenraum und ließ mich in der großen Lehrwerkstatt des Hydrierwerkes zum Schlosser ausbilden in der Überzeugung, später als Maschinist an Bord eines Schiffes gehen und die Welt erfahren zu können.

Aber, noch einmal, das Wesen der Verschleppungspolitik durchschaute ich lange nicht und hielt gleich anderen alles für normal, was um mich herum in der dörflichen Gemeinschaft geschah.

Die nächsten Fremden treten in Gestalt der Roten Armee in mein Dasein. Da sind die Umstände schon nicht mehr so harmlos, und ich bin keineswegs unvorbereitet.

Im Januar 1945, nach sogenannter Notprüfung zum Abschluß der um ein halbes Jahr verkürzten Lehre, steckt man uns Ex-Lehrlinge in Uniform und in eine Ausbildungskompanie des Volkssturms. In Ziegenort, ebenfalls am Haff gelegen, bilden uns ein Hauptmann mit Verwundetenabzeichen und ein Feldwebel aus. Die beiden sind noch viel weniger als wir vom »Endsieg« überzeugt, und als wir uns im März »planmäßig« von Rügen zurückziehen, sagt schließlich der Kompanieführer, wir sollten uns verdrücken. Er wolle nicht unseren Eltern mit der Nachricht unter die Augen treten, er habe uns auf seinem Gewissen. Haut ab!

Es heißt, in Saßnitz gehen Schiffe nach Dänemark, wir sollten zusehen, wie wir dorthin gelangten. Anders als wir denkt er militärstrategisch. Unser Hauptmann ahnt, daß Deutschlands größte Insel für die Russen unwichtig ist: Die wollen so weit wie möglich nach Westen vorstoßen. Nach Stralsund kommt für sie Rostock, nicht Rügen. Also, verdrückt euch nach Hause!

Doch irgendwie müssen nicht alle Russen so wie unser Hauptmann gedacht haben. Nach zwei, drei Dörfern auf der Insel kommen uns doch einige in die Quere. Wir drehen um und werden schließlich auf dem Rügendamm gestellt, sechs Jungen aus Jasenitz und noch ein paar andere Rotzlöffel.

Wir dürfen, nachdem wir uns unserer Sachen entledigt haben, uns in die Masse Mensch einreihen, wir sind so anonym wie der Feind: kein Gesicht, kein Name, nicht mal eine Nummer. Bei der erstbesten Gelegenheit gehen wir stiften, ab Richtung Osten, dorthin, wo unser Dorf liegt, was uns vertraut ist. Wir wähnen die Rote Armee auf der Heerstraße der Sieger und ziehen es vor, diese zu meiden. Wir marschieren darum auf Eisenbahngleisen. Doch ehe wir Greifswald erreichen, hat uns »der Feind« wieder. Zum ersten Male ist eine Maschinenpistole auf mich gerichtet.

So also fühlt sich Gefangennahme an.

Wir wissen nicht, wohin man uns bringt und was mit uns geschieht. Wir laufen vor den Läufen. Als vor uns im Wald plötzlich Schüsse peitschen, sagt Arno Seeger mit ziemlich tonloser Stimme: »Ich glaube, die erschießen uns.«

Noch nie zuvor fiel mich derart die schreiende Angst an wie in jenem Augenblick. Und wenn ich es recht bedenke, habe ich mich auch später nie wieder in solcher Todesahnung befunden wie am Tag meiner Gefangennahme, als ich in Sekunden erwachsen wurde.

Wir stolpern mehr als wir gehen, denn wir fürchten den Knall und die Kugel im Kreuz. Tut das weh, oder merkt man es gar nicht, fällt man gleich um oder erst später? ... Im Kopf hämmert das Blut und die Fragen. Was geschieht mit uns?

Die Soldaten dirigieren uns auf einen Gutshof. Der ist voller Russen. Die singen und tanzen und ballern in die Luft. Uns Ankömmlinge beachtet niemand. Die Soldaten in den schmutziggrünen Uniformen sind ausgelassen wie Kinder. Was ist hier los?

Krieg kaputt, ruft man uns zu. Wenig später sickert in mein Hirn: Man hat uns nicht erschossen. Alles andere ist unwichtig. Es ist der 9. Mai 1945. Ich lebe!

Die Freude darüber weicht auch nicht, als wir wieder zu Fuß nach Stralsund zurück müssen. In dem Behelfslager dort herrscht deutsche Ordnung. Die Offiziere haben das Sagen, wir Milchbärte nichts. Die eintreffenden Soldaten haben sich zuvor in den Lebensmittellagern bedient, und die Russen haben ihnen das Brot, die Butter, Konserven, Würste etc. gelassen, damit die Kriegsgefangenen etwas zu beißen haben. Wir stehen auf der untersten Stufe der Wehrmacht-Hierarchie. Wir haben nichts zu bieten, nichts zu tauschen, für uns fällt nichts ab. Wir schieben Kohldampf und schimpfen nicht auf die »Kameraden«, sondern auf »die Iwans«, die wir nun auch so nennen. Wir sind nicht erschossen worden, schön. Das aber war vorgestern. Heute habe ich Hunger ...

Es ist schon erstaunlich, wie kurz nur das Glück im Menschen wohnt. Seßhaft ist es nicht gerade. Sprüche wie »Hier ist das Glück zu Hause« oder »Das Glück wohnte bei ihnen« sind darum ohne Bezug zur Realität. Denn was uns soeben noch glücklich macht, gilt schon bald als normal. Schon Wilhelm Busch wußte: »Wonach du sehnlich ausgeschaut, / es wurde dir beschieden. / Du triumphierst und jubelst laut: / Jetzt hab ich endlich Frieden! / Ach, Freundchen, rede nicht so wild, / bezähme deine Zunge! / Ein jeder Wunsch, wenn er erfüllt, / kriegt augenblicklich Junge.« Sinnigerweise hatte er den Vers mit »Niemals« überschrieben.

Unser Wunsch zu überleben, kriegt augenblicklich Junge, als er erfüllt ist. Der nächste heißt: essen!

Auch der erfüllt sich bald. Vier von uns Jasenitzern werden in ein Lager in Hinterpommern gesteckt. Lager ist vielleicht nicht der richtige Ausdruck. Es handelt sich um einen großen Gutshof, der von Rotarmisten recht und schlecht bewacht wird. Und wir rund dreißig Deutschen haben jetzt jene Funktion, die seinerzeit in Jasenitz die Polen erfüllten. Die Ernte muß eingebracht werden, doch es fehlen Arbeitskräfte. Die einheimische Bevölkerung war vor der Front geflohen, und eine neue ist noch nicht da (bekanntlich geht Pommern an Polen, und Warschau wird dort bis 1948 Landsleute ansiedeln, die im Osten ihre Heimat verloren).

In den Ställen des Gutshofes drängt sich das Vieh. Das haben die Soldaten zusammengetrieben. Es dient vordringlich ihrer eigenen Beköstigung. Wir versorgen die Schweine, Rinder, Pferde, Ziegen, Gänse, Enten, Hühner. Ich aber werde »Spezialist«. So titulieren die Russen jenen, der eine Tätigkeit verrichtet, die nicht alle machen. Ich bin nicht nur einer der jüngsten Kriegsgefangenen, ich bin auch Gespannführer und kutschiere den Kommandanten. Der ist Hauptmann, russisch: Kapitan. Mit dem Wagen fahren wir über die Dörfer. Die Speisekammern in den Häusern sind noch gefüllt, die meisten Bauern nahmen nur das Notwendigste mit auf die Flucht. Ich habe reichlich zu essen.

Bin ich glücklich? Nein, natürlich nicht. Ich lebe, bin satt, habe Arbeit. Gut. Aber ich bin gefangen. Zum Glück gehört die Freiheit. Die Russen, mit denen ich zu tun habe, sind mir nicht unbedingt feindlich gesonnen. Wenn ich in ihre Augen blicke, was ich gern tue, denn die Augen verraten mehr über den Menschen als Äußerlichkeiten, dann sehe ich weder Haß noch Groll. Allenfalls Distanz. Der »Fritz« ist nicht mehr Feind, aber keineswegs Freund. Die Barriere ist da. Ich bin darin eingesperrt, also unfrei.

Und dennoch ist der Umgang mit den Russen konfliktfrei. Ärger gibt es nur mit meinen Landsleuten. Sie fordern die bedingungslose Abgabe der Furage, die ich von unseren »Dienstfahrten« mitbringe. Ich bin der Pimpf, der zu parieren hat. Ich ignoriere ihre Forderungen und teile solidarisch mit den Jasenitzern. Das pommersche Hemd steht mir näher als der Wehrmacht-Rock.

Der Preis, den ich für das Pferdekommando zahle, ist hoch. Das wird mir allerdings erst in Jahren bewußt. Zwei Soldaten hatten mich, da ich mit Pferden inzwischen umgehen kann, ausgewählt, sie bei der Verlegung von acht Pferden an einen etwa 40 Kilometer entfernten Standort der Roten Armee zu begleiten. Als ich nach einigen Tagen zurückkehre, sind die Jasenitzer weg. Einfach so. Ihre Gefangenschaft ist zu Ende – meine wird noch vier Jahre dauern. Arno, das nur nebenbei, wird es bis zum Oberstleutnant der Deutschen Volkspolizei bringen.

Über meine weiteren Stationen als Kriegsgefangener habe ich gelegentlich schon berichtet. Gegen Jahresende 1945 komme ich in ein richtiges Kriegsgefangenenlager nach Breslau, nach einem Vierteljahr im Güterwaggon in die »kalte Heimat«. Die Fahrt endet in einem Waldlager unweit Moskaus. In Arbeitskommandos fällen wir Bäume. Die Soldaten, die uns bewachen, sind einfache, schlichte Männer wie wir. Keine Anscheißer oder schießwütige Aufpasser. In den Arbeitspausen stehen wir zusammen. Wir schweigen, weil wir verschiedene Sprachen sprechen. Meine Russisch-Kenntnisse beschränken sich auf die Bezeichnungen für das Werkzeug, das wir benutzen.

Nach einem Dreivierteljahr werde ich versetzt. In einer Moskauer Vorstadt arbeite ich ausschließlich nachts in einem Heizwerk. Ich bin keine Nachteule, falle vom Fleische. Eine Ärztin veranlaßt meine Versetzung ins Kommando »Brotfabrik«. Im Herbst 1947 komme ich, nachdem meine Zustimmung eingeholt worden war, in die »Zentrale Antifa-Schule 2040«. In Rjasan lerne ich das Wesentliche für mein weiteres Leben, Russisch aber erst 1952/53 an der Komsomolhochschule.

Zum ersten Male fühle ich mich gleichberechtigt und frei, als wir gegen Ende des Lehrgangs einen Gruppenausflug nach Moskau machen. Hauptmann Pflugbeil, ein deutscher Emigrant in der Uniform der Roten Armee, zeigt uns die sowjetische Hauptstadt von ihren schönsten Seiten. Natürlich absolviert man mit uns das mehrtägige touristische Programm nicht ohne Kalkül. Wir sind die künftigen Kader in der sowjetischen Besatzungszone. Bei den Sowjets, das habe ich inzwischen durchschaut, geschieht nichts ohne Absicht und Hintersinn. Ihr strategisches Denken ist besser entwickelt als das taktische. Darin gleichen sie alle Stalin.

Das größte Gefühl von Freiheit befällt mich in einer peinlichen Situation. Mit einigen Kameraden verlasse ich zu früh die Metro. Die Station ist falsch. Das merken wir aber erst, als der Zug mit Pflugbeil und dem Rest der Gruppe im Tunnel verschwunden ist. Einsam und verlassen stehen wir auf dem Bahnsteig, wir verstehen die Menschen nicht, die sich an uns vorüberschieben. Nur wenige haben einen kurzen Blick für die abgerissenen deutschen Uniformen, die wir noch immer tragen. Diese Gleichgültigkeit fasziniert mich. Ich bin plötzlich ein Niemand, nichts Besonderes. Kein Kriegsgefangener, kein Faschist, kein Fremder. Ich bin einfach ein Mensch, der keine auffällige Beachtung verdient. Ich bin einer von Millionen Moskauern. Jetzt bin ich tatsächlich frei.

Ich habe auch die Freiheit zu entscheiden, ob ich dem Ausgang zustrebe oder stehenbleibe. Ich entschließe mich mit meinen Kollegen zu warten, denn die Wahrscheinlichkeit ist groß, daß Pflugbeil mit einer der nächsten Bahnen zurückkehrt, um uns aufzulesen. So kommt es denn auch.

Gehört zu dieser neuen Freiheit auch die Entscheidung, *nicht* in die britische Zone zu gehen, wo inzwischen meine Verwandten leben? Selbstverständlich.

1948 hatte ich Nachricht erhalten, daß die in Schwarzenbek bei Hamburg lebenden Schwiegereltern meiner Schwester Ellen, die mit einem eisntigen U-Boot-Kommandanten verheiratet ist, meine Familie aufgenommen hat. Die Schewes besitzen ein kleines Bauunternehmen, die Modrows nichts. Schon damals war das Verhältnis zwischen den »Brüdern« und »Schwestern« nicht sonderlich gut. Meinen Vater habe ich nicht wiedergesehen. Und meine Mutter traf ich in den 50er Jahren einige Male bei ihrer Schwester, meiner Tante, in der Nähe von Königs Wusterhausen. Ich war Anfang 1945 von zu Hause weggegangen. In diesem Alter nabeln sich die meisten Heranwachsenden vom Elternhaus ab. Nach einer Phase der Selbständigkeit beginnt in der Regel ein Prozeß der Wieder-Annäherung. Bei mir verhinderten das die Umstände. Ich war gleichsam entwurzelt.

Junge Bäume aber lassen sich verpflanzen. Ich folge also den Vorschlägen meiner Lehrer an der Antifa-Schule. Sie sind der Auffassung, im Osten Deutschlands wäre für mich der bessere Boden. Ich solle als Schlosser arbeiten und Erfahrungen für die politische Arbeit sammeln, sagt Fritz Ring. Robert Naumann meint, ich könne als Lehrer an die Jugendhochschule gehen, die Freie Deutsche Jugend benötige dringend qualifiziertes Personal …

Ich entschließe mich aus freien Stücken und ohne jeden Zwang, in die sowjetisch besetzte Zone zu gehen. Im Januar 1949 passiert unser Zug mit Kriegsheimkehrern die Oder. Frankfurt ist das Tor ins geschrumpfte Deutschland, das aus vier Besatzungszonen besteht.

Noch im gleichen Monat beginne ich als Schlosser im VEB Lokomotivbau/Elektrotechnische Werke (LEW) in Hennigsdorf bei Berlin. An den Wochenenden halte ich Vorträge an der Betriebsparteischule, in der Lehrwerkstatt diskutiere ich mit den Lehrlingen, gebe ihnen politischen Unterricht.

Für sie bin ich »der Russe«. Ich sehe nicht aus wie ein Russe. Ich spreche nicht deren Sprache. Ich empfinde nicht wie sie. Und möglicherweise habe ich auch andere Vorstellungen vom künftigen Deutschland. Aber allein die Tatsache, daß ich etwas Anderes, etwas Neues will, macht mich den meisten meiner gleichaltrigen Landsleute bereits verdächtig, macht mich in ihren Augen also zu einem Fremden, eben zum »Russen«.

Ich spüre alte Ressentiments, die sich mit neuen Erfahrungen paaren. Übergriffe und undurchsichtige Entscheidungen, Währungsreform und Berlin-Blockade, politische Propaganda von dieser und von jener Seite: Der Kalte Krieg findet seine Opfer auch in Hennigsdorf. Ich plädiere für Völkerfreundschaft und Vernunft, für Verständigung und gegen Fremdenhaß, und stoße auf Ablehnung. Nicht durchgängig, aber keineswegs selten.

Jugend nach dem Kriege

Nach meiner Wahrnehmung und in Kenntnis vieler Publikationen wird der kritischen Situation der Jugend in der unmittelbaren Nachkriegszeit oft nicht ausreichend Aufmerksamkeit geschenkt. Diese Jahre prägten eine ganze Generation, die bisweilen summarisch als »Flakhelfergeneration« bezeichnet wird: noch zu jung, um Soldat zu werden, und bereits zu alt, um von Hitlers letztem Aufgebot verschont zu bleiben. Ich bin Jahrgang 1928 und gehöre ihr de facto an. Aber auch wiederum nicht, weil die Flakhelfer eine bestimmte Spezies darstellten. Das waren die Oberschüler und Offiziersanwärter. Zu denen gehörte ich nachweislich nicht. Die gesamte Lehrwerkstatt unseres Betriebes wurde zu einer »Kompanie« erklärt und zum Volkssturm geschickt. Wir waren der Herkunft nach Proleten und keine Gymnasiasten aus bürgerlichem Hause. Fliegerabwehrkanonen sahen wir nur aus der Ferne wie eben auch die Möglichkeit, in den Offiziersrang aufzusteigen.

In diesem Sinne lehne ich es ab, der »Flakhelfergeneration« zugerechnet zu werden.

Die meisten meines Alters glaubten zu Beginn des Jahres 1945 mehr oder minder fest daran, daß der Krieg eine Wende erfahren würde. Bar jeglichen militärischen und ökonomischen Verstandes hofften wir auf die Wirkung der »Wunderwaffen«, die »unsere Feinde« das Fürchten lehren und sie zur Aufgabe zwingen würde. Dieser Wunderglaube entsprang keiner besonders tiefen nationalsozialistischen Überzeugung, zumindest ich reklamiere das für mich, obgleich es bekanntlich auch sehr viele Jugendliche gab, auf die genau eben dies zutraf: Sie waren, wie die Nazis sagten, »fanatisch« und warfen ihr Leben für diese Verbrecher bereitwillig und naiv in die Schanze. Nein, die meisten aus meiner Generation hofften allein deshalb auf die Wende, weil unsere Angst groß war. Denn ohne zu wissen, was Deutsche in den von uns besetzen Staaten angerichtet hatten, fürchteten wir die Rache der Völker. Insbesondere die der Russen und der Polen. Die Goebbelsschen »Warnungen« verfehlten ihre Wirkung keineswegs.

Wir fürchteten den Zorn der überfallenen Nachbarn und wünschten darum, daß ihre Armeen nicht die unsrigen besiegen mögen. Ich und meinesgleichen waren da wie Kinder, die in Nachbars Garten Äpfel klauten, wohl wissend, daß dies etwas Verbotenes war, jedoch dabei hofften, nicht erwischt zu werden. Mal ging es gut, meist in die Hose. Und so hofften wir '45, es möge gut ausgehen.

Nur wenige von uns waren ein wenig weit- und hellsichtiger. Daran trugen nicht zuletzt die Umstände schuld. Die einen waren Kinder deutscher Emigranten, die sich freiwillig im Asylland meldeten, um in einer Streitkraft der Antihitlerkoalition zu kämpfen. Andere wechselten die Fronten, indem sie desertierten oder in Kriegsgefangenschaft die Augen geöffnet bekamen. Es gab auch jugendliche Deutsche, die sich außerhalb der Landesgrenzen, also im Exil, als »Freie Deutsche Jugend« zusammenfanden. Sie suchten Anschluß an die internationale antifaschistische Bewegung. 1942 konstituiert sich beispielsweise in London ein Weltjugendrat. Dort sind Vertreter unterschiedlicher politischer Strömungen und religiöser Bekenntnisse präsent, die aber ein gemeinsames Ziel eint: die Nazidiktatur zu beseitigen und den Krieg zu beenden.

Und nachdem dieses Ziel erreicht ist, kommen sie Anfang November 1945 erneut in London zusammen: junge Kommunisten, Sozialisten, Liberale, Konservative, Christen, Juden, Moslems ... Sie stellen die Frage: Wie weiter? Der Krieg ist besiegt – wie gewinnen wir den Frieden? Das heißt: Die in der internationalen demokratischen Antikriegsbewegung gewonnenen Erfahrungen und Verbindungen sollen in die Nachkriegszeit überführt werden. Es geht um den praktischen Wiederaufbau: der Städte wie der Gesellschaften.

Der Verweis auf den Konferenzort ist wichtig. In den folgenden Jahren wird deutlich, daß nicht nur der Impuls zur Bildung eines Weltbundes der demokratischen Jugend (WBDJ) von Westeuropa ausging. Er wird im wesentlichen zunächst von westeuropäischen Jugendorganisationen auch getragen.

Der Komsomol tritt vergleichsweise spät auf den Plan. Ungeachtet der Tatsache, daß die Sowjetunion die Hauptlast am Sieg über Nazideutschland trug und durch diesen gewaltigen Beitrag weltweit höchste Anerkennung und Respekt genoß – soviel wie zu keiner Zeit davor und später niemals wieder –, verhält sich Moskau in dieser Hinsicht zurückhaltend. Zwar mißt man dieser weltweiten Jugendbewegung große Bedeutung bei, aber man agiert diplomatisch und weise. Mit dem Faschismus ist keineswegs der Antisowjetismus verschwunden. Man weiß um die Vorbehalte und Ressentiments, die auch in den sogenannten westlichen Demokratien herrschen. Der Antikommunismus ist nicht nur in Deutschland zu Hause und nicht erst 1933 erfunden worden.

In diesem Wissen hatte man in der UdSSR neben dem kommunistischen Jugendverband »Komsomol« noch ein Antifaschistisches Jugendkomitee ins Leben gerufen. So hoffte man Vorurteile und Vorbehalte unterlaufen zu könne.

Trotzdem wirbt der Komsomol für die Sowjetunion, für den dort praktizierten Sozialismus. Er handelt jedoch beim WBDJ nie in der ersten Reihe. Man spielt zwar bald die erste Geige, aber möchte nie Dirigent sein. In den ersten Jahren wechseln sich Franzosen und Italiener ab. Erster Präsident wird Guy de Boissin, ihm folgt Enrico Berlinguer, der später, in der Nachfolge Palmiro Togliattis, Generalsekretär der Kommunistischen Partei Italiens werden wird.

Welchen Platz soll nun die deutsche Jugend in dieser internationalen antifaschistisch-demokratischen Bewegung einnehmen?

»Die Jugend« gibt es nicht, wie ich bereits andeutete. Es existieren sehr unterschiedliche soziale und politische Gruppen, die mehr oder weniger dem Naziungeist verfallen sind. Es gibt Exilanten, die zurückkommen, Kriegsgefangene wie mich und -heimkehrer, und viel Treib- und Strandgut des Krieges, seelisch und moralisch Verwahrloste ... Sie alle müssen – das ist primär eine innerdeutsche Aufgabe – für den Frieden gewonnen und in den materiellen wie geistigen Wiederaufbau eingebunden werden. Und aus der Sicht von außen: Die Vertreter dieser Generation können nicht ewig und für alle Zeit ignoriert und außerhalb der entstehenden internationalen Gemeinschaft gelassen werden.

Doch machen wir uns nichts vor: Bis 1945 hat man aufeinander geschossen. Nicht allen meines Alters war das Glück beschieden, nie einen Schuß auf den »Feind« abgegeben zu haben. Und selbst wenn nicht gefeuert worden ist: Jeder Deutsche steht objektiv für Deutschland, wird gleichsam – bei aller Differenzierung, die ich keineswegs in Abrede stelle – in kollektive Mithaft genommen. Selbstverständlich behandeln mich die Russen in Gefangenschaft nicht als Faschisten. Ich war, wenn der Verkehr bilateral war, ein Mensch wie jeder andere auch. Ein Wesen, das hungerte und fror wie man selbst.

Doch wenn der einzelne Mensch in der anonymen Masse Volk aufgeht, verliert sich mitunter die Unterscheidung und macht dem Pauschalurteil Platz. Deutschland = Nazis, das ist auch in der zweiten Hälfte der 40er Jahre keine unübliche Betrachtungsweise. Jedenfalls wollen die Jugendlichen, die sich auf Einladung des WBDJ 1947 in Prag erstmals zu »Weltfestspielen der Jugend und Studenten« zusammenfinden, Deutsche nicht dabeihaben. Nicht einmal jene, die im März 1946 eine antifaschistische, demokratische, überparteiliche Jugendorganisation gebildet hatten, deren Name auf die Wurzeln im Exil verweist: Freie Deutsche Jugend.

Erst 1948, nach drei Jahren Karenzzeit, findet die Annäherung statt. Die Zäune werden von beiden Seiten niedergerissen. Die FDJ wird in den Weltbund der demokratischen Jugend aufgenommen. Das ist, wenn ich zurückschaue, durchaus ein Vertrauensvorschuß der internationalen Jugend und Ausdruck ihrer Souveränität und Reife. Andere politische Bewegungen haben diese Größe nicht.

Im Jahr darauf, im September 1949, beschließt der Weltstudentenrat, die FDJ auch in den Internationalen Studentenbund (ISB) aufzunehmen. (In Parenthese: Gelegentlich wird es später in der DDR Versuche geben, den einheitlichen Jugendverband wieder aufzuspalten. Dem polnischen Beispiel folgend, fordern zum Beispiel 1956/57 Teile der DDR-Studentenschaft die Bildung eines eigenständigen Studentenbundes.) Die Aufnahme der FDJ in den ISB erfolgt in der bulgarischen Hauptstadt. Viele Jahre heißt der ISB-Präsident Jiri Pelikan. Er rückt in den 60er Jahren an die Spitze des Staatlichen Rundfunk- und Fernsehkomitees in unserem Nachbarland. Die elektronischen Medien spielen bei den Ereignissen 1968 in der Tschechoslowakei eine zentrale Rolle und folglich tut es auch Pelikan. Auch später gehört Jiri Pelikan zu den Kritikern und zu den Mitautoren der »Charta 77«. Ende der 70er Jahre geht er nach Rom und wird dort politisch aktiv.

Ich lernte Jiri 1959 in Wien kennen, bei den VII. Weltfestspielen der Jugend und Studenten. Wenig später traf ich ihn in Budapest wieder. Wir nahmen teil an einem Seminar, zu dem der ISB eingeladen hatte. Dann gab es die eine und die andere Begegnung, Ende der 60er Jahre verloren wir uns aus den Augen. Aus der Ferne nahm ich wahr, daß er sich in Italien den Sozialdemokraten angeschlossen hatte. Seine Partei stellte ihn zu den Wahlen fürs Europaparlament auf. Er ging nach Strasbourg, wo ich – woran damals nicht zu denken war – von 1999 bis 2004 einen Parlamentssitz für die PDS belegen sollte.

1992, ich war inzwischen Abgeordneter des Deutschen Bundestages und Außen- und Europapolitischer Sprecher der PDS-Gruppe, brauchte ich in einer Sache Rat. Die sogenannten Maastrichter Verträge standen zur Debatte an. Wen konnte ich fragen? Ich erinnerte mich an Jiri Pelikan und schrieb ihm einen Brief. Wie würde er reagieren? Immerhin hatten wir fast ein Vierteljahrhundert nichts miteinander zu tun gehabt. Länger also, als unsere unmittelbare Bekanntschaft währte. Zudem hatten wir uns wohl auch politisch voneinander entfernt – er hatte sich demonstrativ seiner kommunistischen Herkunft entledigt.

Pelikan reagierte unerwartet freundlich. Seinem Brief war ein Foto beigelegt, das ihn und mich zeigte. Wir sitzen nebeneinander im Präsidium des VI. FDJ-Parlaments, welches im Mai 1959 in Rostock tagte. Ich mußte mich also korrigieren: Unsere Bekanntschaft war älteren Datums, meine Erinnerung hatte getrogen. Doch allein die Tatsache, daß er noch dieses Foto besaß, nach so vielen Jahren, zeigte mir, daß es ihm etwas bedeutete. Er hatte mit diesem Teil seines Lebens keineswegs abgeschlossen. Wir sitzen auf dem Bild beieinander, wie es im Weltjugendlied hieß: »Uns vereint gleicher Sinn, gleicher Mut …«

Jiri gab mir freundschaftlich Antwort auf meine Frage, als hätte es nie den 68er Bruch und die Veränderungen von 1989/90 gegeben. Der Geist, der uns damals umfing, existierte unverändert fort, er hatte unbeschadet überdauert. Das war eine wesentliche Beobachtung: Verbindungen, die man in jungen Jahren geknüpft hat, scheinen halt- und belastbarer zu sein als andere, die man erst später schloß. Ich glaube nicht, daß es nur die Zeit war, der uns gemeinsame Drang, etwas Besonderes aufbauen zu wollen. Das auch, gewiß. Aber es wird unsere Jugend gewesen sein, die uns verband. Die Offenheit für Neues. Sie war grenzüberschreitend.

Mein Brief hatte offenkundig in Jiri diese spezielle Saite angeschlagen. Und seine Antwort bei mir die gleiche.

Wir verabredeten ein Treffen.

Dazu kam es leider nicht mehr.

Bevor der WBDJ, wir kehren wieder in die 40er Jahre zurück, sich zur Aufnahme der FDJ entschließt, schickt er seine Emissäre ins Land. Die wollen sich ein Bild von diesem »Verein« machen, der vielleicht einige Tausend Mitglieder zählt und mit den Unbilden der Politik zu kämpfen hat. Bekanntlich haben die Alliierten auf ihrer Konferenz im Sommer 1945 in Potsdam beschlossen, was die Großen Drei Monate zuvor in Jalta auf der Krim besprachen. Deutschland wird in Besatzungszonen geteilt, die östliche geht an die Sowjetunion, im Westen haben Amerikaner, Briten und Franzosen die ihren. Berlin, die einstige Reichshauptstadt, in der sowjetischen Zone gelegen, wird Sitz des Alliierten Kontrollrates. Auch dort erhält jede Besatzungsmacht ihren Sektor zugewiesen. Der Viermächte-Status der Stadt führt dazu, daß sie weder ganz noch teilweise der einen oder anderen Zone zugehört. Das hat Jahrzehnte, ehe das Gewohnheitsrecht greift, zur Folge, daß die Berliner Abgeordneten für die Volkskammer und die für den Bundestag nicht direkt ins jeweilige Parlament gewählt werden dürfen. Und wenn die Nationale Volksarmee der DDR auf der Karl-Marx-Allee paradiert, protestieren regelmäßig die Westmächte, weil damit gegen den entmilitarisierten Status der Stadt verstoßen wird.

Als die Vertreter des WBDJ ins zertrümmerte Deutschland kommen, werden sie unterschiedlich willkommen geheißen. In der sowjetisch besetzen Zone, was Wunder, freut man sich über die Abgesandten. In den Westzonen – der Kalte Krieg hat soeben eine Verschärfung durch die separate Währungsreform in den Westzonen erfahren, Moskau blockiert die Zufahrtswege von und nach Berlin (West) – zeigt man den Jugendfunktionären die kalte Schulter. Dort ist alles, was aus dem Osten kommt, kommunistisch. Und dem Kommunismus hat man den Kampf angesagt. Man will ihn eindämmen. *Containment* heißt die Strategie des Westens. Deshalb ist die FDJ den Westmächten auch in den eigenen Zonen suspekt. Man muß sich doch nur das Führungspersonal anschauen! Da ist zum Beispiel dieser Fred Dellheim. Der hat zwar in britischer Uniform gegen die Nazis gekämpft und eine lupenreine antifaschistische Gesinnung – aber er ist nicht nur in der FDJ, sondern auch noch in der Kommunistischen Partei. Und in der Viersektoren-Stadt Berlin heißt der FDJ-Vorsitzende Heinz Keßler. Der ist drei Wochen nach dem Überfall auf die Sowjetunion zu den Russen übergelaufen, hat dann im Nationalkomitee »Freies Deutschland« Hitlergegner gesammelt. Ein Unverbesserlicher. Ein Überzeugungstäter …

Churchill erklärte in Fulton 1946, über Europa habe sich ein Eiserner Vorhang herniedergesenkt. Das beschreibt die Situation ziemlich präzise: Den Vertretern des Weltbundes der demokratischen Jugend wird 1948 die Einreise in die Westzonen verwehrt.

Solche Geschichten wie auch den Bericht von den II. Weltfestspielen in Budapest im August 1949 verdanke ich Annemarie Straubing, mit der ich länger als ein halbes Jahrhundert verheiratet war. Sie gehört der FDJ-Delegation an, ist also Teilnehmer der Premiere und verfolgt sehr aufmerksam, wie Ivan Buschew die Deutschen begrüßt. Der Bulgare sagt: »Die Vertreter der fortschrittlichen Jugend sind die Garantie dafür, daß die deutsche Jugend sich nie wieder zum Überfall auf fremde Völker mißbrauchen lassen wird.« Nicht nur sie glaubt einen warnenden Unterton mitschwingen zu hören.

Ich bekomme alles im Lager, also aus der Ferne, zumindest per Zeitung mit oder erfahre davon nach meiner Rückkehr sukzessive. Zwei Jahre später, 1951, bin ich selbst dabei. Berlin ist Gastgeber der III. Weltfestspiele. In gewisser Weise stellt das Festival die Nagelprobe dar. Die deutsche Jugend kann unter Beweis stellen, inwieweit sie sich von den Schatten des Nazireiches gelöst hat. Für die Deutsche Demokratische Republik, die sich als Provisorium für den Übergang betrachtet, als »Kerngebiet« einer künftigen gesamtdeutschen demokratischen Republik, ist es Gelegenheit für durchaus wirkungsvolle innenpolitische Kampagnen: Die SED fordert die DDR-Bürger auf, die Weltfestspiele zur Sache des *ganzen* Volkes zu machen und damit den Frieden und die Republik zu stärken. Das ist auch ein Signal an die Adresse Moskaus. Wir sind ein verläßlicher Partner, soll das heißen.

Fast zwei Millionen junge Menschen kommen nach Berlin, darunter über 35.000 aus Westdeutschland und an die 26.000 Ausländer. Sie vertreten gleichsam 104 Staaten. Präsident Wilhelm Pieck, der SED-Vorsitzende – erst 1954 wird er die seit 1946 gemeisam mit Otto Grotewohl ausgeübte Funktion aufgeben –, eröffnet am 5. August 1951 das Festival. Es liefert auch den Rahmen für das bis dahin größte internationale Sportfest, womit unterstrichen wird, daß es nicht nur um Politik, sondern auch um Freude, Frohsinn und Freizeitspaß gehen soll. Die Delegationen der fünf DDR-Länder präsentieren eigene Kulturprogramme. Es sind, trotz der allgegenwärtigen Ruinen, heitere Spiele. Allerdings bricht der Kalte Krieg in die warme, freundliche Sommerzeit ein. Sicherheitskräfte vereiteln einige Terroranschläge. So wird versucht, auf dem Strausberger Platz eine Festivalsäule in Brand zu setzen. Wie sich zeigt, steckt dahinter eine »Kampfgruppe gegen Unmenschlichkeit« (KgU), die vom Westteil der Stadt operiert. Es werden einige Aktivisten dingfest gemacht, darunter ein Johannes Burianek und seine Komplizen. In der Verhandlung wird publik, daß auch geplant gewesen sei, Stinkbomben in Menschenansammlungen zu werfen, Transparente und Fahnen mit Phosphorampullen anzuzünden und »Reifentöter« auf den Anfahrtsstraßen auszulegen. Dazu waren Burianek 1.000 Reifentöter, 150 Stinkbomben, eine große Anzahl Phosphorampullen und fünf Pakete mit Brandsätzen übergeben worden. (Burianek, der auch wegen anderer Delikte im März 1952 vom Obersten Gericht der DDR zum Tode verurteilt werden sollte – im übrigen das erste Todesurteil in der DDR, das letzte gab es 1981 – beschäftigte die deutsche Justiz noch ein halbes Jahrhundert später. Das Landgericht Berlin erklärte am 2. September 2005 das Urteil gegen Burianek »für rechtsstaatswidrig«, hob es auf und rehabilierte den Terroristen. »Der Betroffene« habe »zu Unrecht Freiheitsentziehung erlitten«, hieß es im Beschluß der 51. Strafkammer.)

Weitaus dramatischer jedoch sind die Vorgänge am 15. August. Der Senat in (West-)Berlin, Parteien, Jugendverbände und der DGB laden die Teilnehmer des Festivals ins »freie Berlin«. Und als diese in drei Demonstrationszügen in den Wedding, in Kreuzberg und Neukölln organisiert einrücken, werden die rund 10.000 FDJler unmittelbar hinter der Sektorengrenze von der Polizei eingekesselt. Bei diesem brutalen Polizeieinsatz erleiden 413 FDJler zum Teil schwere Verletzungen, einige Hundert werden festgenommen und Schnellgerichten zur Aburteilung zugeführt.

Bereits im Vorfeld der Spiele, aber auch nach deren Ende zeigt sich, daß die Bundesrepublik als entschieden antikommunistische Bastion des westlichen Lagers am radikalsten gegen die Festivalteilnehmer vorgeht. Im Juni 1951 wird in der BRD die FDJ als »verfassungsfeindlich« verboten. Um nicht selbst unter Druck zu geraten, reisen junge Franzosen, Italiener und Schweizer bewußt nicht über die Bundesrepublik, sondern über die Tschechoslowakei in die DDR. In Wien werden sie allerdings von der dortigen US-Besatzung an der Weiterreise gehindert. Vorgeschobener Grund ist die Teilnahme von Koreanern an den Weltfestspielen – die USA befinden sich bekanntlich seit dem Vorjahr mit der Koreanischen Volksdemokratischen Republik im Kriegszustand …

Solche konfrontativen Erlebnisse prägen die heranwachsende neue Führungsgeneration in der DDR. Diese Jungkader haben weder im antifaschistischen Widerstand noch im Kriege Erfahrungen sammeln müssen. Jetzt treffen sie – obgleich reinen Herzens und der festen Überzeugung, das Gute und Richtige zu wollen – auf knüppelnden Widerspruch. Meine Erfahrungen sind wiederum andere. Ich habe in vier Jahren Kriegsgefangenschaft vieles in gewisser Weise unter Laborbedingungen gelernt. Ein problematischer Umstand, auf den bereits Wilhelm Pieck in einem Schreiben am 29. Oktober 1948 an den ZK-Sekretär Michail Suslow hinwies: »Erfahrungsgemäß verläßt ein großer Teil der zentralen Antifa-Schüler (ausgenommen die Karrieristen, jene die glauben, durch die Schulen im Lager zu persönlichen Vorteilen und auch früher nach Hause zu kommen) die Schulen als überzeugte, zumindest theoretisch überzeugte Antifaschisten. In der Heimat angekommen, stoßen sie jedoch auf die rauhe Wirklichkeit, auf den erbitterten Klassenkampf, auf eine starke antisowjetische und antikommunistische Propaganda und auf Terrormaßnahmen. Stoßen vor allen Dingen auf die Einwirkungen des Familien- und Bekanntenkreises und werden schwach. Sie halten dieser rauhen Praxis nicht stand.«

Als ich im Januar 1949 nach vier Jahren Abwesenheit zurückkehre, ist nicht nur die Praxis rauh. Ich habe mich verändert, auch das Land ist ein anderes. Die Parteien-Landschaft scheint sich in Ost und West zu gleichen. Es gibt hier wie da Christdemokraten, Liberale und Nationaldemokraten. Die traditionelle Arbeiterbewegung ist im Osten vereint und nennt sich seit 1946 SED, im Westen marschiert sie unverändert getrennt, wobei die größere SPD nicht nur höhnisch auf die KPD herabblickt, sondern, vom neu-alten Antikommunismus durchdrungen, diese als angeblich Moskaus Fünfte Kolonne bekämpft. Die von Schumacher geführte West-SPD ist wirksames Element der Eindämmungsstrategie der Amerikaner.

Die Absicht der Sowjetunion, an den Antifaschulen in den Kriegsgefangenenlagern einen Kern von Kadern für Deutschland auszubilden, ist nur bedingt aufgegangen. In dem bereits zitierten Schreiben Piecks heißt es dazu: »Es ist eine Tatsache, daß trotz der guten theoretischen Schulung in den Antifa-Schulen ein großer Teil der ehemaligen Antifa-Schüler im alltäglichen Leben der Heimat untergeht, ohne das Gelernte zur Anwendung zu bringen. Vor allen

Dingen in den Westzonen und Westsektoren in Berlin treten viele unserer Partei nicht bei oder wollen zumindest offiziell nichts mit ihr zu tun haben. Eine Überprüfung im Landesvorstand Hessen im April dieses Jahres, als der Druck der Amerikaner noch nicht so stark war wie heute, ergab z. B., daß nur 25 % der ehemaligen Antifa-Schüler im Lande Hessen der KPD beigetreten waren. Auch in der sowjetischen Besatzungszone dürfte der Prozentsatz der der SED beigetretenen ehemaligen Antifa-Schüler höchstens bei 70 bis 80 % liegen.« Es gibt auch Ausnahmen.

Franz Geithner, Stellvertretender Leiter der Antifaschule 2040, wird Sekretär des ZK der KPD. Leider verunglückt er tödlich in der Nähe von München auf der Autobahn. Jupp Angenfort, von Oktober 1943 bis 1949 in sowjetischer Kriegsgefangenschaft, absolviert die Schule 2041 und wird nach der Rückkehr in seiner Vaterstadt Düsseldorf Vorsitzender der FDJ in den Westzonen. 1951 zieht er für die KPD als jüngster Abgeordneter im Landtag von Nordrhein-Westfalen ein. Seine Immunität als Abgeordneter schützt ihn im März 1953 jedoch nicht vor der Festnahme durch die Sicherungsgruppe Bonn des Bundeskriminalamtes. Er wird wegen Hochverrats angeklagt und vom Bundesgerichtshof wegen »Vorbereitung eines hochverräterischen Unternehmens, wegen Geheimbündelei und Zugehörigkeit als Rädelsführer zu einer verfassungsfeindlichen Vereinigung« – gemeint ist die FDJ – zu einer fünfjährigen Zuchthausstrafe verurteilt. Angenfort ist damit der erste Deutsche nach 1945, gegen den ein deutsches Gericht ein politisches Urteil fällt. Im April 1957, nicht zuletzt wegen der Massenproteste in der DDR, wird Angenfort von Bundespräsident Theodor Heuss begnadigt.

Seine Rehabilitierung, wie sie etwa Burianek 2005 erfuhr, steht allerdings bis heute noch aus. Dazu schrieb Rechtsanwalt Heinrich Hannover in der Zweiwochenzeitschrift *Ossietzky* (22/2004): »Die in Essen arbeitende *Initiativgruppe für die Rehabilitierung der Opfer des kalten Krieges* hat 2.364 Verurteilungen dokumentiert, und das ist nur ein Bruchteil des damals praktizierten Justizunrechts. Ich selbst habe seit meiner Anwaltszulassung im Jahr 1954 eine Fülle von Strafverfahren gegen Menschen, die sich oppositionell gegen Remilitarisierung und neue Kriegsvorbereitung betätigt hatten, als Verteidiger miterlebt, bin also gewissermaßen Zeitzeuge eines Abschnitts deutscher Justizgeschichte, der dringend einer öffentlichen Bewußtmachung bedarf. Nicht nur, um den letzten noch lebenden Betroffenen dieses Justizunrechts eine späte Gerechtigkeit zuteil werden zu lassen, sondern auch um unseren Zeitgenossen begreiflich zu machen, wie es eigentlich dazu kommen konnte, daß heute wieder deutsche Soldaten, Waffen und andere Industrieprodukte an Kriegen in aller Welt beteiligt sind.

Eines meiner ersten Mandate als junger Anwalt betraf Gewerkschafter, die gegen das Goslarer Stahlhelmtreffen 1955 protestiert hatten und deshalb wegen Versammlungsstörung angeklagt und verurteilt wurden. Schon damals schützten Polizei und Justiz nicht die Protestdemonstration der demokratisch und pazifistisch gesinnten Gewerkschafter, sondern den militaristischen Mummenschanz unbelehrbarer alter Neonazis und die Rede des Herrn Kesselring, eines als Kriegsverbrecher verurteilten, vorzeitig begnadigten Generalfeldmarschalls der Hitler-Wehrmacht. Meine Mandanten, die ›Kesselring raus!‹ gerufen hatten, wurden belehrt, daß nicht ihnen, sondern den Anhängern des Nazi-Generals das Recht der Versammlungsfreiheit zugestanden hätte.«

Jupp Angenfort wurde übrigens im Februar 1962 erneut festgenommen, floh jedoch bei einem Gefangenentransport, ging in die Illegalität und kam später zu uns in die DDR. Nach der Gründung der DKP im Jahre 1968 reiste er wiederholt zu Parteiveranstaltungen in die Bundesrepublik ein. Dabei wurde er im Jahre 1969 wieder inhaftiert …

Die unterschiedlichen Verläufe von Biographien junger FDJ-Funktionäre in Ost und West sind beachtlich. Aber auch zwischen uns selbst sind erhebliche Unterschiede nicht zu übersehen. Schon bald lerne ich Werner Lamberz kennen. Er ist ein Jahr jünger als ich, Heizungsbauer und Monteur und auf der Brandenburger Landesebene in der FDJ aktiv. So bekommen wir miteinander zu tun und werden auch bald Freunde. Lamberz hat zwischen 1941 und 1944 die Adolf-Hitler-Schule in Sonthofen besucht: nicht freiwillig, was heute immer gern verschwiegen wird – sein Vater hatte gegen die Nazis gekämpft und war verurteilt worden, weshalb man seinen Sohn quasi in Sippenhaft nahm und an die Napola schickte. Gemeinsam drücken wir 1952/53 die Komsomolhochschulbank in Moskau. Ich teile ein Internats-Zimmer entsprechend der Regel »zwei Deutsche, ein Russe« mit Herbert Bartuschak und Alexander Wassiljew. Sascha wird am 9. Mai 1953, dem achten Jahrestag des Sieges, zum Oberleutnant befördert. Nicht nur dieser Vorgang hebt auch meine Vita ins Bewußtsein, als wir mit Wodka auf seinen dritten Stern anstoßen. Aber, das gebe ich zu, wir beide neigen zum Bagatellisieren der Vergangenheit. Wir richten lieber den Blick auf die Zukunft. Die führt Sascha allerdings in eine Stadt in Sibirien, die in keinem Atlas verzeichnet ist. Nicht mal als Postfach. Als der Kurs endet, endet unsere Freundschaft, ehe sie richtig beginnen kann. Wir nehmen es beide damals hin, wie vieles andere auch, das wir der weltweiten Auseinandersetzung zwischen dem Lager des Friedens und dem unserer Feinde zuschreiben. Gleichwohl bleibt das befriedigende Gefühl zurück: uns vereint gleicher Sinn, gleicher Mut. Wo auch immer wir wohnen … Ob nun unbekannt in Sibirien oder in Berlin.

Wir sind ingesamt fünfzehn, drei Mädchen und zwölf Jungs, die die FDJ nach Moskau schickte. Werner Lamberz ist unser Parteisekretär, ich bin sein Stellvertreter. Offiziell geleitet wird die Mannschaft von Werner Erben, Sekretär des Zentralrats. Die Aufgabe überfordert ihn; schon bald nach unserer Rückkehr wird er aus dem Zentralrat ausscheiden. Und Georg Pazulla, der mit Werner das Zimmer teilt, wird zur SED-Bezirksleitung Schwerin kommandiert – dort kommt er bei einem Autounfall ums Leben. Erika Böhm hingegen geht nach Karl-Marx-Stadt und wird viele Jahre Vorsitzende des dortigen Demokratischen Frauenbundes. Ihre Tochter Tatjana Böhm gehört 1989 zu den Mitbegründern des Unabhängigen Frauenverbandes (UFV) und wird von diesem und dem Zentralen Runden Tisch als Ministerin ohne Geschäftsbereich in meine Regierungsmannschaft delegiert. Die DDR ist so groß nicht.

Die Komsomolhochschule ist Offenbarung und Ärgernis zugleich. Anna Iwanowna, Lehrerin für Kultur und Sprache, ist eine kluge und hübsche Frau. Wir schließen sie schnell ins Herz und beten sie an. Sie begeistert uns für ihre Muttersprache und die russische Literatur.

Das Fach Komsomolarbeit hingegen ist ein Graus. Die Mitarbeiter des Lehrstuhls versuchen in Lektionen und Seminaren, uns fürchterlich formale Dinge beizubringen. Erst viel später habe ich erlebt, wie formal die Praxis im Jugendverband der Sowjetunion tatsächlich war und wie wenig unsere Vorstellungen vom Leben der sowjetischen Jugend mit der Realität zu tun hatten.

Nicht minder abstoßend die Geschichte der KPdSU. Die Lektorin liest uns Abschnitte aus dem »Kurzen Lehrgang der KPdSU

Zwei Freunde: Werner Lamberz und Hans Modrow, 1953

(B)« vor. Wir spotten, ob sie nicht wisse, daß es den Kurzen Lehrgang auch in Deutsch gäbe und wir ihn bereits hinlänglich studiert hätten? Erst nach Jahren wird mir bewußt und ich leiste bei dieser Frau Abbitte, daß sie dies aus Gründen des Selbstschutzes tat: Um eine eigene Darstellung und mögliche Fehlinterpretationen der Stalinschen Weisheiten zu vermeiden, versteckte sie sich hinter dem O-Ton des Generalissimus.

Ganz anders hingegen Prof. Demitrijew von der Moskauer Universität, der russische und sowjetische Geschichte lehrt. Er gilt als Koryphäe und ist Mitautor der entsprechenden Enzyklopädie. Er bietet eigene Überlegungen an und läßt Raum für Nachfragen und Diskussionen. Als die Nachkriegsgeschichte dran ist, gibt es ein Seminar über die Volksdemokratien, für das ich die Einführung geben soll. Die osteuropäischen Staaten, die von der Sowjetarmee befreit wurden, nennen ihr Gesellschaftsmodell so. Die Bezeichnung ist eine Umschreibung für die Diktatur des Proletariats, ein in Entwicklung begriffener Sozialismus nach sowjetischem Vorbild. In Ostdeutschland, das seit 1949 DDR heißt, liegen die Dinge ein wenig anders. Es handelt sich um eine Besatzungszone. Die Sowjetische Militäradministration (SMAD) hat dort das Sagen, jetzt heißt sie Sowjetische Kontrollkommission (SKK) – vergleichbare Einrichtungen gibt es in den anderen Staaten nicht. Und: Im Nachkriegsdeutschland geht es zunächst darum, antifaschistisch-demokratische Verhältnisse herzustellen. Die sind dem Wesen nach zwar antikapitalistisch, aber keineswegs sozialistisch. Schließlich müsse erst die Mehrheit der Menschen nach zwölf Jahren Nazidiktatur für eine neue, demokratische Ordnung gewonnen werden. Zweifellos strebe man perspektivisch den Sozialismus an, aber das sei derzeit nicht die vorrangige Aufgabe. Kurzum, es gebe doch eine Reihe Besonderheiten, weshalb man kaum die Staaten der Volksdemokratie mit der DDR vergleichen könne.

Prof. Demitrijew meinte, meine Sicht sei zwar nicht die Lehrmeinung der Schule, er gebe mir dennoch ein »Ausgezeichnet«, weil ich alles logisch hergeleitet und überzeugend vertreten habe.

Nicht zuletzt solche Erfahrungen bewahren mich davor, sklavisch dem Dogmatismus zu folgen, mit dem hier der Marxismus-Leninismus-Stalinismus vermittelt und von uns rezipiert werden soll. Lehrer wie Demitrijew wecken die Lust am dialektischen Denken, am Lernen schlechthin. Wenn ich es recht bedenke, verdanke ich ihnen, später ein Fernstudium an der Parteihochschule der SED und ein externes an der Hochschule für Ökonomie durchzustehen. Meine zwei Staatsexamen und eine Dissertation hätte ich kaum ohne das Training an der Komsomolhochschule meistern können.

Den Abschluß des Lehrgangs feiern wir in Leningrad, während in Bukarest die Jugend zu den IV. Weltfestspielen zusammenkommt. In Korea verstummen in jenem Sommer die Waffen – am 28. Juli 1953 tritt die unter UNO-Aufsicht vereinbarte Feuerpause in Kraft. Bis heute gibt es zwischen Süd- und Nordkorea keinen Friedensvertrag, und auch über die Anzahl der Toten und Verwundeten liegen keine präzisen Angaben vor, weshalb dieser Konflikt, an dem Soldaten und Mittäter aus 25 Nationen beteiligt waren, inzwischen als »vergessener Krieg« bezeichnet wird. Man geht aber von mindestens zwei Millionen Toten aus.

Ein solcher Krieg, wie er zwischen Süd- und Nordkorea drei Jahre lang tobte, hätte seinerzeit auch zwischen West- und Ostdeutschland entstehen können: Die Umstände und die Konstellationen sind sich sehr ähnlich. Doch obgleich die Schärfe der Auseinandersetzung in den 50er Jahren zunimmt, wird die Schwelle zur militärischen Konfrontation nicht überschritten. Das ist ein Faktum, bei dem es unerheblich ist, welcher Seite daran das entscheidende Verdienst zukommt. Denn wie ein Krieg mindestens zwei Seiten braucht, gilt das auch für den Frieden.

Nach unserer Rückkehr in die DDR geht Werner Lamberz schon bald nach Budapest. Er vertritt von 1955 bis 1959 die FDJ im Weltbund der demokratischen Jugend. Ich darf unseren Wohnsitz – inzwischen bin ich verheiratet – von Rostock nach Berlin verlegen. Fortan bin ich Sekretär im Zentralrat der FDJ und zugleich der Vorsitzende der Berliner Bezirksorganisation. Annemarie arbeitet zunächst im Staats-, dann im Parteiapparat. Lamberz und ich verlieren uns nur für kurze Zeit aus den Augen. Uns verbinden unangenehme wie angenehme Erinnerungen. Ich erwähne die unangenehmen, weil sie für jene schweren Jahre durchaus charakteristisch sind. Ich entsinne mich etwa der einfältigen Denunziation einer Reinigungskraft im Internat der Komsomolhochschule. Sie hatte sich bei der Leitung über das »unmoralische Auftreten« der deutschen Studenten beschwert. War ihr jemand von uns zu nahe getreten, hatte er ihr schöne Augen zu machen versucht? Nichts von alledem. Viktor Jefimow, einer unserer Dolmetscher, der im übrigen nie von der »Schulleitung«, sondern immer nur von der »Obrigkeit« sprach, ließ uns wissen, was die Empörung ausgelöst hatte: »Die Obrigkeit wünscht, euch nicht noch einmal in diesen kurzen FDJ-Hosen zu sehen!«

Und ein andermal wurde Werner Lamberz in der Metro die Uhr vom Handgelenk geschnitten und geklaut. Weder er noch ich hatten es bemerkt. Es waren jene zwei, drei Monate nach dem Tode Stalins, wo die bis dahin herrschende Ordnung plötzlich aus dem Ruder zu laufen schien. Wenn wir zur Stadtbahn gingen, mußten wir durch ein Wäldchen. In jenen Wochen trauten wir uns nur noch gemeinsam hindurch. Als hätten alle Hallodris und Spitzbuben der Stadt nur darauf gewartet, endlich wieder aktiv werden zu können. Das führte mir nachdrücklich vor Augen, daß unter der gepflegten Oberfläche gefestigter Verhältnisse immer Momente von Anarchie und Chaos existieren, die jederzeit aufbrechen können. Auch in spiegelglatter See existieren Strömungen.

Erinnerlich, und das gehört nun wieder zu den besseren Begebenheiten, ist mir auch Jan Vogeler, der Sohn des berühmten Worpsweder Jugendstilmalers Heinrich Vogeler. Dieser war 1931 endgültig in die Sowjetunion gekommen, wurde aber nach dem deutschen Überfall 1941 nach Kasachstan evakuiert oder deportiert, wo er nach Jahresfrist verstarb. Die Partei hatte sich stets um ihn gekümmert: Wilhelm Pieck eröffnete noch am 26. Mai 1941 eine Ausstellung in Moskau mit Vogelers in der Sowjetunion entstandenen Werken, und Erich Weinert, der ihm Geld nach Kasachstan schickte, welches ihn aber nie erreichte, verlegte 1952 Vogelers Erinnerungen in der DDR. Jan Vogeler, 1923 in Moskau geboren, war uns mehr als nur ein Dolmetscher: Er war ein kluger Gefährte. Nach dem Untergang der Sowjetunion zog er nach Worpswede, wo er auch nach der Jahrtausendwende starb und beigesetzt wurde.

Werner Lamberz starb im März 1978. Bei einem Besuch in Libyen stürzte er mit einem Hubschrauber ab. Auch wenn es Gerüchte und Spekulationen gab, daß es sich um einen Anschlag gehandelt haben könnte, welcher nicht ihm, sondern Muammar el-Gaddafi galt, scheint es sicher, daß es sich um ein klassisches Unglück gehandelt hat: Vermutlich gab es einen Defekt am Rotor. Als nach 1990 die bundesdeutsche Justiz ermittelte, kam sie zu keinem anderen Schluß.

Nach seiner Rückkehr aus Budapest 1959 arbeitete Werner bei Albert Norden und übernahm 1966 die Leitung der Kommission für Agitation und Propaganda. 1970 wurde er Kandidat, 1976 Mitglied des Politbüros. Ich wurde 1971 Leiter der Abteilung Agitation im Zentralkomitee, womit Werner mein Chef wurde. 1973, bevor man mich nach Dresden abkommandierte, hatten wir beide, ehe sich unsere dienstlichen Wege endgültig trennten, noch einmal intensiv während der X. Weltfestspiele der Jugend und Studenten miteinander zu tun. Es schloß sich gleichsam ein Kreis, meine ich aus der Rückschau. Wir zwei FDJ-Kader von unterschiedlicher Herkunft und wohl auch nicht immer deckungsgleicher Weltsicht hatten an den Weltfestspielen 1955 in Warschau, 1957 in Moskau und 1959 in Wien aktiv mitgewirkt. Nunmehr beendeten wir beim Berliner Festival als Mittvierziger unsere Jugendzeit und hängten nicht nur symbolisch das Blauhemd an den Nagel.

Tatsache bleibt, daß sowohl Werner als auch ich auf der Weltbühne der demokratischen Jugend Erfahrungen sammeln und Verbindungen knüpfen konnten, von denen wir zeitlebens profitierten.

Die mobilisierende Wirkung, die von den regelmäßig stattfindenden Festivals der Weltjugendbewegung ausging, schlug Brücken der Verständigung. Jugendliche lernten sich kennen, erfuhren von der Geschichte anderer Völker, hörten von Haltungen und Überzeugungen der anderen. Und über allem schwebte unausgesprochen die Losung: Wer miteinander redet, schießt nicht aufeinander. Egal, ob man diese Begegnungen explizit als Friedensbewegung bezeichnete oder nicht: Objektiv war es eine.

1955 lädt Warschau ein. Die Abordnung aus der DDR leitet Karl Namokel, seit kurzem 1. Sekretär des Zentralrats der Freien Deutschen Jugend. Sein Vorgänger Erich Honecker ist in Moskau an der Parteihochschule, um sich für höhere Aufgaben zu qualifizieren. Die Berliner Delegation, für die ich verantwortlich bin, besteht aus zwei Dutzend Jugendlichen, die zur Hälfte aus dem Westteil der Stadt kommen. Nicht alle gehören der FDJ an. Es ist ein breites politisches Spektrum vertreten. Es ist sogar einer dabei, der von einem westlichen Nachrichtendienst angeworben worden war. In einem Gespräch unter vier Augen eröffnet er mir, daß er mit der Zusage der Straffreiheit erpreßt worden wäre, über die Delegation und ihre Begegnungen zu berichten. Er ist ziemlich verzweifelt, weil man ihn unter Druck gesetzt hatte. Er habe ja nicht ahnen können, daß es für ihn juristische Folgen hätte, wenn er sich mit uns einließe und an den Weltfestspielen teilnähme.

Natürlich kann es sich so verhalten, wie er es mir erzählt. Möglich aber ist auch, daß selbst dieses vertrauliche Gespräch eine aktive Maßnahme ist. Von den eigenen Leuten, um meine Verläßlichkeit zu testen, von der Gegenseite, um auszuloten, wie weit man bei mir gehen kann. Wer kennt sich schon aus im Dschungel der Geheimdienste?

Ich bespreche mit dem Jungen ein paar Punkte, die er weitergeben kann. Sie helfen ihm, wenn er denn von einem »Führungsoffizier« befragt werden sollte – und sie schaden mir nicht, wenn es sich denn um einen *agent provocateure* handeln sollte.

Nach dem merkwürdigen Gespräch verlieren wir uns aus den Augen. Ich sehe ihn nicht wieder. Und ich bin noch heute im Zweifel, ob ich ihm mit meinem Verdacht unrecht tue, nicht unter Seelenqualen zu mir gekommen zu sein.

Der Alte Markt in Warschau ist soweit wieder hergerichtet. Teile der historischen Altstadt, von meinen Landsleuten zerstört, sind aus den Ruinen auferstanden. Die Sowjetunion hat der Stadt einen Kulturpalast geschenkt, der so ausschaut wie viele Paläste in Moskau. Ich weiß nicht, ob man schon damals diese Architektur »Zucker-

Sportfest der Berliner FDJ-Kader in den 50er Jahren: 100 Meter-Lauf der Männer – links Wolfgang Hartwig, Sportredakteur der Jungen Welt, rechts Hans Modrow

bäckerstil« oder »Stalin-Gotik« nannte, auf alle Fälle gleichen sich diese repräsentativen Monumentalbauten. Wir finden sie im Moment riesig, gewaltig und beeindruckend schön. Wir stehen davor, legen den Kopf in den Nacken und reißen staunend die Münder auf. Meine Russisch-Kenntnisse helfen mir, auch mit polnischen Jugendlichen ins Gespräch zu kommen. Unvergessen, wie ein junger Fliegeroffizier, der mir zunächst mit großer Distanz gegenübergetreten ist, nach einer Zeit das Wort »Freundschaft« gebraucht. Er ist Waise, meine Landsleute haben seine Eltern auf dem Gewissen. In der Sowjetunion wurde er als Pilot ausgebildet. Er ist, aus naheliegenden Gründen, nicht unbedingt ein Freund Deutschlands. Doch wir erleben beide die wunderbare Möglichkeit, im Dialog Blockaden zu brechen. Als er »Freundschaft« sagt, bin ich im Herzen tief getroffen.

Auch von meiner Seite gibt es natürlich Vorbehalte. Meine Heimat liegt jetzt in Polen. Dafür kann weder der Pilot noch überhaupt ein Pole etwas. Das ist in Potsdam so entschieden worden. Und die Siegermächte haben das deshalb so entschieden, weil zuvor Deutschland Tod und Zerstörung über seine Nachbarn brachte. Dennoch freut es einen nicht, wenn die eigene Biographie durch »höhere Gewalt« abgeschnitten wird. Niemand jubelt, wenn ihm die Orte seiner Kindheit und Jugend genommen werden – auch wenn man das nun rational versteht und politisch billigt. Das Herz hat seine eigene Sprache.

Der Umgang zwischen Polen und Deutschen ist seit 1945 schwierig. Und das Bemühen auf deutscher Seite nicht zu übersehen, mit den Nachbarn ins Reine zu kommen. Bevor nämlich Willy Brandt 1972 in Warschau auf die Knie fällt und die Polen um Verzeihung bittet – nicht nur eine symbolisch höchst wichtige Geste, sondern auch von großer politischer Wirkung –, gab es den Vertrag von Zgorzelec (»Görlitzer Vertrag«) zwischen der Deutschen Demokratischen Republik und der Volksrepublik Polen vom 6. Juli 1950. Damit wurde die Oder-Neiße-Linie als Staatsgrenze anerkannt, wovor sich die Bundesrepublik jahrzehntelang scheute. Es folgte eine ganze Reihe weiterer Verträge und Abkommen zwischen der DDR und der Volksrepublik, ehe schließlich am 14. November 1990 Bonn und Warschau einen Grenzbestätigungsvertrag schlossen, der den unsrigen von vor 40 Jahren bekräftigte.

Gleichwohl regelten wir den Grenzverlauf in der Oderbucht erst am 22. Mai 1989, womit tatsächlich als bewiesen gilt, daß die DDR bis kurz vor ihrem Ende einen offenen Grenzkonflikt mit ihrem Nachbarn hatte. Im Jahr darauf, als Oder und Neiße die Ostgrenze der Bundesrepublik Deutschland wurde, machte man die EU-Außengrenze dicht. Schätzungen gehen davon aus, daß es mehr als 100 Tote an dieser Grenze gab. Sie ertranken in der Oder.

Eine Begegnung in den 70er Jahren macht mir bewußt, daß wir Deutschen und die Polen es mitunter schwer miteinander haben und wir trotz aller spürbaren Fortschritte von normalen, offenen Beziehungen noch weit entfernt sind. In Poznan treffen sich Regierungsvertreter beider Seiten, an der Spitze der Delegationen stehen die Ministerpräsidenten. Ich bin einzig deshalb dabei, weil ZK-Sekretär Lamberz erkrankt ist und ich ihn vertreten muß. Eigentlich gibt es nur ein Thema, über das geredet werden muß. Wegen des visafreien Reiseverkehrs fließen mehr Waren nach Polen, als die DDR verkraftet. Wir wollen einen Ausgleich. Doch wie sich zeigt, ist Willi Stoph nicht couragiert genug, die Frage unverblümt anzuschneiden. Man redet über dies und das, aber eben nicht zu Sache.

Auf polnischer Seite sitzt Jan Siedlak, der, einst Jugendfunktionär, mir seit den 50er Jahren gut bekannt ist. Nun hat er im Politbüro des ZK der Polnischen Vereinigten Arbeiterpartei seinen Platz. Wir blinzeln uns zu, denn wir haben uns vorher schon über das leidige Problem ausgetauscht und sind der Meinung, daß man offen darüber reden sollte. Er versteht mein Zeichen und richtet das Wort an Willi Stoph. Er möge doch ohne Umschweife und Scheu erklären, was uns auf der Seele läge, damit wir gemeinsam nach Auswegen suchen können. In diesem Augenblick spüre ich nicht zum ersten Male, wie nützlich auch grenzüberschreitende Beziehungen sein konnten.

Zwei Jahre nach Warschau trifft sich 1957 die Jugend der Welt in Moskau. Im Jahr zuvor hat der XX. Parteitag der KPdSU getagt. In einer Geheimrede hat Chruschtschow mit seinem Vorgänger und dem Personenkult abgerechnet. In der DDR ist als Botschaft angekommen, daß Stalin kein Klassiker mehr sei. Doch Stalins einbalsamierter Leichnam liegt unverändert im Mausoleum auf dem Roten Platz, über den wir Festivalteilnehmer flanieren. 1953 hingen überall in der Stadt seine Porträts, jetzt ist keins mehr zu sehen, und auch der Kreml steht nunmehr offen. Wir marschieren hinein und lassen uns einzeln oder in der Gruppe vor der Riesenzarenglocke ablichten, der schwersten Glocke der Welt, die nie geläutet hat. Ein Teil ist herausgebrochen und lehnt gegen den Granitsockel. Allein diese »Scherbe« wiegt 11.000 Kilogramm und damit soviel wie die Gloriosa im Erfurter Dom. 1812 wollte Napoleon das Monstrum mit nach Frankreich nehmen, doch die Absicht scheiterte an der Logistik: 190 Tonnen am Stück konnte man seinerzeit kaum quer durch Europa befördern.

Im Kreml und rings umher herrscht buntes, lautes Treiben. Man tanzt, singt, redet, die Stimmung ist heiter und ausgelassen. Obgleich Sommer, spricht man von Tauwetter. Die Atmosphäre ist nicht mit jener von 1951 vergleichbar. Das Berliner Treffen lebte von den Hunderttausenden, die aus allen Teilen der DDR kamen, die Berliner selbst waren allenfalls Zuschauer. In Moskau haben wir das Gefühl, daß die ganze Stadt mit uns die Weltfestspiele lebt und erlebt.

Die Berliner FDJ pflegt gute, partnerschaftliche Beziehungen zum Moskauer Komsomol. Mischa Davidow, 1. Sekretär des Stadtkomitees, zieht mit uns durch den Kreml und über den Roten Platz in ganz anderer Weise, als es bei den Festaufzügen am 1. Mai und am 7. November geschieht. Sein Stellvertreter ist Sergej Pawlow, später 1. Sekretär des ZK des Komsomol. Danach wird er der sowjetische Sportchef. Sein DDR-Kollege Manfred Ewald findet keinen Draht zu ihm. Er nennt ihn abfällig »Mr. Adidas«, weil Pawlow die sowjetische Olympiamannschaft von dem Sportartikelhersteller aus der BRD ausstatten läßt. Und als Pawlow von der DDR den Boykott der Olympischen Spiele 1984 in Los Angeles einfordert, weil der Westen die Spiele in Moskau 1980 boykottierte, um auf die Intervention in Afghanistan zu reagieren, kommt es zwischen Ewald und Pawlow zu Auseinandersetzungen.

Davon können Pawlow und ich noch nichts wissen, als wir 1957 mit der Jugend der Welt Gemeinsamkeit beschwören. Wir sehen aber, daß dieser XX. Parteitag und seine Folgen Echo auch in der internationalen Jugendbewegung gefunden hat. Der WBDJ beschließt, das nächste Welttreffen in Wien, also erstmals außerhalb der sozialistischen Hemisphäre, abzuhalten. Von Österreich ziehen wir nach Helsinki, schließlich nach Sofia, und 1973 wieder nach Berlin.

Österreich war 1945 zu einem Teil von sowjetischen Truppen befreit worden, auch die Amerikaner waren in die von Hitler 1939 angeschlossene Ostmark eingerückt. Es gab wie in Deutschland eine Art westliche und eine östliche Besatzungszone. Doch anders als in meiner Heimat hatte noch vor der Besetzung durch fremde Truppen eine Provisorische Regierung eine Republik Österreich proklamiert, die mit Wahlen im November 1945 ihre Legitimation erhielt. Zehn Jahre später schlossen die vier Siegermächte, die schon in Potsdam über Deutschland entschieden hatten, mit Österreich einen Staatsvertrag. Unter der Maßgabe immerwährender Neutralität wurden alle Besatzungstruppen abgezogen.

Vor diesem Hintergrund ist es Österreich kaum möglich, 1959 Weltfestspiele der Jugend und Studenten »für Frieden und Völkerfreundschaft« abzulehnen. Das übrige erledigt die Nähe zu Budapest, wo die Führung des WBDJ ihren Sitz hat.

Zum ersten Mal bewegen wir uns auf »fremdem Territorium«, wir können nicht unbedingt auf die Unterstützung der Landesregierung rechnen. Allenfalls auf Duldung. Um Kosten zu sparen, baut die FDJ eine Zeltstadt in Wien auf und übt insofern Solidarität mit der Jugend anderer Länder, indem sie dieser und nicht nur den 550 FDJlern dort Unterschlupf gewährt.

Die Jusos aus der Bundesrepublik und Österreichs eröffnen ein Gegenfest und versuchen unsere Delegation zu unterwandern. Auch sind verschiedene Geheimdienste vor Ort. Ich bin für die Kontakte mit den Studenten zuständig und erhalte den Hinweis, daß im Internationalen Studentenclub von westdeutscher Seite eine Provokation vorbereitet werde. Den Tip bekomme ich von einem Journalisten, der in den 60er Jahren in die DDR kommen und dort für den ADN arbeiten wird. Sein Name: Peter Gromnica.

Die »Bundeszentrale für politische Bildung« leugnet ihre ablehnende Haltung zu dieser Weltjugendbewegung nicht. Noch heute verbreitet sie im Internet: »Mit den VII. Weltfestspielen 1959 versuchte der WBDJ zum ersten Male, das Festival in einer Stadt außerhalb des kommunistischen Machtbereichs durchzuführen. Der Beschluß, Wien zur Festspielstadt zu wählen, entstand aus der Absicht, dem Westen mit Zehntausenden sich unter kommunistischen Parolen verbrüdernden jungen Menschen eine riesige Propagandaschau vorzuführen. Diese Rechnung ging nicht auf. Die österreichische Regierung beschränkte ihre Repräsentation auf ein unerläßliches Minimum und die österreichische Presse – mit Ausnahme der kommunistischen natürlich – boykottierte das Großereignis in der Hauptstadt völlig. Die demokratischen Jugendverbände des Landes starteten Aufklärungsaktionen gegen die Festspiele.

Unter den 18.000 Teilnehmern aus 112 Ländern befand sich zum erstenmal eine Gruppe aus der Bundesrepublik Deutschland, die mit der erklärten, freilich zu idealistischen Absicht zum Festival gefahren war, ›unsere freiheitliche Auffassung in allen Fragen der Politik und Gesellschaftsordnung‹ zu vertreten.«

Diese Feststellung ist insofern falsch, als schon immer junge Menschen aus der Bundesrepublik an den Weltfestspielen teilnahmen. Sie ist insofern zutreffend, als es noch nie derartige Provokation gab, die dem Geist der Völkerverständigung zuwiderliefen. Mit anderen Worten: Der Kalte Krieg hatte auch in dieser Weise die fortschrittliche Weltjugendbewegung erreicht. Die Bundeszentrale weiter: »Es handelte sich um eine 19köpfige Delegation des Liberalen Studentenbundes (LSD). In seinem Beschluß heißt es: ›Es ist insbesondere zu vermeiden, daß die gesellschaftlichen Verhältnisse in Deutschland allein und einseitig von den Funktionären der FDJ dargestellt werden.‹ Auf diese Weise wurde die bei den vorangegangenen Festspielen stets sorgfältig gepflegte, grundsätzliche ideologische Einheit nicht nur durch die österreichischen Jugendverbände in Frage gestellt, sondern auch vom LSD und anderen westlichen Teilnehmergruppen provozierten Diskussionen strapaziert. Die geplante Demonstration einer nach kommunistischer Weichenstellung denkenden Weltjugend fand in Wien nicht statt.

Wohl deshalb unterbrachen die Veranstalter den bis dahin üblichen Zweijahresrhythmus bei der Veranstaltung der Festspiele. Erst drei Jahre später wurde 1962 in Helsinki eine Neuauflage des Experimentes gestartet.«

Auch diese Schlußfolgerung ist natürlich albern.

Einer der kontraproduktiven Wortführer bei den österreichischen Jusos ist Heinz Fischer, deren Vorsitzender. Ich werde ihn 1993 in Wien neuerlich treffen. Da ist der SPÖ-Politiker Nationalratspräsident. Wir plaudern über Vergangenes, auch über die Weltfestspiele von 1959, und sind uns einig, daß dieses Treffen zu

Die Jugend der DDR grüßt Wien: die FDJ-Delegation zu den Weltfestspielen der Jugend und Studenten, 1959. Modrow in der Mitte

sehr unter dem Geist des Kalten Krieges gelitten habe. Fischer übt seit 2004 das Amt des Bundespräsidenten aus. Er tut dies unauffällig wie alle seine Vorgänger entsprechend der österreichischen Neutralitätsverpflichtung von 1955.

Getreu dem Grundsatz: »Die schärftsten Kritiker der Elche waren früher selber welche«, handelt Heinz Lippmann. Bis 1953 war er im FDJ-Zentralrat Honeckers Stellvertreter und für die Westarbeit zuständig. Dann ging er mit etwa einer Viertelmillion DM stiften. Das waren Mittel, die das ZK der SED für die Unterstützung des Wahlkampfes in der Bundesrepublik zur Verfügung gestellt hatte. Da aber sehr gezielt und keineswegs zufällig die Wahlkampfhelfer aus der DDR im Westen verhaftet wurden, reduzierten wir den personellen Einsatz. Das nunmehr nicht mehr benötigte Bargeld sollte Lippmann ins ZK zurückbringen, doch er zog es vor, mit dem Koffer im Bahnhof Friedrichstraße in die S-Bahn zu steigen.

In Wien gibt er die Sturmspitze und Wunderwaffe der Gegner des Festivals. Allerdings sind sich Falken und Jusos uneins, ob sie auf totale Konfrontation gehen oder doch das Gespräch suchen sollen. So begrüßen wir in unserer Zeltstadt etliche Diskutanten, darunter auch das Mitglied der sozialistischen Jugend »Die Falken«. Fred Gebhardt ist mein Jahrgang. Später ist er elf Jahre SPD-Vorsitzender in Frankfurt am Main, 13 Jahre Landtagsabgeordneter in Wiesbaden. 1998 zieht er für die PDS in den Bundestag ein und eröffnet als Alterspräsident die erste Sitzung. Das bezeugt einmal mehr, wie langfristig mitunter Diskussionen wirken können …

Wie sich zeigt, werden in den Jugendorganisationen aller Parteien und Länder die Nachwuchskader für größere Aufgaben ausgebildet oder vorbereitet. Da sich bei uns alles planmäßig vollzieht und nichts dem Zufall überlassen wird, sind weder Quereinsteiger noch Aussteiger vorgesehen. Wenn man auf eine bestimmte Schiene gesetzt ist, geht alles seinen sozialistischen Gang. So will es die Nomenklatur. Das ist keine Besonderheit der DDR. Enrico Berlinguer erwähnte ich bereits. Seinen Nachfolger Piero Pieralli lerne ich ebenfalls kennen. Nachdem wir uns aus aus den Augen verloren haben, treffen wir ins in den 70er Jahren in Florenz wieder. Er führt dort in der Toskana die italienische KP. Bei den französischen Jungkommunisten habe ich es wiederholt mit Jacques Denis zu tun. Er steigt auf zum Leiter der Internationalen Abteilung im ZK der FKP. Unsere freundschaftlichen Kontakte bestehen bis heute.

Wladimir Jefimowitsch Semitschastny (links außen) – noch Komsomol, bald Chef des KGB, Walter Ulbricht, FDJ-Chef Erich Honecker und Hans Modrow, auf dem V. Parlament der FDJ, Erfurt 1955.

Die Komsomol-Chefs hingegen pflegen zum KGB zu wechseln. Alexander Nikolajewitsch Schelepin, 1. Sekretär von 1952 bis 1958, wird noch im gleichen Jahr Vorsitzender des KGB. Wladimir Jefimowitsch Semitschastny beerbt ihn 1958 als Komsomolchef und 1961 beim Geheimdienst, den er bis 1967 führt. – Bei einem Gespräch fragt mich der einstige Juso-Vorsitzende Gerhard Schröder, nunmehr Bundeskanzler der BRD, was aus dem Mann geworden sei, der erst Vizepräsident unter Gorbatschow war und dann, im Sommer 1991, gegen ihn putschte.

Du meinst Gennadi Iwanowitsch Janajew, frage ich zurück.

Ja, sagt Schröder, jenen Janajew, mit dem ich als Juso wiederholt zu tun hatte. Der war doch bis 1980 Vorsitzender des UdSSR-Komitees für Jugendorganisationen.

Ich antworte: »Der ist nach dem lächerlichen Putschversuch, der von manchen als Operette bezeichnet wird und der den unseligen Jelzin an die Spitze in Moskau katapultierte, eingesperrt, aber 1993 entlassen worden. Einen Prozeß hat es nie gegeben.«

Und, insistiert Schröder.

Na nichts, sage ich. »1998 war ich in Moskau zu einem Jubiläum des Komsomol eingeladen. Ich traf dort viele bekannte Gesichter. Wir haben uns sehr angeregt unterhalten.«

»War auch er da?« – »Natürlich ...«

Nicht nur an Schröders Karriere zeigt sich, daß überall die meisten Politiker sich im Jugendverband für größere Aufgaben empfehlen. Ja, wo denn sonst, mag man einwerfen: Kein Talent reift in der Stille. Aber diese Praxis hat offenkundig auch ihre Schattenseiten. In allen Parteien, die Linke eingeschlossen, sind junge Funktionäre anzutreffen, die wie alte Hinterbänkler reden. Sie beherrschen schon all diese Phrasen und Worthülsen, die kein Mensch mehr hören möchte. Und sie kommen auch kaum dazu, Eigenes zu entwickeln und auszubilden. Parteien haben eine gewisse Neigung zur Normierung. Wildwuchs wird selten geduldet.

1993 war Hans-Jochen Vogel einfacher Bundestagsabgeordneter wie ich auch. Er hatte den Partei- und Fraktionsvorsitz abgegeben. Da wir uns im Mai 1989 in Dresden ganz manierlich unterhalten hatten, schien es mir angezeigt, das Gespräch mit ihm zu suchen. Die Abgeordneten der PDS wurden in Bonn nicht nur wie die Abgesandten eines anderen Sterns betrachtet, sondern auch so behandelt. Vielleicht, so hoffte ich, könne man diese Front der totalen Ablehnung auf diese Weise ein wenig aufbrechen.

Vogel erschien es jedoch nicht angebracht, mit mir ein Gespräch unter vier Augen zu führen. Er bat Heinz Westphal – viele Jahre Vorsitzender der »Falken« und bis 1990 Vizepräsident des Bundestages –, uns zu einem Abendessen einzuladen. Obgleich er in den 50er Jahren die »Falken« führte, hatten wir damals nichts miteinander tun, mein Partner hieß Harry Ristock, mit dem ich später engen politischen Kontakt hielt. Die »Falken« aus Westberlin waren bis 1961 bei fast jedem Forum dabei, das wir von der FDJ im Ostteil der Stadt organisierten.

Wir begannen uns jener Jahre zu erinnern, die trotz aller Schwere auch etwas Leichtes hatten: Schließlich waren wir jung. Darum ließ sich auch manche politische Dummheit ertragen. Und am Ende waren wir uns einig, daß es ideologische Verblendung auf beiden Seiten gegeben hatte, die uns wechselseitig blind machte für die eigentlichen und tatsächlichen Gegner aller jungen Leute auf dem ganzen Globus. Wir waren gezeichnet von Kriegs- und Nachkriegserfahrungen, waren gleichsam von einem Schützengraben in den nächsten gesprungen. Tja, sagte Westphal, was lehrt uns das?

Das man den Kopf vorrangig zum Denken und nicht ausschließlich zum Nicken nutzen sollte.

Die Sieger und die Befreiten

»Heinrich, wie hältst du es mit der Religion?«, läßt Goethe im Faust das Gretchen fragen. Und weil damit eine Auskunft erbeten wird, die von zentraler Bedeutung ist, entstand die Metapher von der »Gretchenfrage«. Eine der Gretchenfragen, die die Haltung zur deutschen Vergangenheit bewußtmacht, ist jene seit 1945 hierzulande immer wieder gestellte: Wurden wir befreit oder besiegt?

Natürlich konnte ein KZ-Häftling die Frage leichter beantworten als ein »Märzgefallener«, wie die Millionen Mitläufer hießen, die sich 1933 der NSDAP anschlossen. Ein Kommunist sah das anders als ein Konservativer, ein Jude hatte dazu gewiß eine andere Meinung als etwa ein holländischer Kollaborateur.

Und nimmt man das Urteil von Potsdam, war auch klar, wie die Alliierten den Vorgang sahen.

Obgleich in der sowjetischen Besatzungszone, später in der DDR alljährlich der 8. Mai als Tag der Befreiung begangen wurde, bis in die 80er Jahre hinein sogar arbeitsfrei war, wähnten sich nicht alle, die jenen Tag der bedingungslosen Kapitulation 1945 bewußt erlebt hatten, auch tatsächlich befreit. Zwar endete das Schießen, niemand mußte mehr in die Bombenkeller flüchten, doch besser war das Leben nicht unbedingt geworden. Der Hunger wütete weiter, nachts fror man in klammen Betten, es fehlte an allem. Aus den Berichten meiner Landsleute weiß ich, daß die ersten Nachkriegsjahre oft schlimmer und schwerer waren als die letzten Jahre des Krieges. Worin also bestand der Fortschritt, die Befreiung? Statt an der Pest litt man nun an der Cholera. Beide Krankheiten konnten zum Tode führen.

Auch in den Westzonen fühlte man so. Da wie dort wollte man nicht besiegt worden, sondern allenfalls zusammengebrochen sein. In der 1958 vom damals 28jährigen Helmut Kohl in Heidelberg verfaßten Doktorarbeit »Die politische Entwicklung in der Pfalz und das Wiedererstehen der Parteien nach 1945« gibt es den Begriff Befreiung überhaupt nicht. Wohl aber mehrmals den *Zusammenbruch*. So finden sich denn in der Dissertation Sätze wie diese: »Die politische und verwaltungsmäßige Entwicklung in der Pfalz unmittelbar nach dem Zusammenbruch 1945 eröffnete die Möglichkeit einer völligen Neuordnung dieses Raumes.« (S. 159) Oder: »Die moralische Autorität der Kirchen war nach dem totalen Zusammenbruch des Staates außerordentlich groß.« (S. 82)

Befreiung führt zur Freiheit. Doch wer sich nicht befreit wähnt, empfindet sich auch nicht als frei. Er wähnt sich weiterhin gefesselt. Es war darum keineswegs nur propagandistische Sprachregelung, daß die Führung in Ostberlin von Anbeginn diese Vokabel für den 8. Mai 1945 benutzte. Das gehörte zum notwendigen Erziehungsprozeß, der unter dem Begriff »Entnazifizierung« erfolgte. Dadurch wurde das Los der Ostdeutschen nicht unbedingt erträglicher, aber es begann Klarheit in die Köpfe einzuziehen.

Ein solcher Schritt unterblieb im Westen. Denn das neue System war dem alten zu sehr verhaftet, um sich tatsächlich erneuern zu können, »die Möglichkeit einer völligen Neuordnung dieses Raumes«, wie Kohl schrieb, wurde nicht wahrgenommen. Das Reich war »zusammengebrochen«, aber die meisten, die dafür verantwortlich waren, blieben. Das Personal sicherte die Kontinutität in Politik und Wirtschaft und im Denken. Erst mit der sogenannten 68er Bewegung brach diese unsägliche Übereinkunft auf.

40 Jahre nach dem Kriege sprach erstmals ein Bundespräsident den Satz: »Der 8. Mai war ein Tag der Befreiung. Er hat uns alle befreit von dem menschenverachtenden System der nationalsozialistischen Gewaltherrschaft.« Es ist das bleibende Verdienst Richard von Weizsäckers, in seiner Gedenkrede im Deutschen Bundestag 1985 dies so deutlich erklärt zu haben. Einschließlich dieser Feststellung: »Als Deutsche ehren wir das Andenken der Opfer des deutschen Widerstandes, des bürgerlichen, des militärischen und glaubensbegründeten, des Widerstandes in der Arbeiterschaft und bei Gewerkschaften, des Widerstandes der Kommunisten.«

1990 fiel man hinter diese Erkenntnis weit zurück.

Die geistig-moralische Wende, die Kohl 1982 bei Übernahme der Regierungsgeschäfte in Bonn ankündigte, wurde tatsächlich vollzogen. Nach dem Ende der DDR brachen die Dämme. Zwar hatte es nach jener Rede des Bundespräsidenten einen ersten Revisionsversuch gegeben, der als Historikerstreit vorübergehend für Unruhe im Feuilleton sorgte, doch die Konservativen kamen damit nicht – noch nicht – durch, die Verbrechen des Nazireichs zu bagatellisieren und die Sowjetunion als das angeblich weitaus schlimmere System zu geißeln. »War nicht der ›Archipel Gulag‹ ursprünglicher als ›Auschwitz‹?«, fragte am 6. Juni 1986 der Historiker Ernst Nolte in der *Frankfurter Allgemeinen Zeitung* und trat damit eine geraume Zeit geführte akademische Debatte los. Schon wenige Jahre später wurde nicht mehr gefragt, sondern dies einfach behauptet.

Nämlich die Kontinuität der Nazi-Diktatur und der Diktatur der deutschen Kommunisten. Und weil die Belege für Massenmord und andere Verbrechen in der »zweiten deutschen Diktatur« fehlten, erfand man das »Auschwitz der Seelen«.

Ganz nebenbei hatte sich auf diese Weise auch der Tag der Befreiung erledigt. Denn wenn das eine totalitäre Regime bruchlos in das andere überging, konnte es zwischendurch keine Zäsur gegeben haben.

Störend bei dieser Argumentation war einzig der Umstand, daß in der geschmähten DDR Antifaschismus Staatsdoktrin war, hingegen Nazis nachweislich in der Bundesrepublik wieder zu Ämtern und Ansehen gekommen waren. Politiker, Richter, Journalisten, Ärzte, Beamte, Militärs, Geheimdienstler, Kriminalisten, Lehrer machten nach einer kurzen Karenzzeit dort weiter, wo sie 1945 aufgehört hatten.

Also versuchte man jetzt den Nachweis zu führen, daß in der DDR ebenfalls viele ehemalige Nazis untergetaucht und wieder zu Ehren gekommen wären. Gleichzeitig wurde jeder Nazi, der von der DDR, dem Unrechtsregime, verurteilt worden war, als »Opfer« und »Widerstandskämpfer« auf den Schild gehoben. In dieser Schamlosigkeit verlor sich jedes Augenmaß, der antikommunistische Eifer vernebelte alle Sinne. So stiftete beispielsweise der Förderverein Gedenkstätte Berlin-Hohenschönhausen im Jahre 2007 einen mit 5.000 Euro dotierten Preis, der an Persönlichkeiten vergeben werden soll, die sich »um die kritische Auseinandersetzung mit der kommunistischen Diktatur der DDR« verdient machen. Der Preis wurde nach Walter Linse benannt, einem Rechtsanwalt, der 1952 von der Staatssicherheit in Westberlin festgenommen und den Sowjets übergeben und von diesen 1953 in Moskau hingerichtet worden war. Der Umstand, daß Linse für den »Untersuchungsausschuß freiheitlicher Juristen« (UfJ), eine – vorsichtig formuliert – höchst dubiose Institution des Kalten Krieges, sehr aktiv war und darum in Moskau wegen Spionage und konterrevolutionärer Sabotage verurteilt wurde, machte ihn nach heutigem Verständnis nicht nur gänzlich unschuldig, sondern zum Opfer und Freiheitshelden, nach dem man Straßen, Schulen und Preise benannte.

Nun aber kam heraus, daß Linse auch schon vor 1952 ein Leben hatte, nämlich das eines aktiven Nazis. Linse war nicht nur in der NSDAP, sondern auch »Arisierungsbeauftragter« der Industrie- und Handelskammer in Chemnitz. Und damit war er aktiver Teil der Ausrottungs- und Vernichtungsmaschinerie der Nationalsozialsozialisten. Der Förderverein machte daraufhin einen Rückzieher und erklärte kleinlaut, die Ehrung werde einen anderen Namen erhalten.

Gewiß ist die Frage relevant, ob Linse 1952 zurecht oder zu unrecht verurteilt worden ist, und wenn es nicht genügend Gründe gab, so gegen ihn vorzugehen, wie es geschah, muß man das auch deutlich sagen und kritisieren. Anstößig an diesem Vorgang ist aber, daß seit 1990 nahezu jeder, mit dem sich die DDR anlegte, ohne Prüfung der Umstände zum Widerstandskämpfer und Freiheitshelden gemacht wird – Mörder und Naziverbrecher inklusive.

In Dresden zum Beispiel, wo ich fast siebzehn Jahre lebte und arbeitete, gab es am Münchner Platz seit 1959 eine Mahn- und Gedenkstätte. Sie erinnerte an über tausend Menschen, die unter dem Fallbeil faschistischer Henker starben: Deutsche, Tschechen, Polen, Belgier, Franzosen, Österreicher, Ungarn, Bulgaren, Holländer, Jugoslawen, Schweizer und Russen. Der Ort hatte eine unselige Tradition: Bereits zur Kaiserzeit war er Schauplatz von Hinrichtungen, und auch in der Nachkriegszeit wurden dort Todesurteile vollstreckt. Genaue Zahlen liegen bis heute nicht vor, und Auskünfte auf Nachfragen im sächsischen Justizministerium werden mit dem Hinweis auf den Daten- und Opferschutz verweigert

1994 wurde im Nordosthof der Mahn- und Gedenkstätte ein Denkmal aufgestellt, das den Zusatz trägt: »Namenlos – Ohne Gesicht – den zu Unrecht Verfolgten nach 1945«. Die letzte Hinrichtung wurde dort 1951 vollzogen: Es starb die Doppelmörderin Frieda Lehmann. Sie und andere Kriminelle, Euthanasiemörder und Kriegsverbrecher werden pauschal zu »Opfern des Stalinismus« und zu »SED-Opfern« gemacht. Das ist ahistorisch.

Annemarie, meine verstorbene Frau, erlebte das Kriegsende im thüringischen Arnstadt. Zunächst rückten die Amerikaner ein, im Sommer kam die Rote Armee. Die Großen Drei hatten sich bekanntlich in Jalta auf die Besatzungzonen geeinigt, die Demarkationslinie verlief nicht an der Elbe, bis wohin die Amerikaner und Briten vorgestoßen waren, sondern an der Werra. So zog man sich denn im August hinter die verabredeten Linien zurück. Offenkundig hatte man das damals und auch später der deutschen Öffentlichkeit nicht richtig erklärt, denn es heißt bis auf den heutigen Tag, die Amerikaner hätten Thüringen gegen Westberlin eingetauscht. Wahr ist: Die vier Sektoren Berlins kamen dadurch zustande, daß die ehemalige Reichshauptstadt Sitz des Alliierten Kontrollrates wurde und damit in Gänze nicht zur Sowjetischen Besatzungszone gehörte, auf deren Territorium sie lag.

Das sah die DDR anders. Noch auf der Außenministerkonferenz 1959 in Genf, an der erstmals die beiden deutschen Staaten teilnehmen durften, wenn auch nur an den Katzentischen, hatte die DDR ein Gutachten vorgelegt, in dem es hieß: »Rechtlich unterliegt vielmehr das gesamte Territorium Groß-Berlins der Gebietshoheit der DDR, auf deren Boden es liegt und deren Hauptstadt es ist, ebenso wie es bis zur Bildung und Herstellung der Souveränität der DDR zum Hoheitsgebiet der sowjetischen Besatzungszone Deutschlands gehörte, wobei den westlichen Besatzungsmächten bestimmte Rchte unter vertraglich festgelegten Bedingungen eingeräumt waren. Zu keiner Zeit aber bildete das Gebiet Groß-Berlins eine separate fünfte Besatzungszone Deutschlands neben den vertraglich festgelegten Besatzungszonen der vier Mächte.«

Das am 3. September 1971 in Berlin unterzeichnete Viermächteabkommen klärte diese Frage. Es war das erste Regierungsabkommen der Alliierten seit Beginn des Kalten Krieges und markierte einen Politikwechsel im Umgang miteinander. Es stand am Beginn der Entspannungspolitik, die bis nach Helsinki führen sollte, zur Konferenz für Sicherheit und Zusammenarbeit in Europa.

Das war 30 Jahre nach Kriegsende auf dem Kontinent. Doch wie sah Annemarie das damals, 1945? Die Amerikaner kauften sich die Frauen mit Perlonstrümpfen, die Russen hatten dies nicht zu bieten und nahmen sich, was sie wollten. So oder so war es eine Vergewaltigung nach dem Diktat der Sieger.

Sah so die Befreiung aus? Nein, natürlich nicht.

Es war wirklich schwer, uns Deutschen bewußt zu machen, daß wir befreit worden waren. Aber das war so wahr wie es unwahr ist, daß die DDR nur eine andere Form des Dritten Reiches bedeutete.

Die geteilte Heimat

Die Zerschlagung des Hitlerreiches veränderte nicht nur die politische Landkarte Europas, sondern sorgte auch für neue politische Konstellationen auf der Welt. Wenige Wochen nach dem Überfall Hitlerdeutschlands auf die Sowjetunion, am 14. August 1941, besprachen auf einem britischen Schlachtschiff vor der Küste Neufundlands US-Präsident Roosevelt und der britische Premier ihre Vorstellungen von einer neuen Weltordnung nach dem Weltkrieg. Die fixierten acht Punkte gingen als »Atlantik-Charta« in die Geschichte sein; sie sollte 1945 zum grundlegenden Dokument der Vereinten Nationen werden.

Die beiden Staatsmänner hatten natürlich eine angelsächsisch dominierte Weltordnung vor Augen, wobei Roosevelt der clevere Anwalt der US-Interessen war. Er trotzte Churchill die Zusage ab, den Krieg gegen Deutschland nur mit einer bedingungslosen Kapitulation zu beenden und die Autonomie des britischen Commenwealth aufzugeben – dafür würden die USA Großbritannien in jeder Hinsicht unterstützen. Churchill begriff durchaus, daß damit das Vereinigte Königreich in die zweite Reihe geschickt wurde, doch er besaß kaum eine Wahl. Und nachdem Berlin am 8. Mai 1945 kapituliert hatte und Roosevelts Strategie aufgegangen war, formulierte Nachfolger Truman in Washington die nächsten strategischen Ziele in Europa, die sich im Kern auf zwei Punkte konzentrierten: Westeuropa als Brückenkopf der USA in der Alten Welt zu behaupten und die Sowjetunion aus Zentraleuropa wieder herauszudrängen.

Diese Linie haben die Amerikaner konsequent verfolgt und bis 1994, als der letzte russische Soldat aus Deutschland abzog, auch erfolgreich verwirklicht.

Dem wurde alles untergeordnet: die Nachkriegspolitik in Deutschland mit der Bildung des Separatstaates bis hin zur Unterbindung aller Versuche auf westdeutscher Seite zu Alleingängen, etwa mit der DDR über eine Konföderation zu reden. So hatte die SPD zum Beispiel am 18. März 1959 einen Deutschlandplan veröffentlicht. Er stellte ein Konzept für eine mögliche Wiedervereinigung der beiden deutschen Staaten dar und war von Herbert Wehner, dem Vorsitzenden des Arbeitskreises für Außenpolitik und Gesamtdeutsche Fragen der SPD-Fraktion im Bundestag, angeregt worden. Der Plan sah vor, in Mitteleuropa eine entmilitarisierte und atomwaffenfreie »Entspannungszone« einzurichten, die von den USA und der UdSSR abgesichert werden sollte. In drei Stufen sollte dann die Wiedervereinigung Deutschlands vorangetrieben werden. In einem ersten Schritt würde eine von der BRD und der DDR paritätisch besetzte »Gesamtdeutsche Konferenz« weitere Schritte vorbereiten.

Der Plan verschwand auf Druck der USA binnen kurzem im Archiv, weil er ihre eigene Strategie unterlief.

Die Amerikaner kontrollierten ihre Einflußsphäre und waren nicht bereit, diese einzuschränken oder gar preiszugeben. In einer zweiten Phase ging man schließlich von der »Eindämmung des Kommunismus« (»Containment«) zu dessen Zurückdrängung (»Roll back«) über.

Die Sowjetunion verfolgte eine andere Strategie. Eingedenk der Erfahrungen von 1939/41 ging es ihr vor allem darum, zunächst einen Puffer, einen *cordon sanitaire*, vor ihrer Westgrenze zu etablieren. Ein 21. Juni 1941 sollte sich nie wiederholen. Damit griff sie nur eine Idee auf, die schon nach dem Ersten Weltkrieg in Versailles von Großbritannien, Frankreich und den USA realisiert worden war. Aus Gebieten, die bis 1914 großenteils zum Deutschen Reich, Österreich-Ungarn und Rußland gehörten, schufen sie aus neu gebildeten oder vergrößerten Staaten von der Ostsee bis zur Adria und dem Schwarzen Meer einen Sicherheitsgürtel. Finnland, die baltischen Staaten Lettland, Estland und Litauen, Polen, die Tschechoslowakei, Ungarn, Jugoslawien und Rumänien sollten dafür sorgen, daß sich »der Bolschewismus« nicht nach Westen ausbreitete. Nunmehr drehte die Sowjetunion dieses Prinzip lediglich um: Sie wollte »den Bolschewismus« auf diese Weise vor Überfällen aus dem Westen schützen. Denn bei allem ideologischen Interesse, der sozialistischen Idee weltweit zum Druchbruch zu verhelfen, handelte die Sowjetunion zunächst als Großmacht. Das nationale Hemd stand ihr näher als der internationalistische Rock.

1945 verfolgte Moskau in bezug auf Deutschland zunächst kein spezielles Ziel. Allenfalls jenes, daß Deutschland als politische Einheit und wirtschaftlicher Partner erhalten blieb. Das erklärt auch, weshalb Moskau sich erst drei Wochen nach Kriegsende daran machte, eigene Verwaltungsorgane zu gründen, nachdem die anderen Alliierten in ihren Zonen schon längst eigene etabliert hatten. Stalins Vorschlag in Jalta zur Bildung von Besatzungszonen war zunächst ein erfolgreicher Abwehrversuch, Deutschland nach den Vorstellungen der USA auf das Niveau eines Agrarlandes zu drücken (Morgenthau-Plan), womit die USA Deutschland als Konkurrenten auszuschalten dachten. Doch die damit intendierte Entwicklung hätte in Moskau auch bedacht werden müssen.

Im Nachlaß von Elli Schmidt, der Frau von Anton Ackermann, befindet sich ein aufschlußreiches Dokument. Es liegt im Bundesarchiv und kann unter der Signatur SAPMO–BArch SgY 30/1305 eingesehen werden. Sie notierte: »Ich erinnere mich, wie uns Georgi Dimitroff die Teilung Deutschlands mitteilte. Er rief uns zusammen und sagte (die Tränen kamen mir in die Augen), daß Berlin geteilt wird, daß Deutschland geteilt wird.«

Das geschah Anfang Februar 1945 unmittelbar nach dem Gipfeltreffen auf der Krim. »Wir – Wilhelm Pieck, Walter Ulbricht, Anton Ackermann und ich – wurden in seinem Zimmer, draußen im Institut, zusammengerufen. Er erläuterte uns die Beschlüsse. Als er uns diese Teilung erklärte, saßen wir vor seinem Schreibtisch. Er sagte uns, wie die Grenzen [der Besatzungszonen] verlaufen und wie schwer es sein würde, auch durch die Vierteilung Berlins.

Ich ging erschüttert hinaus.

Die Parteiarbeit für Deutschland hatten wir für ganz Deutschland gemacht. Wir sahen immer noch das ganze Deutschland.«

Und an anderer Stelle schreibt sie, daß man, nachdem sich die KPD-Führung der Konsequenzen der verschiedenen Besatzungszonen bewußt geworden sei, darüber nachzudenken begonnen habe, wie man mit dieser unerwarteten Realität umgehen könne. Man sei sich sicher gewesen, »daß der Kapitalismus wenigstens in einem Teil Deutschlands seine Existenz behaupten wird«.

Die schon bald von Adenauer verfolgte Politik: Lieber das halbe Deutschland ganz als das ganze Deutschland halb, praktizierte allerdings auch Stalin. Mit einer Einschränkung: Wenn sich die Möglichkeit ergeben würde, Deutschland zu neutralisieren, wäre er dazu – anders als Truman – auch bereit gewesen. In diesem Sinn war seine Note vom 10. März 1952 zu verstehen, in der er den USA,

Großbritannien und Frankreich Verhandlungen über eine Wiedervereinigung und Abzug aller Besatzungstruppen vorschlug. Bundeskanzler Konrad Adenauer und die Westmächte lehnten die Offerte allerdings als »Störmanöver« ab, mit dem lediglich die Westintegration der Bundesrepublik verhindert werden sollte.

Es gibt nicht wenige Historiker, die der Ansicht sind, daß Moskaus Vorschlag durchaus ernstgemeint war. Er wurde aber nicht ernst- und schon gar nicht angenommen, weil ein neutrales Deutschland nicht in das Konzept der Amerikaner paßte.

Die Erklärung Churchills, daß sich nach 1945 ein »Eiserner Vorhang« quer durch Europa herniedergesenkt habe, gab die Behauptung vor, »die Kommunisten« hätten Deutschland gespalten. Damit sollte die Begründung für den konfrontativen Kurs gegenüber der Sowjetunion geliefert und die Verantwortung dafür delegiert werden. Diese einseitige Schuldzuweisung ist historisch unhaltbar. Auch wenn die Sowjetunion ausreichend Munition für die Propagandakanonen des Westens lieferte, hat weder Moskau noch Ostberlin das Land zerrissen. In dieser Logik lag Adenauers Absichtserklärung im *Rheinischen Merkur* vom 20. Juli 1952: »Was östlich von Werra und Elbe liegt, sind Deutschlands unerlöste Provinzen. Daher heißt die Aufgabe nicht Wiedervereinigung, sondern Befreiung. Das Wort Wiedervereinigung soll endlich verschwinden. Es hat schon zu viel Unheil gebracht. Befreiung sei die Parole.«

Der Antikommunismus war also nicht nur konstitutives Element der Bundesrepublik. Die Russenfurcht bildete auch den Kitt, der die westdeutsche Gesellschaft zusammenhielt. Oder wie Heiner Geißler 2007 mit Blick auf das mit Hilfe des Marshall-Plans protegierte kapitalistische Wirschaftswunder formulierte, die soziale Marktwirtschaft »immunisierte« die Deutschen »gegen den Kommunismus«. Dabei unterschied Geißler nicht zwischen West- und Ostdeutschen, weil er um die Wirkung des Konsums und seine politische Sprengkraft in allen Landesteilen wußte.

Aber allein auf diese Langzeitwirkung mochte man im Westen nicht setzen. Die DDR publizierte 1959 ein Dokument, das vier Jahre zuvor aus dem Panzerschrank des Generals Hans Speidel entwendet worden war. Speidel (1897-1984), in den 30er Jahren Leiter des faschistischen Nachrichtendienstes »Fremde Heere Ost«, war seit 1950 der militärische Berater des Bundeskanzlers und verhandelte 1954/55 den Beitritt der BRD zur NATO. Diese »Geheime

Bundessache« lief als »Anweisung 126«, in der Betreffzeile hieß es: »Operation Deco II«. Bis heute gibt es zu diesem Geheimpapier von der Bundesregierung keine Stellungnahme. Das Ausbleiben eines Dementis kann also durchaus als Eingeständnis genommen werden, daß die Pläne echt waren, welche am 2. März 1955 von General Adolf Heusinger unterschriftlich gezeichnet worden waren. Heusinger (1897-1982), das nur nebenbei, war maßgeblich als Generalstabsoffizier an der Planung und Vorbereitung der *Operation Blau* (Deckname der späteren Stalingrad-Operation) beteiligt. 1952 wurde Heusinger Leiter der Militärischen Abteilung im Amt Blank, dem Vorläufer des späteren Bundesministeriums der Verteidigung (ab 1955). Von 1955 bis 1957 hatte er den Vorsitz im Militärischen Führungsrat inne …

Angesichts der im Dokument enthaltenen Bekundungen mutet die öffentliche Empörung, in die man gelegentlich seit 1990 fällt, wenn dieses oder jenes militärische Papier aus der DDR entdeckt wird, reichlich grotesk an. Dergleichen Absichten hegte die östliche Seite in bezug auf ihren westlichen Nachbarn nie.

»Ziel: Befreiung der SBZ und Wiedervereinigung Deutschlands durch militärische Befreiung des mitteldeutschen Raumes bis zur Oder-Neiße-Linie.

Grundlage der Operation DECO II ist der am 29. September 1954 in London zwischen den Regierungen der Vereinigten Staaten von Amerika und der Bundesrepublik Deutschland geschlossenen Garantie-Vertrag, wonach sich die Vereinigten Staaten von Amerika verpflichten, bei einer deutschen militärischen Operation mit dem ausschließlichen Ziel der Herbeiführung der Wiedervereinigung Deutschlands mit Beginn der militärischen Handlungen die Regierungen der Sowjetunion, Polens und der CSR dahingehend zu verständigen, daß sie (die Vereinigten Staaten von Amerika)

1. den Regierungen der Sowjetunion, Polens und der CSR die Garantie überreichen, daß diese militärische Operation der Bundesrepublik Deutschland mit der vollzogenen Besetzung des mitteldeutschen Raumes bis zur Oder-Neiße-Linie beendigt ist und daß die Unantastbarkeit ihrer im Territorium der SBZ lebenden Bürger oder Soldaten und ihren im gleichen Raum liegenden Eigentums gewahrt bleibt, und daß sie (die Vereinigten Staaten von Amerika)

2. im Falle einer militärischen Intervention dieser Staatengruppe der Bundesrepublik Deutschland sofort jede militärische Hilfe und

Unterstützung zur Erreichung der Wiedervereinigung Deutschlands gewähren.« Sodann folgen Erklärungen zur unmittelbaren militärischen Unterstützung der BRD durch die USA und Angaben über einzelnen militärischen Operationen zur »Befreiung« des »mitteldeutschen Raumes bis zur Oder-Neiße-Linie«.

Das Bürgerkriegs-Papier – denn um nichts anderes handelte es sich ja – hätte, wenn es denn realisiert worden wäre, gewiß millionenfaches Leid über das deutsche Volk gebracht. Es steht zu bezweifeln, daß sich der Brudermord auf ostdeutsches Territorium hätte begrenzen lassen. Für mich hätte es im Wortsinne »Bruderkrieg« bedeutet: Franz und ich waren im wehrfähigen Alter. Ich neige nicht zu Hysterie und künstlicher Aufgeregtheit, weil ich weiß, daß Militärs unter allen Flaggen stets planen. Und bei diesen Optionen gibt es ebenfalls offensive Varianten, denn bekanntlich ist der Angriff die beste Verteidigung. Insofern sollte man auch diesem Planungsdokument der Hardthöhe keine größere Bedeutung zumessen, als es aus heutiger Sicht auch verdient. Seinerzeit aber, als der Krieg unverändert als durchaus legitime Fortsetzung der Politik mit anderen Mitteln betrachtet wurde, mußte die DDR und ihre Verbündeten das anders werten. Die Bundesrepublik schickte sich an, der NATO beizutreten. Deren Hauptmacht, die USA, hatte bis vor kurzem in Korea Krieg geführt. Und für Bonn war die DDR kein Völkerrechtssubjekt. Die Bundesrepublik sah sich in der Nachfolge des Deutschen Reiches und reklamierte für sich, alle Deutschen zu vertreten. Hielten sich andere Staaten nicht an diese Vorgabe, so mußten sie mit außenpolitischen Konsequenzen rechnen. Die von Staatssekretär Walter Hallstein 1954 erarbeitete und nach ihm benannte Doktrin sollte in den 50er und 60er Jahren maßgebend für die Außenpolitik der BRD sein. Sie setzte auf Isolation und Ausgrenzung der DDR, auf Embargo und Boykott. Sollte man da in Ostberlin nicht reagieren, wenn solche Papiere auftauchten?

In meinem Fotoalbum befindet sich ein Foto, das mich bei der Demonstration am 1. Mai 1955 auf dem Berliner Marx-Engels-Platz zeigt. Ich trage einen blauen Overall und am linken Oberarm eine rote Binde. Auf dem Kopf habe ich eine Schiebermütze. Da alle neben und hinter mir so ausschauen, darf man also ruhig sagen: Wir tragen Uniform. Anfang der 50er Jahre, als sich die Sabotageakte in den volkseigenen Betrieben und Gütern häuften, entstanden dort Arbeiterwehren. Sie sollten das gesellschaftliche Eigentum

Berlin, 1. Mai 1955: Aufmarsch der Kampfgruppen

schützen. Daraus wurden schließlich die Kampfgruppen der Arbeiterklasse. Wir paradieren an jenem 1. Mai ohne Waffen an der Tribüne vorbei, die an der Stelle des abgerissenen Hohenzollernschlosses errichtet worden war. 1976 wurde an eben jenem Platz der Palast der Republik eröffnet, in welchem nicht nur Parteitage abgehalten wurden, sondern regelmäßig auch die Volkskammer tagte. Reichlich dreieinhalb Jahrzehnte später sollte ich eben dort als Ministerpräsident der Deutschen Demokratischen Republik eine Regierungserklärung abgeben.

Die DDR steckte in ihrer schwersten Krise.

Das dachten wir oft in der DDR-Geschichte. Der westliche Nachbar schenkte uns zu keiner Zeit etwas. Und meist machten wir es ihm auch leicht, indem wir Angriffsflächen boten. Doch vor gezogenen Läufen und unter einem von den Großmächten geteilten Himmel fiel es schwer, großzügig und souverän gegen sich selbst und gegen andere zu handeln. Wir waren in diesen Kalten Krieg der Super- und Führungsmächte und ihrer Verbündeten involviert. Doch dazu war die BRD so wenig gezwungen worden wie die DDR – wie eben auch beide Staaten nicht frei in ihrer Entscheidung waren, sich dort raushalten. Das war ein dynamischer Prozeß mit einer zwingenden Logik. Auf beiden Seiten. Wer dies nicht erkennt und akzeptiert, hat das Wesen der Geschichte nicht begriffen.

Warum haben die Deutschen in Ost und in West verschiedene Wertvorstellungen?

Der höchste Wert für alle Deutschen lautete 1945: Frieden. Manche schworen im Luftschutzkeller, nur noch trocken Brot essen zu wollen, wenn dies dafür der Preis sein sollte. Und mancher deutsche Soldat rief laut in seiner Friedenssehnsucht, jedem solle die Hand verdorren, faßte er jemals wieder eine Waffe an.

Als der Frieden plötzlich da war, ohne eigenes Zutun, gab es bereits den nächsten Wunsch: Essen.

Und dann: Obdach …

Neben den existenziellen Werten traten bald auch wieder die ideellen hervor, die ethisch-moralischen, auf die sich Menschen verständigen, die in einer Gemeinschaft leben. Und gerade an diesen gesellschaftlichen Normen wurde sichtbar, daß es an jenem bewußten 8. Mai 1945 keine Stunde Null gegeben hatte. Kein Abpfiff wie nach einem verlorenen Fußballspiel, wo die unterlegene Mannschaft unbelastet beim nächsten Spiel wieder auflaufen durfte. Kein Bruch mit tradierten Denk- und Verhaltensmustern. Im Kern blieben die Deutschen das, was sie zuvor gewesen waren. Das gilt im übrigen für alle Menschen und immer, wofür Günter Gaus in seinen berühmten Interviews »Zur Person« stets die Metapher vom alten Adam und der alten Eva verwandte, wenn er auf die scheinbare Unveränderbarkeit menschlichen Verhaltens verwies. Wohl hatte er dabei neben Heine (»Als Adam grub und Eva spann, wo blieb denn da der Edelmann?«) auch Marx im Hinterkopf. Der ging davon aus, daß jeder Mensch gute und schlechte Seiten habe und die gesellschaftlichen Umstände dafür sorgten, welche Seiten hervorträten. Folglich müsse man eben die Verhältnisse »menschlich« gestalten, damit der Mensch Mensch sein und nur seine positiven Eigenschaften entfalten könne. Das hieß bei Karl Marx die »Befreiung des ganzen Menschen«.

Daß eine solche Vorstellung zwar grundsätzlich richtig ist, aber sich nicht so einfach realisieren läßt, haben insbesondere ich und meinesgleichen in den letzten Jahrzehnten schmerzlich erfahren müssen. Jenseits dieser Idealvorstellungen pflanzten sich Traditionslinien und Verhaltensweisen eben doch fort, egal, wie brutal die Geschichte ins Leben eingegriffen hatte.

Die Gesellschaft war in Ausbeuter und Ausgebeutete, in Unterdrücker und Unterdrückte geschieden. Später, als die Herrschaftsverhältnisse in der kapitalistischen Gesellschaft zunehmend verschleiert wurden, hieß das »oben« und »unten«. Noch viel später nannte man es beschönigend Zweidrittel-Gesellschaft, und heute spricht man von Ober- und von Unterschicht, für letztere erfand man ein neues Wort: das Prekariat. Das Adjektiv prekär – was soviel wie mißlich bedeutet – wurde mit dem angeblich ausgestorbenen Proletariat verbunden, womit wir eigentlich wieder im 19. Jahrhundert angekommen sind. Denn auch die Soziologen definieren das Prekariat als »ungeschützt Arbeitende und Arbeitslose«, und der italienische Politologe Alex Foti meint ganz klar: »Das Prekariat ist in der post-industriellen Gesellschaft das, was das Proletariat in der Industriegesellschaft war.«

Wir haben es in jeder Gesellschaft, ob man es nun wahrhaben will oder aber begrifflich verschleiert, immer mit zwei entgegengesetzten Linien oder Lagern zu tun, die die Jahrhunderte überdauerten. Den Konflikt zwischen diesen nannte Marx Klassenkampf, den es jedoch nach aktueller Lesart nicht mehr gibt, weil doch die Klassen verschwunden seien. Das behaupten vornehmlich jene, die die Interessen einer Kaste durchsetzen, der sie sich zugehörig fühlen, und ihre Propagandisten, die von dieser ausgehalten werden. Die Mechanismen und Maximen des »Teile und Herrsche« und des »Brot und Spiele« funktionieren, seit sie Rom erstmals praktizierte.

Die bis 1945 in Deutschland herrschende Klasse – und das war nur der Form, nicht dem Wesen nach, die Nazi-Clique – machte zumindest im Westen des Landes ungebrochen weiter. Sie hatte bei und nach Kriegsende einen Dämpfer erhalten, mehr aber nicht. Symptomatisch der Fall von Alfried Krupp von Bohlen und Halbach. Die Firma, deren alleiniger Besitzer er war, gehörte zu den wichtigsten Rüstungslieferanten des Dritten Reiches: 1944 beschäftigte das Unternehmen mindestens 100.000 Zwangsarbeiter und KZ-Häftlinge. Insbesondere bei der im Frühjahr 1942 gegründeten

Friedrich Krupp Berthawerk A. G. in Marktstädt bei Breslau wurden sowohl beim Bau der Fabrik als auch später in der Produktion in erheblichem Umfang Häftlinge aus dem nahegelegenen KZ Auschwitz eingesetzt. Im Prozeß vor dem Internationalen Militärtribunal in Nürnberg erklärte Chefankläger Telford Taylor, daß die Firma Krupp eine führende Rolle in dem geheimen und illegalen Wiederaufrüstungsprogramm in der Weimarer Republik gespielt, Hitlers Machtergreifung unterstützt, die deutsche Industrie nach Naziprinzipien organisiert und bewußt und gewollt an der Wiederaufrüstung Deutschlands zum Zwecke ausländischer Eroberungen mitgearbeitet habe. Das von Krupp geführte deutsche Unternehmen habe »als ein integrierender Teil der Angriffshandlungen Eigentum und Hilfsquellen von besetzten Ländern gestohlen und ausgebeutet sowie Staatsangehörige dieser Gebiete versklavt«. Krupp, 1948 vom Nürnberger Tribunal zu zwölf Jahren Haft verurteilt, wurde am 31. Januar 1951 von den Westalliierten begnadigt. Der Großindustrielle erhielt sein beschlagnahmtes Vermögen zurück. Dieser Krupp steht für seine Klasse (worauf in den 60er Jahren der Titel eines Fernsehmehrteilers aus Adlershof mehrdeutig anspielte: »Krupp und Krause«). Er steht auch für die zweckgerichtete Nachsicht der westlichen Allliierten mit der deutschen Nazivergangenheit. Kurz: Krupp steht für die ungebrochene Kontinuität wirtschaftlicher und politischer Verhältnisse in (West-)Deutschland.

Er und der nachsichtige Umgang mit ihm sind auch exemplarisch für die in diesem Teil Deutschlands geltenden Wertvorstellungen und politisch-moralischen Orientierungen.

Der amerikanische Hochkommissar John McCloy entließ am 31. Januar 1951 aus der Haftanstalt in Landsberg 32 Wehrmachtgenerale, SS-Einsatzgruppenleiter, Bankiers, Industrielle und Mediziner, die wegen Nazi- und Kriegsverbrechen zunächst zu langjährigen Haftstrafen verurteilt worden waren. »Es war eine groß angelegte Gnaden-Arie, die da begann«, erinnerte sich später Robert Kempner, stellvertretender Chefankläger von Nürnberg. Kanzler Konrad Adenauer (CDU) hatte sich bei McCloy für die Inhaftierten eingesetzt und die Westmächte subtil erpreßt: »Der deutsche Beitrag zur NATO oder zur westlichen Allianz ist nicht umsonst zu haben, sondern um den Preis der Rehabilitation der deutschen Soldaten.« Und Bundespräsident Theodor Heuss (FDP) schickte 1950 Weihnachtsgrüße in die Haftanstalt Landsberg.

Das einstige NSDAP-Mitglied Alfried Krupp von Bohlen und Halbach sorgte nach seiner Entlassung dafür, daß das Unternehmen wieder zum führenden Stahlproduzenten Europas aufstieg. Krupp steht für das vermeintliche deutsche Wirtschaftswunder. 1961 verlieh ihm dafür die dankbare Stadt Essen ihren Ehrenring …

In der sowjetischen Besatzungszone, später in der DDR ging man mit »den Krupps« anders zur Sache. Die gesellschaftlichen Verhältnisse wurden völlig umgestülpt. Aus der bisher herrschenden Dikatur der Minderheit wurde eine Diktatur der Mehrheit. Im Unterschied zur »Diktatur des großen Geldes«, die sich natürlich nicht so nannte, wurde auch ganz offen von der »Diktatur des Proletariats« gesprochen, die sich nach einer Phase des antifaschistisch-demokratischen Übergangs etablierte.

An dieser Stelle will ich nicht auf die ferneren Konsequenzen eingehen – denn auch diese Idee wurde von konkreten Personen unter konkreten politischen Konstellationen umgesetzt, weshalb Anspruch und Wirklichkeit wie meist auseinandergingen. (Man vergleiche nur einmal Verfassungsauftrag und Verfassungswirklichkeit des Grundgesetzes heute.) Der Ansatz im Osten war objektiv richtig, die gesellschaftlichen Wurzeln zu beseitigen, aus denen Krieg und Nazidiktatur gewachsen waren. Dimitroff hatte den Faschis-

»Obersalzberg. Das Heim des Führers«, eine Karte aus der Nazizeit, wurde, wie der Poststempel 31. Mai 1957 ausweist, ohne Scham noch immer verkauft und befördert. Das nennt man Kontinuität

mus als »die offene, terroristische Diktatur der reaktionärsten, chauvinistischsten, am meisten imperialistischen Elemente des Finanzkapitals« charakterisiert. Also mußte diese Macht gebrochen, oder wie man damals sagte: mit Stumpf und Stiel ausgerottet werden.

Aus diesen entgegengesetzten gesellschaftlichen Konzepten leiteten sich in der Folgezeit zwangsläufig auch unterschiedliche individuelle Wertvorstellungen ab. Sie wurden in vier Jahrzehnten angenommen und verinnerlicht, was unverändert im vereinten Deutschland feststellbar ist. Das betrifft nicht nur Wahl- oder Kaufverhalten, sondern auch Umgangsformen, Weltsicht und Weltverständnis. Selbst ideologisch motivierte Vorurteile und Parolen wirken in Ost- und in Westdeutschland unterschiedlich. Ein blindwütiger Antikommunismus etwa, der in der westdeutschen Provinz wieder greift, findet im Osten keineswegs ungeteilt Zustimmung.

Ethische und moralische Vorstellungen, Sittlichkeit im weitesten Sinne, leiten sich immer aus Gewohnheiten und Gebräuchen ab. Sie sind aber keineswegs statisch – selbst wenn sie sich, wie hierzulande, auf die Bibel berufen. Das tat man auch zu Zeiten der Inquisition und des Scheiterhaufens. Heute urteilen Christen darüber anders. Kant formulierte mit seinem Kategorischen Imperativ in einzigartiger Weise gleichsam ein oberstes abstraktes ethisches Prinzip – die christlichen 10 Gebote etwa sind die praktische Grundsätze, die sich aus diesem obersten Prinzip ableiten. Die Verantwortlichen in der sowjetischen Besatzungszone bzw. der DDR leiteten aus dem Kategorischen Imperativ »Nie wieder Krieg, nie wieder Faschismus!« andere Handlungsgrundsätze ab.

»Moral predigen ist leicht, Moral begründen schwer«, wußte aber bereits Arthur Schopenhauer in seiner Arbeit 1860 erschienenen Arbeit »Die beiden Grundprobleme der Ethik«.

Zu der »groß angelegten Gnaden-Arie« in der Bundesrepublik 1951 gehörte nicht nur die vorzeitige Entlassung von verurteilten Nazi- und Kriegsverbrechern. Am 10. April 1951 fügte der Bundestag dem Grundgesetz einen Artikel 131 hinzu. Fortan durften Beamte des Nazireiches wieder eingestellt werden, weshalb man von diesen auf das NS-Regime und nunmehr auf die BRD vereidigten Staatsdienern von den sogenannten 131ern sprach. Einem Ondit zufolge sollen danach in manchen Behörden mehr NSDAP-Mitglieder beschäftigt gewesen sein als vor 1945. Wenn man als Ostdeutscher über dieses Faktum spricht, wird man zuweilen mit Hinweis auf vermeintlich analoge Vorgänge in der frühen DDR zurückgewiesen. Abgesehen davon, daß mit einem solchen Vergleich vor allem der durch und durch antifaschistische Charakter der DDR getroffen werden soll: Der Hinweis ist zudem ahistorisch und deplaziert. Eine solche Nachsicht, wie sie die Bundesrepublik mit Nazi- und Kriegsverbrechern übte, gab es hier nicht – zumal ein Großteil der Belasteten sich in den Westen abgesetzt hatte. Richtig ist, daß die DDR sich wie die BRD um die Integration der Millionen Mitläufer und PGs bemühte. Selbst für Internierte setzte sie sich ein.

Bekanntlich hatten die sowjetische Besatzungsmacht und die anderen Alliierten in ihen Zonen Internierungslager eingerichtet. Im Unterschied zu den Westmächten aber führte die Sowjetunion ihre bis zu Beginn der 50er Jahre weiter, das heißt: Sie bestanden noch, obgleich die DDR bereits existierte. Und nicht erst seit 1990 wissen wir, daß neben den vielen, die darin festgehalten wurden, weil sie in der Nazizeit oder danach Schuld auf sich geladen hatten, auch etliche zu unrecht dort einsaßen.

Die Verantwortlichen in der DDR haben sich in der seinerzeit üblichen Form, aber dennoch nachdrücklich für diese Menschen verwandt. Das wird – wie auch das fortgesetzte Engagement Ostberlins für die deutschen Kriegsgefangenen in der Sowjetunion – gern verschwiegen und ignoriert. Aus diesem Grunde zitiere ich nachfolgend zwei Dokumente aus dem Nachlaß eines meiner Vorgänger, die das dokumentieren. Es sind keine Schlüsselpapiere, aber sie illustrieren nach meinem Eindruck sehr deutlich die ehrliche, anständige Haltung der DDR-Führung in dieser Frage.

So machte Staatssekretär Hans Warnke am 16. Juni 1950 Ministerpräsident Otto Grotewohl auf drei Punkte aufmerksam, die er gemeinsam mit dem anderen SED-Vorsitzenden »mit den sowjetischen Freunden« besprechen sollte, »damit wir bald zu einer guten Lösung kommen. Der augenblickliche Zustand ist für die Verwaltung und für die Genossen, die diese Aufgaben zu bewältigen haben, schwer erträglich. Es liegen Stöße von Gesuchen für jugendliche Inhaftierte vor, und es spielen sich täglich, insbesondere in solchen Fällen, wo der Tod der Inhaftierten bereits durch inzwischen entlassene Personen festgestellt ist, bei den Vorsprachen von Frauen und Müttern im Ministerium des Innern erschütternde Szenen ab, denen gegenüber die Angestellten keine oder nur unzureichende Auskunft zu geben vermögen.«

Zwei deutsche Antifaschisten zweier Generationen, 1962

Die von Warnke angeschnittenen Fragen betrafen zum einen die Verweigerung der Herausgabe von Namenslisten durch die Sowjetische Kontrollkommission. (»Entgegen ursprünglich gemachten Zusagen werden aber jetzt diese Listen der deutschen Verwaltung nicht zur Verfügung gestellt.«) Zweitens schließlich war die Frage ungeklärt, ob die DDR nach Übernahme der Internierten diese auf dem Gnadenwege überhaupt entlassen durfte. (»Es hat sich bisher nicht feststellen lassen, ob wir *tatsächlich* das Begnadigungsrecht haben. Die sowjetischen Freunde haben bei Anfragen immer wieder darauf hingewiesen, daß uns die Angelegenheiten der Internierten zur eigenen Entscheidung übergeben worden seien. Auf die konkrete Rückfrage über das Begnadigungsrecht sind regelmäßig ausweichende Auskünfte erteilt worden.«) Wenn dies geklärt wäre, müßte drittens »eine Anzahl von Begnadigungen« ausgesprochen werden, wobei Einzelprüfungen erfolgen sollten. »Eine Schicht der Internierten müßte aber generell begnadigt werden: es sind diejenigen Jugendlichen, die am 8. Mai 1945 das 17. Jahr noch nicht vollendet hatten.« (Das Dokument aus dem Nachlaß Otto Grotewohls befindet sich im Bundesarchiv und kann unter SAPMO-BArch NY 4090/440 eingesehen werden.)

Wir haben es hier also mit einer ganz anderen Art von Begnadigung als in der Bundesrepublik zu tun. Die DDR mühte sich um Herstellung von Gerechtigkeit und von Gesetzlichkeit. Der Großmut im Westen war von anderer Natur und hatte weniger mit Gerechtigkeit zu tun. Nicht einmal etwas mit dem Rechtsstaat.

Und das zweite Papier, aus dem ich zitieren möchte – in der gleichen Akte im Bundesarchiv nachzulesen –, ist ein Schreiben von DDR-Justizminister Max Fechner an Ministerpräsident Otto Grotewohl vom 7. November 1951. Fechner monierte darin den Zustand der Gerichtsgefängnisse in Potsdam, Luckenwalde und Eberswalde, die offenkundig noch immer von der Besatzungsmacht verwaltet wurden. Eingangs des zweiseitigen Schreibens verwies der Minister darauf, daß er »wegen der Freigabe der bezeichneten Gerichtsgefängnisse […] bereits am 17.5.1950, 4.4.1951 und 22.10.1951 an die Sowjetische Kontrollkommission geschrieben« habe. »Auch der Herr Präsident der Deutschen Demokratischen Republik hat durch sein Sekretariat Nachfrage gehalten und dem Vernehmen nach bei der SKK vorstellig werden wollen.«

Inzwischen sei das Gefängnis in Cottbus der DDR-Justizverwaltung übergeben worden. »Über die anderen Anstalten ist bisher keine Entscheidung getroffen worden.« Die Überfüllung dieser Einrichtungen habe überdies zu »unerträglichen hygienischen Mißständen« geführt. »Im Hinblick auf diese Mißstände bitte ich, auch Deinerseits bei der Sowjetischen Kontrollkommission darauf hinzuwirken, daß die genannten Gefängnisse, die, soweit hier bekannt ist, nur mit kleinen sowjetischen Dienststellen belegt sind, baldigst ihrem ursprünglichen Zweck zugeführt werden.

Mit Gruß Max Fechner.«

Was mit dem letzten Satz gemeint war, ist unschwer zu erraten.

So existieren denn in den Jahrzehnten der deutschen Zweistaatlichkeit nicht nur zwei verschiedene Gesellschaftsordnungen auf deutschem Boden, sondern auch zwei Wertesysteme. Diese haben durchaus Schnittmengen: Im Osten gibt es so wenig den völlig neuen Menschen, wie es im Westen nicht nur den alten gibt. Wir alle tragen die Male der untergegangenen Geschlechter. Aber im Unterschied zum Westdeutschen erwerben die Menschen in der DDR auch Eigenschaften, die sie unter bürgerlich-kapitalistischen Verhältnissen nie erworben hätten. Selbstbewußtsein und Achtung vor der Arbeit anderer, zum Beispiel, ein Gespür für Ungerechtigkeit und den Mut zum Widerspruch, Solidarität und Zusammengehörigkeitsgefühl, Friedenssehnsucht und -wille. Und nicht zuletzt: Patriotismus und ein positives Nationalgefühl. In der Rhetorik jener Jahre hieß das bei Alfred Kosing so: »Die reaktionäre, antinationale Politik der westdeutschen Imperialisten hat die historisch notwendige demokratische und sozialistische Entwicklung der ganzen deutschen Nation verhindert, so daß die deutsche Nation heute auf zwei unterschiedlichen Entwicklungsstufen des sozialen Lebens steht. Aber eine nationale Gemeinschaft, die sich in einer langen Entwicklung und in schweren Kämpfen gebildet hat, deren Elemente im Verlauf einer vielhundertjährigen Geschichte entstanden sind, kann nicht in wenigen Jahren durch eine künstliche Spaltung vernichtet werden. Im Gegenteil, die Spaltung führt dazu, daß sich alle nationalen Kräfte gegen die Imperialisten zum Kampf um die Wiederherstellung der nationalen Einheit auf einer neuen sozialen Grundlage zusammenschließen.«

In dieser Haltung eilte der Wunsch der Realität voraus, die Vision wurde bereits als Gegenwart genommen. Die 50er Jahre waren die des Aufbruchs: Das appellative »Auferstanden aus Ruinen« war Programm. Das *wirkte* nicht nur dynamischer und mobilisierender als das statische »Einigkeit und Recht und Freiheit« – es war es auch.

Deutsche und Russen – ein Jahrhundertproblem

Am Pariser Platz, vorm Brandenburger Tor, arbeitet die französische Botschaft. Jenseits des Platzes entsteht die Vertretung der USA, wozu die Straße verlegt werden mußte, um die Distanz zu vergrößern. Die Botschaft Großbritanniens wird mit mächtigen Pollern, die die Wilhelmstraße sperren, vor Fahrzeugen geschützt. Die russische Botschaft Unter den Linden liegt nicht weit davon entfernt. In ihrem Vorgarten stand bis zu Beginn der 90er Jahre die Büste des Begründers der Sowjetunion. Lenin ist jetzt im Garten der diplomatischen Vertretung. Vielleicht auch aus Sicherheitsgründen.

Rußland ist in Berlin seit 1706 präsent. Zar Peter I. ernannte Albert von der Lith, der deutscher Abstammung war, zum ersten Vertreter Rußlands in Preußen. Später wurde Graf Alexander Golowkin, Sohn des ersten russischen Kanzlers unter Peter I., als Außerordentlicher Gesandter nach Berlin geschickt. Die Personalie unterstreicht, welche Bedeutung der Zarenhof diesen Beziehungen beimaß. Der im Jahre 1831 ernannte Gesandte Graf Ribopiene mietete sich im Gebäude Unter den Linden Nr. 7 eine Wohnung. Offenkundig waren er und sein Dienstherr davon so angetan, daß sie schließlich das ganze Haus erwarben. Es wurde der Amtssitz des Diplomaten, mithin die Botschaft Rußlands in Berlin.

Preußen hielt die Beziehungen ebenfalls für sehr wichtig: Otto von Bismarck war, ehe er 1862 zum preußischen Ministerpräsidenten berufen wurde, drei Jahre Gesandter in St. Petersburg. Auch später als Reichskanzler hielt er die Beziehungen zu Rußland für Europa und Deutschland für existentiell. 1863 etwa wurde in St. Petersburg die Alvenslebensche Konvention geschlossen, eine formelle Militärkonvention zwischen Preußen und Rußland zur gegenseitigen Unterstützung bei der Niederschlagung des polnischen Aufstandes. Zwar mußte sie auf britischen und vor allem französischen Druck bald wieder gekündigt werden, sie bewirkte jedoch eine Festigung der preußisch-russischen Freundschaft, die sich unter anderem in der neutralen Haltung Rußlands gegenüber Preußen im Deutschen Krieg 1866 sowie im deutsch-französischen Krieg 1870/71 manifestierte. An diese längst vergessene Vereinbarung lohnt auch deshalb zu erinnern, weil ihr bekanntlich später vergleichbare folgen sollten, an denen die gleichen Parteien beteiligt waren. Bei Ausbruch des Krieges 1914 zogen die nunmehr verfeindeten Staaten Rußland und Deutschland ihre Diplomaten ab. (Nebenbei: Zar Nikolaus II. empfand den Krieg mit seinem Vetter, dem deutschen Kaiser Wilhelm II., als Familienkrise, die durch die demokratische Irreleitung »ihrer« Völker herbeigeführt worden sei.) Die spanische Botschaft übernahm treuhänderisch das Gebäude Unter den Linden.

Nach der Oktoberrevolution 1917 beendete Sowjetrußland den Kriegszustand; der Preis für den Frieden zahlte es in Brest-Litowsk am 3. März 1918 an die sogenannten Mittelmächte. Rußland verzichtete auf Territorien in Finnland, im Baltikum, in Polen, der Ukraine, in Georgien und auf die 1878 von der Türkei abgetretenen armenischen Gebiete. Die Folgen dieses Diktats beschäftigen die betroffenen Völker noch heute, wie auch das nachfolgend über Deutschland in Versailles verhängte Verdikt im weiteren grausame Konsequenzen haben sollte.

Im März 1918 nahm A. A. Joffe als erster Ständiger Vertreter Sowjetrußlands seine Tätigkeit in Berlin auf. Der erste deutsche Gesandte in der Russischen Föderativen Sowjetrepublik (RSFSR) war Graf von Mirbach.

Im Oktober 1918 fand in der Botschaft Unter den Linden ein Empfang zu Ehren Karl Liebknechts statt, der soeben aus dem Gefängnis in Luckau entlassen worden war. Der Botschafter verlas ein Grußtelegramm Lenins, und Karl Liebknecht erwiderte gerührt: »Gestern noch in der Gefängniszelle und heute im Botschaftspalast der ersten sozialistischen Republik der Arbeiter-, Soldaten- und Bauernsowjets …« So erinnerte sich jedenfalls Fritz Globig, Mitglied des Spartakusbundes, der ebenfalls an diesem Empfang teilnahm.

Offizielle diplomatische Beziehungen zwischen Berlin und Moskau wurden erst 1922 hergestellt. Im italienischen Rapallo, am Rande einer Finanz- und Wirtschaftskonferenz mit 34 Staaten, darunter dem Deutschen Reich und der RSFSR, verzichteten Deutschland und die Sowjetunion wechselseitig auf Forderungen aus dem

Kriege und vereinbarten den Austausch von Botschaftern. Als erster sowjetischer Diplomat übergab Nikolai Krestinski sein Beglaubigungsschreiben an Reichspräsident Friedrich Ebert. (Dessen Sohn sollte übrigens 1948 Oberbürgermeister von Berlin werden, was er fast zwanzig Jahre blieb: Ich hatte mit ihm regelmäßig zu tun. Das aber ist bereits eine andere Geschichte.)

Die Beziehungen zwischen Deutschland und der Sowjetunion entwickelten sich in den 20er Jahren auf verschiedenen Feldern sehr intensiv – bis hin zur Ausbildung von Militärs, die ab 1941 gegeneinander kämpfen sollten.

Allerdings gab es auch gegenläufige Tendenzen, wie sie mein Freund Peter Brandt, der Sohn des einstigen Bundeskanzlers und SPD-Vorsitzenden, in seinem Essay »Das deutsche Bild Rußlands und der Russen in der modernen Geschichte« konstatierte. Der in Hagen lehrende Historiker schrieb: »Allein die KPD, seit Ende 1920 Massenpartei, verteidigte vorbehaltlos das russische Vorbild, während sich die Sympathien für den Versuch der Bolschewiki, aus den Trümmern der alten Welt eine neue Gesellschaft aufzubauen, selbst auf der sozialdemokratischen Linken in Grenzen hielten. Hier ging es überwiegend darum, einen Interventionskrieg der kapitalistischen Mächte mit seinen angenommenen reaktionären Wirkungen zu verhindern, während die Ablehnung der inneren Zustände Rußlands gerade bei einigen dezidierten Marxisten, so denjenigen USPD-Führern, die den Anschluß an die neue Kommunistische Internationale und die Vereinigung mit der KPD zurückwiesen, unverkennbar an die Kritik der Vorkriegssozialdemokratie am Zarismus anschloß. Kompromißlos und geradezu vernichtend setzte sich Karl Kautsky mit dem ›tatarischen‹ und ›kalmückischen Sozialismus‹ der Bolschewiki als einer spezifischen Erscheinung der russischen Rückständigkeit auseinander.«

Brandt sprach auch von einem »schwärmerischen Interesse« bei deutschen Intellektuellen für die Sowjetunion und zitierte beispielsweise Ernst Niekisch, der von einem preußisch geprägten »germanisch-slawischen Block« träumte, welcher von »Wladiwostok bis Vlissingen« reichte. »Alles in allem war das Rußland-Bild der geistig aktiven Schichten Deutschlands während der 20er und frühen 30er Jahre in seiner ganzen Ambivalenz von Sehnsucht, Verzweiflung und revolutionärer wie gegenrevolutionärer Romantik gekennzeichnet«, befand Peter Brandt. So kamen zwar zum 15. Jahrestag der Oktoberrevolution Hunderte Gäste in die sowjetische Botschaft – aber in den Berliner Zeitungen fand sich dazu kein Wort.

45 Jahre später erinnerte sich Friedrich Ebert der Weimarer Zeit und der Bedeutung der Botschaft in jenen Jahren: »Ich war mehrfach an Schweigemärschen beteiligt, an denen zumeist einige Hundert Antifaschisten teilnahmen. Schweigemärsche deshalb, weil die ganzen Linden von Polizei abgesperrt waren, so daß wir schweigend zum Gebäude der sowjetischen Botschaft zogen, um so unsere Sympathie, Unterstützung und Solidarität für den ersten Arbeiter-und-Bauern-Staat in der Welt zum Ausdruck zu bringen.«

»Es war hauptsächlich die Hitler-Regierung, weniger Stalin, die, ohne die Vertragspolitik der Weimarer Republik gegenüber Moskau aufzugeben, die Zusammenarbeit Deutschlands mit der Sowjetunion seit 1933 auf ein Minimum reduzierte«, urteilte Peter Brandt. »Bereits wenige Tage nach seinem Amtsantritt verkündete der neue Reichskanzler in einer internen Besprechung mit den Befehlshabern des Heeres und der Marine, am 3. Februar 1933, als das zentrale Ziel seiner Außenpolitik ›die Eroberung neuen Lebensraums im Osten und dessen rücksichtslose Germanisierung‹.«

Am 15. Februar 1934 teilte die Botschaft der UdSSR dem Reichsministerium des Auswärtigen mit, daß Georgi Dimitroff die sowjetische Staatsbürgerschaft erhalten habe und damit seine Ausreise nach Moskau erfolgen werde. Im Jahre 1936 weilte Maxim Gorki auf seiner Rückreise aus Italien in Berlin und wohnte in der Botschaft Unter den Linden.

Am 22. Juni 1941 überfiel das faschistische Deutschland die Sowjetunion. An jenem Tag wurde der Botschafter in Berlin aus Moskau über das Eindringen deutscher Flugzeuge in den sowjetischen Luftraum informiert und aufgefordert, bei der deutschen Regierung Protest einzulegen. Empfangen wurde er um 21.30 Uhr von Ernst Freiherr von Weizsäcker, Staatssekretär im Auswärtigen Amt von 1938 bis 1943 und Vater des nachmaligen Bundespräsidenten. (Auch Staatssekretär von Weizsäcker sollte in Nürnberg zu sieben Jahren Haft verurteilt und von den Amerikanern am 13. Oktober 1950 begnadigt werden.)

Am Morgen des 23. Juni 1941 wurde der sowjetische Botschafter aufgefordert, unverzüglich beim Reichsaußenminister zu erscheinen. 4.00 Uhr erklärte ihm Ribbentrop, die Deutsche Wehrmacht sei zum Handeln gezwungen gewesen. Der Aufmarsch der Roten

Armee an der sowjetischen Westgrenze sei als Bedrohung empfunden worden. Er sei vom Führer beauftragt, die sowjetische Seite über den präventiven Charakter des Krieges zu informieren.

Damit kam die Propagandalüge in der Welt, die bis heute im Umlauf ist. Auch die Bundeszentrale für politische Bildung zieht dagegen zu Felde: »Zur Rechtfertigung nach der Niederlage 1945 entstand die Legende, Hitler sei mit einem Präventivkrieg aggressiven Absichten Stalins zuvor gekommen. Diese Behauptung wird immer wieder durch Veröffentlichungen unterstützt, die den angeblichen Nachweis kriegerischer Absichten der Sowjetunion zum Gegenstand haben. Unter dem Pseudonym Viktor Suworow erschien 1989 ein Buch mit dem Titel ›Der Eisbrecher. Hitler in Stalins Kalkül‹, das die These vom Präventivkrieg verbreitete. Hinter dem Pseudonym verbarg sich der 1978 vom sowjetischen militärischen Spionagedienst abgesprungene Wladimir Resun. Die Behauptungen Suworows hielten der Prüfung durch seriöse Historiker nicht stand. Sie sind schon deshalb nicht stichhaltig, weil die sowjetischen Streitkräfte damals in keinem kriegsfähigen Zustand waren.« Trotzdem wird diese »These« immer wieder aufgefrischt, wenn es darum geht, die Sowjetunion und die ihr zugrundeliegende Idee zu diffamieren.

Die sowjetische Seite bat nach dem Überfall die Regierung Schwedens, ihre Interessen in Berlin zu vertreten. Im Ergebnis der Verhandlungen zwischen Deutschland und dem neutralen Schweden erfolgte am 4. Juli 1941 der Austausch der sowjetischen Diplomaten in Berlin und der deutschen Diplomaten in Moskau. Die Botschaft in Berlin wurde 1942 bei Bombenangriffen zerstört.

Im Jahr 1949, noch vor der Gründung der DDR, begann auf dem Grundstück Unter den Linden der Bau eines neuen Botschaftsgebäudes nach einem Entwurf des sowjetischen Architekten A. Strishewski. Es wurde 1951 fertig. Der erste große Empfang erfolgte am 7. November 1952 aus Anlaß des 35. Jahrestages der Großen Sozialistischen Oktoberrevolution …

Die Botschaft Unter den Linden war (und ist) ein zentraler Punkt im politischen Berlin und damit auch in meinem Leben, weshalb ich hier zunächst die Geschichte des Hauses berichtete. Ich war in einem halben Jahrhundert dort unzählige Male: mal in Delegationen, mal in Begleitung, oft auch allein. An meinen ersten Besuch kann ich mich nicht erinnern, wohl aber an den Überfall auf die

Sowjetunion. In Jasenitz gehörte ich zu den Sportlichsten und nahm deshalb als 13jähriger an jenem Sonntag am Kreissportfest in Anklam am Dreikampf – Laufen, Springen, Werfen – teil. Die Wettkämpfe wurden mit dem bekannten Motiv aus Franz Liszts »Les Préludes« unterbrochen, die markanten Fanfarenstöße zu Beginn jeder Sondermeldung des Großdeutschen Rundfunks dröhnten über den Sportplatz. Wir hörten kaum auf die Mitteilung, daß die Wehrmacht in Rußland eingefallen sei. Dann ging es weiter. Es gab keinen Appell, gar einen Abbruch der Wettkämpfe, nichts. Wir nahmen die Fortsetzung des Krieges im Osten hin, als hätte man das Wetter angesagt. Nicht nur wir Kinder und Jugendlichen, die sich der Ungeheuerlichkeit der Nachricht kaum bewußt sein konnten. Nein, auch die Erwachsenen im Rund und auf dem Platz nahmen sie mit einer beiläufigen Gelassenheit hin, die mich im nachhinein befremdet.

Mein Bild von der Sowjetunion war, ehe ich in Kriegsgefangenschaft kam, diffus. So umschreibt man heutzutage Unwissen. In den vier Jahren im Lager und an der Antifa-Schule erfuhr ich einiges, aber eigentlich wenig über die Sowjetunion. Das hing mit der Tatsache zusammen, daß wir ja gefangen waren. Dennoch reichte es, um mir nach meiner Rückkehr im LEW das Etikett »Russe« anzukleben. Erst beim Studium an der Komsomolhochschule in Moskau erfuhr ich mehr über Land und Leute, schließlich konnten wir uns in der Metropole frei bewegen.

Ein durchaus prägendes Erlebnis war der Tod Stalins. Ich sah die endlosen Züge der Trauernden, die in den Kolonnensaal des Gewerkschaftshauses strömten, um am offenen Sarg mit dem Generalissimus vorbeizuziehen. Die Zahl der Toten und Verletzten, die es in diesem fürchterlichen Gedränge gab, ist nie veröffentlicht worden, vielleicht hat man sie auch nicht gezählt. Daß viele Menschen zu Schaden kamen, kann ich jedoch bezeugen: Ich war dabei, ich habe sie gesehen. Es schien, als stürzte ein ganzes Volk kopflos in den Abgrund. Klagend und fast von Sinnen schoben sich Millionen Sowjetbürger am Leichnam vorbei, um den sie trauerten wie um einen leiblichen Vater, mehr noch: wie um einen Herrgott. Der Himmel hatte sich verfinstert, das Ende der Welt schien nahe.

Das Leben ging allerdings schneller weiter als gehofft. Im Frühsommer verschwand das Bild Lawrenti Berijas aus dem großen Hörsaal. Stalins Intimus, Innenminister und Chef des Geheimdienstes, habe die Macht an sich reißen wollen, hieß es hinter vorgehaltener Hand. In der Stadt blieb es ruhig. Nur auf den Eisenbahnen sah man mehr Soldaten als sonst, was mit dem Hinweis auf die Sommerlager erklärt wurde. Dann kehrten sie wieder, und wie es aussah, noch ein paar Soldaten mehr. Marschall Shukow, schon bald Verteidigungsminister, wolle das Zentrum sichern, hieß es. Vor wem oder gegen wen?

Während des Examens im Juni kamen Nachrichten aus Berlin, die uns verunsicherten. Aber in Moskau schien man die Sache bewußt niedrig zu hängen. Nichts Besonderes, erklärte man uns, kein Grund zur Beunruhigung, wir haben die Sache im Griff. Nach außen vermittelte die Führung den Eindruck von Einmütigkeit und Geschlossenheit, doch jeder ahnte die Kämpfe, die intern um das Erbe Stalins im Zentrum der Macht geführt wurden. Georgi Maximilianowitsch Malenkow war nach Stalins Tod Ministerpräsident und Erster Sekretär des ZK der KPdSU geworden. Dieses Amt gab er jedoch bald – am 7. September 1953 – an Nikita Sergejewitsch Chruschtschow ab.

In diesen Diadochenkämpfen spielten die Auseinandersetzungen an der Peripherie sehr wohl eine Rolle. Die DDR zu verlieren konnte nicht riskiert werden, wobei nach meinem Eindruck nicht die Frage nach den Ursachen der dortigen innenpolitischen Krise gestellt wurde, schon gar nicht nach dem eigenen Anteil daran. In der DDR war ein akutes Problem entstanden, das schnell gelöst werden mußte. Das besorgten die Militärs. Interne Informationen gab es für uns nicht, und die kleinen Meldungen, die möglicherweise in der *Prawda* standen, haben wir nicht gesehen. Den Einsatz sowjetischer Truppen werteten wir jedoch als eine Entscheidung zur Bewahrung der DDR. Das war sie zweifellos auch. Aber in erster Linie sicherte die Sowjetunion damit ihre eigenen Interessen.

Erst sehr viel später wurde mir klar, daß der Verlust der DDR in Moskau zu einem offenen Konflikt zwischen den Machtzentren geführt hätte. Die Militärs hätten sich um die Früchte des 1945 errungenen Sieges gebracht gesehen, die Europapolitiker ihren Brückenkopf, dieses Scharnier zum Westen, verloren, die Falken das Faustpfand und ihr Druckmittel gegenüber den Westmächten. Die vermeintliche Partnerschaft zwischen den Bundesgenossen UdSSR und DDR unterlag zu sehr politischem und militärstrategischem Kalkül, als daß sie die Bezeichnung Gleichberechtigung oder gar

Freundschaft verdient hätte. Die UdSSR hatte eigene Interessen – die DDR auch. Es gab viele Übereinstimmungen, aber in summa waren nicht alle Intentionen identisch. Das begriff ich erst im Laufe vieler Jahre meines politischen Lebens.

Einmal durfte ich an einer normalen Arbeitsberatung des Moskauer Stadtkomitees des Komsomol teilnehmen, was nach Auskunft der sowjetischen Genossen eine absolute Ausnahme war. Das traf sicherlich zu. Ich nahm darum diese Tatsache nicht nur als Auszeichnung, sondern als Indiz für außerordentliches Vertrauen. Aber nüchtern und mit Abstand betrachtet war's doch eher läppisch und genau das nicht, wofür wir FDJler und wohl auch die Komsomolzen es hielten.

Später, als Sekretär der SED-Bezirksleitung Berlin, hatte ich Gespräche unter vier Augen mit Martinow, der den Sektor DDR im Zentralkomitee der KPdSU leitete. Er kam ins Moskauer Gästehaus, in welchem wir untergebracht waren, um sich von mir über die Entwicklung in der DDR informieren zu lassen. Martinow war mal Parteisekretär in der Wismut, und hatte, wie mir schien, ein gewisses Gespür für unsere Belange. Die Beziehung, die wir entwickelten, war gewiß auch von seiner Seite ehrlich gemeint, doch ich betrachtete sie, derart ins Vertrauen gezogen, als etwas ganz Besonders. Das war sicherlich mangelnder politischer Erfahrung geschuldet. Als ich dann ein wenig trainierter und professioneller war, konnte ich mit solchen Beziehungen auch rationaler umgehen. Ich küßte und herzte nicht wie manch anderer, der dabei den Dolch im Gewande verborgen hielt, sondern blieb, bei aller aufrichtigen Herzlichkeit, durchaus distanziert.

Die Dresdner Bezirksorganisation der SED pflegte wie jede andere auch Beziehungen zu einem Partnergebiet in der Sowjetunion. Das war Leningrad und dessen Umland. Zwischen 1973 und 1989 war ich 1. Sekretär der Bezirksleitung. In diesen 16 Jahren lernte ich drei Amtskollegen kennen. Der erste und mächtigste war Grigori Wassiljewitsch Romanow. Er führte von 1970 bis 1983 das Leningrader Gebietskomitee der KPdSU. Dann holte ihn Generalsekretär Andropow nach Moskau, wo Romanow als ZK-Sekretär für den militärisch-industriellen Komplex verantwortlich gemacht wurde. Dort war seine Sicht gefragt, aber wohl auch eine Kommandosprache, die er gut beherrschte. Kurzzeitig wurde nach Tschernenkos Tod 1985 Romanow – neben dem Moskauer Grischin – als möglicher neuer Generalsekretär gehandelt, und als es auf Gromykos Vorschlag schließlich Gorbatschow wurde, stürzte man ihn als »allerletzten Romanow«. Vordergründiger Anlaß seiner politischen Demontage war die Hochzeitsfeier der Tochter, zu der Romanow angeblich das Prunkservice der Zarin Katharina II. aus der Eremitage hatte kommen lassen, wobei einiges zu Bruch ging.

Als wir uns kennenlernten, galt Romanow bereits als umstritten. Ich wurde mit ihm, dem fünf Jahre älteren Manne, nur schwer warm. Das lag auch daran, daß er seit 1976 dem Politbüro angehörte, ich war nur einfaches ZK-Mitglied – im Unterschied zu meinem Vorgänger Werner Krolikowski, der ebenfalls im Politbüro saß.

Romanow hatte den Ehrgeiz, das Leningrader Gebiet so zu entwickeln, daß es mit Moskau gleichzog. Er wollte die »Wiege der Revolution« gleichsam in den Rang einer Unionsrepublik heben und setzte dafür Phantasie und Geist ein, weshalb ich Gorbatschows abfällige Bemerkung als Nachtreten empfand. In seinen Erinnerungen nannte er Romanow »einen in seinen Möglichkeiten eher beschränkten Mann mit ›Führungsgebaren‹, von dem bei Sitzungen des Politbüros nur selten ein Gedanke oder Vorschlag kam«. So erschien mir Romanow keineswegs. Im Rahmen einer »territorialen komplexen Planung« führte er die wissenschaftlich-technischen Potenzen mit den Produktionseinrichtungen, einschließlich jener in der Landwirtschaft, zusammen, um zusätzliche Kapazitäten neben den durch zentrale Vorgaben gebundenen zu gewinnen. (Als ich zu Beginn der 80er Jahre analoge Anstrengungen im Kreis Riesa versuchte, handelte ich mir Ärger in Berlin ein: die Staatliche Plankommission zog ihre schützende Hände bald zurück. Mein Verweis auf sowjetische Erfahrungen half da wenig.) Romanow hingegen war damit erfolgreich. Er genoß aufgrund des spürbar steigenden Lebensniveaus in der Region eine beachtliche Popularität, was für sowjetische Parteifunktionäre seinerzeit eher ungewöhnlich war. Insofern konnte man Romanow durchaus zugestehen, das starre sowjetische Wirtschaftsmodell zumindest punktuell aufgebrochen, es innovativ verändert zu haben.

In Berlin genoß Fürst Romanow keinen guten Ruf. Zweimal hatte er Mitglieder des SED-Politbüros düpiert. Einmal versuchte ihn Gerhard Grüneberg zu belehren, was man machen müsse, um so erfolgreich wie die DDR zu werden. Darauf meinte der andere Oberlehrer, der DDR gehe es nur auf Kosten der Sowjetunion so

In Leningrad bei Grigori Romanow. Links neben ihm sein späterer Nachfolger Juri Solowjow, 1974

gut. Jene Macht, die den Faschismus besiegt habe, müsse dafür zurückstecken. Und ein andermal, als Kurt Hager mit einer Delegation von Vorsitzenden der Kulturverbände anreiste, gestattete man ihnen den Besuch des Smolny und des Lenin-Museums, aber der erste Mann der Partei war nur zu einem Fototermin mit Hager bereit.

Grigori Wassiljewitsch Romanow, der aus »gesundheitlichen Gründen« vor über zwanzig Jahren aus der Politik ausschied, lebt noch immer in Moskau und erfreut sich guter Gesundheit.

Sein Nachfolger in Leningrad wurde Lew Nikolajewitsch Saikow. Und das sehr überraschend. Der gelernte Dreher und erfolgreiche Betriebsdirektor vom Jahrgang 1923 hatte bis dato keine Parteifunktion ausgeübt, wenn man einmal vom Mandat im Stadtsowjet absah, das er seit 1976 ausübte. Gemäß den in der KPdSU herrschenden Regeln mußte immer ein Leningrader in der Moskauer Führung sitzen. Folglich rückte er auch dort auf Romanows Stuhl. Gorbatschows Urteil über Saikow fiel freundlicher als bei Romanow aus. Er bezeichnete ihn »als einen der größten Fachleute auf dem Gebiet der Industrie und als Kenner der Rüstungsproduktion«, er sei ein »ausgeglichener, ruhiger, disziplinierter Mann«. Auf Wunsch Gorbatschows übernahm er später auch die Führung des Moskauer Stadtkomitees und löste dort 1987 Boris Jelzin ab. Saikow schied im Juli 1990 auf dem KPdSU-Parteitag freiwillig aus seinen Ämtern; im Januar 2002 ist er verstorben.

Ich lernte Saikow als eine Art Polit-Manager kennen. Er hatte nicht annähernd Format und Durchsetzungsvermögen von Romanow und war, bei aller begründeten Distanz, die man zu Jelzin haben muß, nicht annähernd so volksnah wie dieser. Ich wurde mit Saikow auch nicht warm, obgleich ich mich einmal gegen meinen Verstand entschied und auf ein Besäufnis mit ihm einließ. Hinterher war ich krank, aber unsere Beziehung nicht gesünder.

Saikow faßte auch in Moskau nie richtig Fuß. Auf ihn traf hundertprozentig zu, was mir Valentin Falin im August 1991 gestand: Von zehn Kaderentscheidungen Gorbatschow war allenfalls eine richtig. Saikow in die Zentrale zu holen war eine von den neun.

In Leningrad folgte auf Saikow Juri Solowjow. Der war aus anderem Holze. Umgänglich, sachlich, freundschaftlich. Er behandelte mich nicht herablassend wie Romanow oder distanziert wie Saikow, obgleich auch er Kandidat des Politbüros war. Bei ihm hatte ich das Gefühl gleicher Augenhöhe. Wir vertrauten uns gegenseitig. So blieb es denn nicht aus, daß wir uns nicht nur über Dresden und Leningrad und die Beziehungen der dort tätigen Parteiorganisationen unterhielten. Wir tauschten auch unsere Ansichten über den Zustand des Sozialismus aus, über die Fragen, die auf der politischen Tagesordnung standen und die von Gorbatschow laut ausgesprochen wurden. Jeder, dem die Sache des Sozialismus am Herzen lag, war sich bewußt, daß wir uns seit Jahren in einer Phase der Stagnation befanden. Die Versuche der SED unter Walter Ulbricht in den 60er Jahren, das starre sowjetische Modell aufzubrechen, zu reformieren und weiterzuentwickeln, waren mit Hilfe Moskaus beendet worden, bis hin zur Ablösung des Staats- und Parteichefs selbst. Es bedurfte dieser schmerzlichen Erfahrungen, um zu begreifen, daß eine Erneuerung des Systems nicht an der Peripherie, sondern im Zentrum beginnen müsse, wenn ihr denn Erfolg beschieden sein sollte. Mit Andropow hatte es bereits einen ersten Anlauf gegeben, doch der Schwerkranke starb bereits nach Jahresfrist. Und Tschernenko, der ihm nachfolgte, war nicht nur nicht gesünder, sondern auch von weitaus anderem geistigen Format. Gorbatschow, der von Andropow protegiert worden war – beide kamen aus Stawropol –, trat im März 1985 an die Spitze der Partei. Er war mit 54 Jahren nicht nur gesünder als seine Vorgänger, sondern auch deutlich jünger als alle anderen führenden Genossen.

Die Frage des Alters war im übrigen auch hierzulande Thema. An der Spitze der SED und des Staates standen zumeist verdienstvolle Genossen, die sich im antifaschistischen Widerstand ausgezeichnet und auch später politisch bewährt hatten. Aber wenn man auf die 80 zuging verfügte man zwar über reichlich politische Erfahrung, aber naturgemäß nicht mehr über jene geistige Frische und Spannkraft, die für das operative politische Geschäft in einer hochkomplizierten und komplexen Welt zwingend nötig sind. Es schien, als klebten die führenden Genossen an ihren Stühlen und wollten den Platz darauf nicht hergeben. Ein menschlich durchaus verständlicher Vorgang, der jedoch politisch weitreichende Folgen haben konnte.

Im übrigen handelte es sich dabei keineswegs um eine sozialismustypische Erscheinung. Als 1786, nach 46 Jahren Regentschaft, Friedrich II. auf Schloß Sanssouci in seinem Sessel starb, atmeten auch seine Vertrauten sichtlich erleichtert auf, was ihrer Wertschätzung für den Großen Friedrich keinen Abbruch tat. Und Konrad Adenauer (»der Alte aus Rhöndorf«), den die politische Klasse der Bundesrepublik nach zwölf Jahren Kanzlerschaft endlich loswerden wollte, schaffte es, sich mit 85 Jahren 1961 noch einmal zum Kanzler wählen zu lassen. Obgleich er versprochen hatte, einem Nachfolger Platz zu machen, blieb er auf seinem Posten. 1963 mußte er zum Rücktritt gezwungen werden, damit Ludwig Erhard endlich Kanzler werden konnte. Oder: Der Sonnenkönig Ludwig XIV. residierte fast 60 Jahre in Versailles, und Queen Elisabeth II. ist seit 1953 im Amte …

Mit dem Wissen von heute räume ich ein, daß die Berliner Führung mit ihren prinzipiellen Urteilen über Gorbatschow nicht ganz falsch lag. Das, was ich zunächst als Kassandra-Rufe und Ausdruck mangelnder Lernfähigkeit interpretierte, war instinktiv richtig. Doch die Schlußfolgerungen, die man daraus zog, waren instinktlos und falsch. Statt Glasnost und Perestroika hieß es bei uns Kontinuität und Erneuerung, doch in der Realität bedeutete das: »Weiter so!«. Hager antwortete 1987 in einem *Stern*-Interview auf die Frage zur Notwendigkeit von Reformen und mit Verweis auf die Sowjetunion mit einer Gegenfrage: »Würden Sie, wenn Ihr Nachbar seine Wohnung neu tapeziert, sich verpflichtet fühlen, Ihre Wohnung ebenfalls neu zu tapezieren?«

Die demonstrative Überheblichkeit, daß die Sowjetunion lediglich nachhole, was bei uns schon erledigt sei, gipfelte in der Übergabe des 1-Megabit-Chips in Moskau an Gorbatschow. Ohne die Forschungsleistungen von Robotron schmälern zu wollen: Auch die Mitarbeiter des Sektors Wissenschaft und Technik (SWT) im Bereich der Hauptverwaltung Aufklärung (HVA) des MfS hatten daran ihren Teil. Grundsätzlich aber: Es war überheblich zu glauben, die elektronische Ausstattung der sowjetischen Weltraum- und Atomraketen wäre nicht auch Resultat eigener Anstrengungen.

Über solche Beobachtungen, Eindrücke und Schlüsse tauschte ich mich in Leningrad mit Solowjow aus. Und er befragte mich dezidiert zum Klima in Berlin und die Stimmung in der Partei, worauf ich – Vertrauen gegen Vertrauen – ehrlich antwortete. Er muß unsere Gespräche auch Gorbatschow hinterbracht haben, denn die-

Mit sowjetischen Militärs in Dresden in den 70er Jahren, darunter Armeegeneral Andrej Iwanowski

ser trug ihm gelegentlich Grüße an mich auf. Daß ich zwischen beiden Thema gewesen sein muß, konnte ich auch in Gorbatschows 1995 erschienenen Erinnerungen nachlesen, der mich dort »rebellisch« nannte und seinen Jünger, welchen man von Moskau aus geschützt habe, damit er nicht seines Amtes verlustig ging. Wie das geschehen sein soll, ist mir so verborgen geblieben wie auch jenes Loch, durch die meine im Gespräch mit Solowjow geäußerten Gedanken flossen. Denn daß sie bis nach Berlin gelangten, ist so bezeugt wie Honeckers Vorhaltung an meine Adresse, daß meine »Leningrader Betrachtungen« völlig neben der Realität lägen. Ich solle mir dadurch nicht meinen kritischen Blick auf die Sowjetunion und die Perestroika verstellen, warnte er mich noch Anfang 1989.

Ich spürte, daß es mit der Leningrader Vertraulichkeit doch nicht soweit her war und mißtraute künftig allen Angeboten zu einem offenen Gedankenaustausch unter vier Augen. Ich war um eine Erfahrung im Umgang mit sowjetischen Freunden reicher. Als beispielsweise der in Karl-Marx-Stadt tätige Generalkonsul Valentin Kiporenkow wiederholt bei mir um eine freundschaftliche Unterredung nachsuchte, erklärte ich ihm unmißverständlich, daß ich wenig Neigung verspürte, mir in Berlin wieder vorhalten zu lassen, was ich den Russen unter dem Siegel der Verschwiegenheit erzählt hätte. Vielleicht tat ich Kiporenkow unrecht. Vielleicht aber habe ich mich auch vor einer weiteren Enttäuschung bewahrt.

Üblicherweise sollte man Erwartungen in der Politik und an Politiker nicht allzu hoch ansetzen. So hält sich die Enttäuschung in überschaubaren Grenzen. In bezug auf Gorbatschow räume ich ein, daß ich mich in ihm völlig getäuscht habe. Vielleicht auch er selbst in bezug auf seine eigene Person? Wenn er heute erklärt, daß es von Anfang an sein erklärtes Ziel gewesen sei, den Sozialismus zu überwinden, ist er zwar ein schlechter Lügner, weil seine Reden und Schriften in den 80er Jahren genau des Gegenteil beweisen, aber er *ist* ein Lügner und Betrüger. Er trägt maßgeblich die Verantwortung am Untergang der UdSSR. Das war seiner offenkundigen Unfähigkeit zum konzeptionellen Denken geschuldet, mangelnder theoretischer Substanz und einem gewissen Hochmut, der es für unnötig erachtete, sich mit anderen zu konsultieren und zu beraten. Während ganze Heerscharen dem US-Präsidenten vor und bei Gipfeltreffen zuarbeiteten, ging Gorbatschow dorthin wie andere zum Friseur. Er glaubte, mit seinem Charme, seiner Offenheit, mit Witz und Eloquenz den Widerpart für sich einnehmen und für seine Sichten gewinnen zu können. Wer dies bezweifelt, lese das in den 90er Jahren von Philip Zelikow und Condoleezza Rice, der nachmaligen US-Außenministerin, verfaßte Buch »Sternstunde der Diplomatie«. Rice spielt nicht nur Klavier, sondern spricht auch exzellent russisch. Als Expertin für die Beziehungen zur Sowjetunion gehörte sie dem Nationalen Sicherheitsrat an. Und nebenbei: Die Beraterin von US-Außenminister James Baker, mit dem ich mich im 1989 in Potsdam traf, war entschiedene Befürworterin der deutschen Vereinigung und spielte dort eine wichtige Rolle. Bei den Gipfeltreffen der US-Präsidenten war sie genaue Beobachterin und präzise Analytikerin, die das Gorbatschowsche Dilemma gnadenlos sezierte.

Es gehört schon ein hohes Maß an Unbedarfheit und Arroganz dazu, sich auf diese Weise in strategische Verhandlungen zu begeben wie er es tat. Das Gespür für die Erwartungen, Hoffnungen, Sehnsüchte der Menschen in der UdSSR und der Welt hatte er schon verloren. Vergessen die Opfer mehrerer Generationen in kalten und heißen Kriegen. Kein Gedanke an die Folgen leichtfertig gemachter Zusagen. Dort liegt die Wurzel dafür, daß man ihn in seiner Heimat verächtlich »Verräter« nennt.

Natürlich darf man nicht Gorbatschow allein die Schuld am jämmerliche Untergang der Sowjetunion geben. Da waren noch etliche um ihn herum, und vielleicht war der Stein, den er zu bewegen hatte, einfach zu schwer. Die Last von Jahrzehnten, die Fülle an Fehlern und Irrtümern, war zu gewaltig. Mag ja alles sein. Aber je tiefer wir gegenwärtig im Sumpf des global herrschenden Kapitalismus versinken, desto deutlicher wird auch, wie groß der eingetretene Schaden tatsächlich ist. Das räumen heute selbst einst hartnäckige Verteidiger des Kapitalismus ein. Eine einzigartige Chance, vom Reich der Notwendigkeit ins Reich der Freiheit, diesem Marxschen Ideal, zu gelangen, wurde verspielt.

Dies einzugestehen bedeutet nicht, den Stab über einzelne Menschen zu brechen. Wenn wir eben noch nicht so weit waren, doch mehr alter Adam und alte Eva und weniger neue Menschen sind, dann müssen wir eben mit diesen Konsequenzen leben. Das bedeutet allerdings nicht, sich mit ihnen abzufinden.

Im August 1991 war ich letztmalig in der Sowjetunion. Zum letzten Male insofern, als sie vier Monate später, am 26. Dezember, per Beschluß des Obersten Sowjets aufgelöst wurde. Mein Aufent-

Bei Gorbatschow in Moskau, 30. Januar 1990. Rechts Ministerpräsident Nikolai Ryshkow, links Außenminister Eduard Schewardnadse. Die Gesichter teilen mehr mit als das Kommuniqué

halt ging, wie schon im Vorjahr, auf eine Einladung des ZK der KPdSU zurück. Bei unserer Ankunft – Annemarie begleitete mich – am 4. August in Moskau erwarteten mich Freunde und Genossen aus der Internationalen Abteilung, die mich über das politische Programm informierten, was sie für mich vorgesehen hatten. Am kommenden Vormittag wollte mich Dr. Gennadi Iwanowitsch Janajew sehen, am Nachmittag Alexander Sergejewitsch Dsasochow, der ZK-Sekretär für Ideologie. Am 6. August würden wir weiter nach Simferopol fliegen, von dort brächte man uns zum Sanatorium in Foros.

Das Gespräch bei Vizepräsident Janajew war unkompliziert, freundschaftlich und durchaus offen, wie mir schien. Auf seine Bitte informierte ich ihn über die Lage in Deutschland und die anlaufende Verfolgung von DDR-Funktionsträgern. Janajew hatte davon Kenntnis; nicht grundlos befanden sich Margot und Erich Honecker sowie Andrea und Markus Wolf in der sowjetischen Hauptstadt. Auch ihretwegen saß ich hier. Ich wollte ausloten, welche Möglichkeiten die Sowjetunion sähe, der politisch-juristischen Verfolgung Ostdeutscher durch die Bundesrepublik wirksam zu begegnen. Als ich auf dieses Thema zu sprechen kam, signalisierte mir Janajew, daß er es sich nicht auf den Tisch ziehen wollte. Das wäre etwas für Krjutschkow, und er griff zum Telefonhörer. Der

KGB-Chef Wladimir Alexandrowitsch Krjutschkow, Mitglied des Politbüros, erklärte sich zu einem Gespräch am Nachmittag bereit.

Janajew begann, nachdem er den Hörer wieder aufgelegt hatte, mich über die angespannte Lage in seinem Lande zu informieren. Der neue Unionsvertrag, auf dessen Ausarbeitung sich Gorbatschow Ende April mit den Führungen von neun Republiken verständigt hatte, stünde zur Unterschrift an. Gorbatschow habe sich am 27. Juli noch mit Jelzin, dem russischen Präsidenten, und Nasarbajew, dem ersten Mann aus Kasachstan, getroffen und verabredet, daß am 20. August – an seinem ersten Arbeitstag nach dem Urlaub – die Unterschriften geleistet würden. Gestern, so sagte Janajew, sei er nach Foros geflogen.

Aha, dachte ich, also ist mein Gegenüber das derzeit amtierende sowjetische Staatsoberhaupt.

In diesem Augenblick läutete das Telefon mit der größen Geheimhaltungsstufe. Am anderen Ende, das war unschwer zu erkennen, war Gorbatschow. Als Janajew mitteilte, daß er Modrow am Tisch habe, gab es die entsprechenden Grüße und Wünsche, dann gingen die beiden zur Tagesordnung über. Das Gespräch verlief sehr einseitig. Die meiste Zeit lauschte Janajew in den Hörer und antwortete nur kurz mit »Da« oder Njet«, er hatte wohl nicht viel zu sagen. Und mehr als ein Routineanruf war es wohl auch nicht.

Nach dem Telefonat kam Janajew noch einmal auf den Unionsvertrag zu sprechen. Es war offenkundig das zentrale innenpolitische Thema. Das Papier war unter Federführung von Gorbatschows Berater Schachnasarow in Nowo Ogarjowa, einem der vielen gut gesicherten Orte in der Umgebung von Moskau, ausgearbeitet worden. Der Entwurf wie auch Gorbatschows Losung »Eine starke Union und starke Republiken« hätten, so Janajew, Zustimmung aus den Unionsrepubliken erhalten. Gorbatschow habe also entspannt in den Urlaub fahren können.

Mir schien jedoch, daß die Geburt des Unionsvertrages so demokratisch war wie das meiste, was unter Gorbatschow in den letzten Jahren in die Welt gesetzt worden war. Zwar war in Nowo Ogarjowa eine Reihe Experten hinzugezogen worden, aber letztlich hatten der sowjetische Präsident und seine neun Amtskollegen die Sache allein entschieden. Die Parlamente – der Oberste Sowjet und die in den neun Unionsrepubliken – waren nicht gefragt worden. Am 8. August sollte der Vertrag bereits in der *Prawda* stehn.

Krjutschkow erwartete mich schon, als ich am Nachmittag wie verabredet bei ihm eintraf. Wir kannten uns aus Dresden und begrüßten uns wie alte Bekannte. Der KGB-Chef wirkte nicht weniger aufgeschlossen und herzlich als Janajew. Er sicherte mir zu, bis zum Ende meines Aufenthalts in Sachen Honecker und Wolf eine verbindliche Auskunft zu geben. Im weiteren erkundigte er sich nach der Situation im Osten Deutschlands. Ich hatte nicht den Eindruck, daß er sonderlich gut informiert war. Der Abzug der sowjetischen Truppen war bereits angelaufen, die Verbindungen zur Bundeswehr gingen über den Stab in Wünsdorf, und es waren andere Probleme der Sicherheit entstanden, die ihn beschäftigten. Einen Blick in seine Karten ließ mich der Geheimdienstmann allerdings nicht werfen. Ich war, wenngleich durchaus ein Freund, nunmehr auch Vertreter einer fremden Macht, selbst wenn ich dort in der Opposition saß. Wir schieden dennoch in herzlichem Einvernehmen.

Alexander Sergejewitsch Dsasochow, den ich danach traf, sah ich zum ersten Male. Er war neu im Amt des Ideologie-Sekretärs und gehörte wie Krjutschkow erst seit dem Vorjahr dem Politbüro an. Doch er verhielt sich, als würden wir uns schon ewig kennen. Er war freundlich, zeigte sich neugierig und hörte geduldig zu, als ich berichtete. Dann sprach er über die Vorbereitung des XXIX. Parteitages der KPdSU, der im November ein neues Programm beschließen sollte. Mitte August werde der Entwurf in der *Prawda* veröffentlicht werden, damit ihn die Basis diskutieren könne. Unionsvertrag wie Programmentwurf habe das Politbüro zwar bestätigt, doch die Diskussion zeige, so deutete Dsasochow an, daß einigen Genossen der Programmentwurf zu sozialdemokratisch sei. Aber die Parteibasis werde das schon korrigieren, meinte er hoffnungsvoll. In der Sowjetunion entstünde gegenwärtig ein Mehrparteiensystem. Doch obgleich die führende Rolle der KPdSU aus der Verfassung gestrichen worden wäre, müsse die Partei weiterhin als führende politische Kraft wirksam werden.

Mir wurde allerdings nicht klar, ob Dsasochow dies als Notwendigkeit formulierte, weil keine andere Partei sonst dazu in der Lage war, oder weil man aus anderen Erwägungen nicht bereit war, diesen Platz aufzugeben. Der Parteitag, so Dsasochow weiter, solle verlorenes Vertrauen zurückgewinnen und die Mitglieder ermutigen, auf neuer programmatischer Grundlage für eine gute Zukunft zu wirken.

Bevor ich das Gebäude des Zentralkomitees verließ, schaute ich noch einmal bei Rafael P. Fjodorow vorbei, um ihn über meine Gespräche zu informieren. Ich konnte ohne Übertreibung berichten, daß sie substantiell und damit nützlich waren. Ich dankte ihm, da er sie arrangiert hatte. Er winkte ab, übermittelte mir Grüße von Falin, der mich auch gern gesprochen hätte, es aber zeitlich nicht habe einrichten können. Doch vielleicht klappe es beim Rückflug, so Fjodorow, er gehe davon aus, daß ich mich am Ende des Urlaubs noch einmal im ZK sehen lasse, zumal Krjutschkow mir ja etwas mit auf den Weg geben wolle. Wir schieden herzlich voneinander.

In Foros bezogen Annemarie und ich ein Zimmer im »Jushny«. Vom Fenster aus sah ich die ankernden Boote der Schwarzmeerflotte, die vor der Datscha des Präsidenten auf dem Wasser dümpelten. Das Staatsoberhaupt war also am Platze.

Ich verbrachte meine Zeit mit Schwimmen und Joggen, schaute mich nach bekannten Gesichtern um und knüpfte neue Kontakte. Bald schloß ich Freundschaft mit Fjodor, dem Leiter der Gärtnerbrigade, die das weitere Areal des Sanatoriums pflegte. Es wurde zur Gewohnheit, daß wir uns nach dem Frühstück zu einem kleinen Plausch zusammenhockten. So erfuhr ich, wie »normale Menschen« in Foros lebten, wie ihre Versorgung war. Das Angebot der staatlichen Läden sei oft miserabel, klagte er in der für Russen üblichen Zurückhaltung, der Kolchosmarkt würde einiges kompensieren, doch die freien Preise dort seien sehr, sehr hoch. Man müsse schon sehr genau rechnen.

Im Sanatorium machten auch viele ukrainische Gebietsparteisekretäre Urlaub, sie waren aufgeschlossener als die Moskauer Politprominenz. Von der begegneten mir Prof. Dr. phil. Iwan Timofejewitsch Frolow, Chef der *Prawda* und Politbüromitglied, und Boris Karlowitsch Pugo. Der 54jährige, einst lettischer Komsomol-Chef, war seit dem Vorjahr Innenminister der UdSSR. Doch außer einigen freundlichen Worten gab es da nicht viel – die Moskauer wollten erkennbar unter sich bleiben. Im Unterschied zu den Ukrainern! Die luden mich und Annemarie zu Heimatabenden ein, die üppig waren und ohne Ende. Es wurden reihum Toaste ausgebracht, auch ich wurde darum gebten und sprach von meiner Freundschaft zur Sowjetunion, die im Komsomol gewachsen sei und die keine Macht in der Bundesrepublik jemals werde ausreißen können. Die Freunde waren sichtlich gerührt, was wohl nicht nur am Wodka lag.

Und ich traf Aleksander Kwásniewski, vormals polnischer Jugendfunktionär, jetzt Vorsitzender der von ihm mitgegründeten sozialdemokratischen *Socjaldemokracja Rzeczypospolitej Polskiej* (SdRP), und Leszek Miller, 1989 Politbüromitglied, nunmehr Generalsekretär der SdPR. Kwásniewski sollte von 1995 bis 2005 Präsident Polens und Miller von 2001 bis 2004 Ministerpräsident werden. Das aber war im Sommer 1991 nicht vorhersehbar.

Beide sprachen ganz offen über den Zerfall der öffentlichen Ordnung in der Sowjetunion und bedauerten, daß die Perestroika nicht greife, obgleich doch Veränderungen dringend erforderlich wären. Sie sagten nichts zu Gorbatschow, weder im Posititiven wie im Negativen. Das fiel mir ebenso auf wie Kwásniewskis attraktive Frau und ihre Tochter, die sich ebenfalls hier erholten.

Am Nachbartisch saß Jewgeni Maximowitsch Primakow mit seinem Enkel. Wir kamen, anders etwa als mit Frolow oder Pugo, rasch ins Gespräch. Der ehemalige Chef der sowjetischen Auslandsaufklärung leitete seit kurzem den unlängst konstituierten Föderationssowjet, eine Art Länderkammer neben dem Obersten Sowjet.

Am 12. August entdeckte ich im Speisesaal auch Georgi Schachnasarow, den Präsidentenberater. Wir freuten uns über die zufällige Begegnung, die sie in der Tat war. Ich bat ihn, Michail Sergejewitsch herzlich von mir zu grüßen und ihm zu signalisieren, daß ich die Solidarität der Sowjetunion in bezug auf Erich Honecker und Markus Wolf benötige, die sich in Moskau aufhielten. Schachnasarow sagte zu, das werde er gern ausrichten und mir umgehend Nachricht geben. Ich weiß nicht, ob er er die Nachtricht an Gorbatschow übermittelte. Getan jedenfalls hat sich nichts.

Am Morgen joggte ich, die Welt war in Ordnung. Entweder lief ich hinauf in die Berge zu einer kleinen Kirche, deren goldene Kuppel 300 Meter über dem Wasser leuchtete. Sie wurde gerade renoviert. Oder ich lief am Meer entlang, was ich noch lieber tat. Zunächst ging es durch die Parkanlage oberhalb der Steilküste bis nach Foros, das waren etwa drei Kilometer. Dann kam die Gorki-Datscha, die an das 47 Hektar große Grundstück des Präsidenten grenzte. Wenn ich dort vorbeikam, wechselten gerade die Wachen. Die Mannschaft fuhr durch ein Seitentor in den inneren Ring des Anwesens, wo sich die Datscha befand. Unten, in Sichtweite, lag eine Fregatte vor Anker. Ohne Fernglas waren die Aufbauten und die Matrosen an Deck zu erkennen. Die Küste fiel hier steil in die Tiefe, so daß die Schiffe ziemlich nah herankamen. Allerdings nur die der Schwarzmeerflotte. Die zivilen mußten in einem weiten Bogen das Sperrgebiet umfahren.

Auch am Morgen des 19. August stand ich früh auf. Annemarie schlief noch, ich ließ das Radio aus. Dann lief ich hinunter zum Strand. Der erste, der mir begegnete, war Fjodor, der Gärtner. Er war aufgeregt. Was ich von der Ausrufung des Notstandes und der Erkrankung Gorbatschows halte, fragte er mich verstört. Ich schaute irritiert. Ob ich denn nicht Radio gehört habe, erkundigte er sich.

Gestern hatte ich gesehen, wie Innenminister Pugo gegen 10 Uhr abgereist war. Auch Kwásniewskis waren aufgebrochen. Alles normal, am Wochenende wechselten immer die Belegungen.

Der Saal war beim Frühstück gefüllt wie immer. Ich fragte Miller, der zuckte die Achsel. Er wußte auch nichts. Von den Ukrainern war nur noch einer da. Aber auch er wußte nicht viel, die Telefonleitungen des Sanatoriums seien gestört, erklärte er mir. Doch aus dem, was er gehört habe, scheine es sich wohl um einen Versuch zu handeln, endlich wieder Ordnung im Lande herzustellen. Durch entschlossenes Handeln solle verlorenes Vertrauen der Menschen in die Führung zurückgewonnen werden.

Es wäre übertrieben, würde ich von Panik unter den Urlaubern sprechen. Daß sich aber in den nächsten Stunden die Reihen merklich lichteten, war nicht zu übersehen. Ich setzte mich mit den Zurückgebliebenen ins Fernsehzimmer und sah mir die Pressekonferenz in Moskau an. Pugo, der gestern noch hier seelenruhig sein Frühstück eingenommen hatte, saß mit drei weiteren blaßgesichtigen Männern hinter Mikrofonen. Janajew neben ihm erklärte mit zitternder Stimme, ein Notstandskomitee habe die Macht im Land übernommen, und da der Präsident erkrankt sei, habe er sich als sein Stellvertreter an die Spitze gestellt.

Die Erklärung Janajews vermittelte den Eindruck, alles sei ganz legal und geschehe in Übereinstimmung mit bestehenden Gesetzen. Das traf wohl zu. Aber Entschlossenheit vermittelten Janajew, Pugo, Baklanow und Tisjakow keineswegs. Das Bild, das sie abgaben, war so wenig überzeugend wie ihre Behauptung, Gorbatschow sei krank, was den Anlaß zum Handeln gegeben hätte. Am 30./31. Juli hatte der sich mit US-Präsident Bush in Moskau kerngesund gezeigt. Doch mit Hinweis auf den Gesundheitszustand waren auch schon andere Führer von der Macht verdrängt worden: Chruschtschow, Ulbricht, Honecker … Mein Mißtrauen war geweckt.

Am Morgen des nächsten Tages, es war der 20. August, lief ich meine vertraute Strecke hinüber zu Gorbatschows Datscha. Es war alles wie an den Tagen zuvor. Der Park lag still in der Morgensonne. Merkwürdig, dachte ich. Vielleicht hatte mich mein Eindruck bei der Pressekonferenz doch nicht getäuscht: Der Auftritt und die Erklärung wirkten unentschlossen und wenig überzeugend, sehr dilettantisch und konfus. Auch Fjodor, den ich auf dem Rückweg traf, war verunsichert. Ihm sei nicht klargeworden, warum der Ausnahmezustand überhaupt verhängt worden sei und was er bringen solle, erklärte er mir. Er halte jedenfalls nichts von diesen Leuten.

Am 21. August meldete das Fernsehen, daß das Notstandskomitee gestürzt und der Putsch, den man nun auch so bezeichnete, zu Ende sei. Als Held des Tages stellte man den russischen Präsidenten Jelzin heraus, der mit Waffengewalt das Notstandskomitee vertrieben habe und sich in Moskau auf einem Panzer medienwirksam in Szene gesetzt hatte. Die Nachrichten zeigten auch einen übernächtigten Gorbatschow, der mit über die Schultern gehängter Decke einem Flugzeug entstieg. Alles sah sehr dramatisch aus, um nicht zu sagen: inszeniert.

Wir brachen unseren Urlaub ab und flogen am 22. August nach Moskau. Auf dem Flugplatz erwartete mich Andrej aus der Internationalen Abteilung des Zentralkomitees. Der PDS-Vorsitzende Gregor Gysi würde morgen kommen und habe um 14 Uhr ein Gespräch bei ZK-Sekretär Valentin Falin, sagte er. Daran solle ich als Ehrenvorsitzender der Partei teilnehmen.

Ich war zum Termin dort. Anstelle von Gysi erschien jedoch Jochen Willerding, der in der Parteiführung für internationale Beziehungen zuständige Mann. Auch Fjodorow und Tarassow, der in Berlin immer für Botschafter Abrassimow gedolmetscht hatte, waren gekommen. Als letzter humpelte Falin ins Büro, der entgegen sonstiger Gewohnheit keinen Anzug trug. Er sah aus, als käme er gerade von der Datscha – was auch zutraf, wie er entschuldigend erklärte. Er habe im Garten gearbeitet und sei dabei unglücklich gestürzt. Als er jedoch von der Sache im Rundfunk hörte, sei er, statt zum Arzt zu fahren, ins ZK geeilt. Im Politbüro und im Sekretariat des ZK der KPdSU habe man nie – er betonte »nie« – über einen solchen Schritt gesprochen. Er habe nach der ersten Nachricht mit dem ZK telefoniert, auch dort hätte man sich uninformiert gezeigt. Der 65jährige Falin legte offenkundig großen Wert darauf, daß wir zur Kenntnis nahmen, daß die Aktion ohne Kenntnis und Beteiligung der Parteiführung erfolgt sei und daß es sich um eine Revolte einer kleinen, isolierten Gruppe gehandelt habe. Diese Botschaft sollten wir der Führung der PDS übermitteln, der Zwischenfall dürfe die Zusammenarbeit unserer Parteien und das gegenseitige Vertrauen nicht belasten, erklärte er.

Falin wirkte gleichermaßen bedrückt und hilflos. So hatte ich ihn noch nie erlebt. Er schien ratlos und nicht in der Lage, auch nur ansatzweise die alle bewegenden Frage zu beantworten: Wie nun weiter? Andere teilten die Ratlosigkeit. Pugo jagte sich eine Kugel in den Kopf, und Gorbatschow stellte am 24. August seine Funktion als Generalsekretär des Zentralkomitees zur Verfügung und empfahl dessen Auflösung.

Als DDR-Ministerpräsident war ich erstmals am 4. Dezember 1989 mit Gorbatschow zusammengetroffen. Der Politisch Beratende Ausschuß, das höchste Gremium der Staaten des Warschauer Vertrages, tagte in Moskau. Gorbatschow informierte über sein Treffen mit dem Präsidenten der USA auf Malta. Obgleich diese Begegnung der Anlaß unserer Zusammenkunft war, befriedigten Gorbatschows Ausführungen uns nicht. Sie wirkten sehr oberflächlich. Politische Schlußfolgerungen für das Bündnis gaben sie nicht her. Das Ganze war eine formale Pflichtübung, nicht mehr.

Gorbatschow zeigte wenig Interesse an den Problemen der verbündeten Staaten, die von uns detailliert vorgetragen wurden. Die meisten der angereisten Politiker waren neu in ihren Ämtern. Ich selbst war ihm bis dato noch nie persönlich begegnet, seine Bekanntschaft mit dem ebenfalls anwesenden Egon Krenz hingegen war älteren Datums. Gorbatschow ließ nicht erkennen, daß er das Bedürfnis nach einem persönlichen Gespräch zur deutschen Frage und über das Verhältnis der Sowjetunion zur DDR hatte.

Mit Falins Hilfe fand nur eine kurze Begegnung für eine Presseerklärung statt. Die Meldung wurde zwischen Falin und mir abgesprochen. Meine Hoffnungen, die ich früher mit Gorbatschow verbunden hatte, verloren sich an jenem Tag endgültig. Die Belange der DDR mußten wir nun ohne Rückendeckung aus Moskau vertreten.

Auf dem ZK-Plenum fünf Tage später bekräftigte Gorbatschow das feste Bündnis zur DDR. Eingedenk meiner Beobachtungen in Moskau war ich mir ziemlich sicher, daß es sich allenfalls um ein nach innen, in die eigene Partei gerichtetes Lippenbekenntnis handelte. Im Zentralkomitee der KPdSU und draußen im Lande gab es nicht wenige Genossen, denen der sozialistische Internationalismus und Bündnistreue durchaus etwas bedeuteten.

Fünf Wochen später wurde offenbar, daß es sich – wie vermutet – nur um eine Floskel gehandelt hatte. Im kleinen Zirkel entschieden sich Gorbatschow und seine Berater am 26. Januar 1990 für die endgültige Preisgabe der DDR und den Abzug der sowjetischen Truppen aus Deutschland.

Vier Tage später empfing mich Gorbatschow. Ich legte ihm, nachdem die Entwicklung in der DDR nicht zuletzt auf Druck aus der Bundesrepublik eine Dynamik erhalten hatte, die kaum noch zu steuern war, einen Drei-Stufen-Plan vor. Das gemeinsam mit Vizeaußenminister Harry Ott, einst Botschafter in der UdSSR, und dem Journalisten Karl-Heinz Arnold, meinem persönlichen Mitarbeiter, erarbeitete Konzept sah eine gesteuerte und langfristige Zusammenführung der beiden deutschen Staaten vor. Gorbatschow interessierte sich dafür nicht mehr, wohl aber Valentin Falin. Am 31. Januar gab es noch eine Konsultation mit ihm. Am Tag darauf stellte ich auf einer Pressekonferenz in Berlin unsere Überlegungen vor.

Am 8. und 9. Februar erläuterte US-Außenminister Baker Gorbatschow und Schewardnadse die Haltung Wahingtons zur deutschen Frage. Ein vereintes Deutschland müsse der NATO angehören, und die Rechte der Siegermächte sollten zuvor in einem Vertrag mit der DDR und der BRD geregelt werden. Gorbatschow gab die ursprüngliche Forderung Moskaus nach Neutralität eines vereinten Deutschland ohne Not auf.

Am 10. Februar war Kohl im Kreml. Noch während des Rückfluges erklärte er, den Schlüssel für die »Wiedervereinigung« abgeholt zu haben. Zum Schnäppchenpreis. Gorbatschow hatte die sowjetischen Positionen freiwillig geräumt.

Nach meiner Pressekonferenz am 1. Februar 1990 wurde ich mit einem Vorwurf konfrontiert. Ich hätte nicht nur zu früh, sondern überhaupt unangemessen auf die Enwicklung reagiert. Mit dem Wissen von heute sage ich: Ja, die Bezeichnung meiner Konzeption »Für Deutschland, einig Vaterland« war in der konkreten politischen Situation sehr unglücklich. Trotzdem stehe ich unverändert zu ihrem Inhalt. Wenn sie und eben nicht das westdeutsche Konzept realisiert worden wäre, hätte es vermutlich nicht jene schmerzlichen sozialen und politischen Verwerfungen gegeben, an denen nunmehr das ganze deutsche Volk trägt.

Falin hatte Gorbatschow vor dessen Treffen mit Kohl im Kaukasus im Sommer 1990, aufgefordert, von der BRD mindestens 100 Milliarden DM als Reparationsleistung für die im Zweiten Weltkrieg angerichteten Zerstörungen zu verlangen. Bekanntlich hatte dafür nur die DDR gezahlt.

Am Ende sollen es zwölf Milliarden gewesen sein, die Bonn ausschließlich für den Abzug der Truppen zu zahlen bereit war.

Zwei Jahre später stand ich im Dienstzimmer des Chefs des Generalstabes der russischen Streitkräfte, Generaloberst Kolesnikow. Der Abzug war bereits im vollen Gange, im Mai 1994 würde der letzte Soldat Ostdeutschland verlassen. Aber es war schon absehbar, daß es weder eine gemeinsame Abschiedsparade der einstigen Alliierten noch eine gleichberechtige Verabschiedung geben würde.

Kolesnikow zeigte mir an der Stabskarte, was nach dem Rückzug seiner Truppen bleiben würde. Unüberhörbar schwang der Zorn des Militärs angesichts der politischen Kapitulation mit. Millionen Söhne und Töchter der Sowjetunion gaben ihr Leben bei der Befreiung Europas von der Hitlerbarbarei, die Sowjetarmee hatte wie ihre damaligen Verbündeten auch für ein neues Deutschland gekämpft. Nunmehr aber wurden sie wie ein ungebetener Gast vertrieben – während die anderen unter der Fahne der NATO blieben. Das schmerzte ihn sichtlich.

Wir waren uns einig: Die Verabschiedung der russischen Streitkräfte durfte nicht, wie beabsichtigt, in Weimar, weit außerhalb Berlins, erfolgen. Die Absicht, die dahinter steckte, war allen klar. Wir konnten Kohls und Jelzins Absprache nicht akzeptieren: Das KZ Buchenwald hat sich selbst befreit, und in Weimar waren im April 1945 die Streitkräfte der USA als erste eingerückt. Warum sollten dort die Enkel der Roten Armee ihre Schlußparade abhalten?

Viele Bürger Berlins verabschiedeten schließlich in Karlshorst würdig und angemessen ihre Befreier. Als später der betrunkene russische Präsident Jelzin eine Militärkapelle auf dem Gendarmenmarkt dirigierte, stand ich zusammen mit Zehntausenden im

Ehrenhain in Treptow, die mit großer Achtung und mit unverändertem Respekt durch ihre Anwesenheit bekundeten: Dank euch, ihr Sowjetsoldaten.

Am Staatsakt nahmen viele ehemalige Kommandeure aus Wünsdorf und dem Stab des Warschauer Paktes teil. Mir schien es notwendig, ihre Solidarität mit den einstigen deutschen Waffenbrüdern einzufordern. Verteidigungsminister Heinz Keßler, Stabschef Fritz Streletz, der Chef der DDR-Grenztruppen Klaus-Dieter Baumgarten und andere wurden inzwischen juristisch verfolgt.

Ich fragte Armeegeneral Boris Snetkow. 1973 hatte ich ihn als Chef der 1. Gardepanzerarmee in Dresden kennengelernt. Später war ich ihm als Chef des Militärbezirkes Leningrad begegnet, dann war er Oberkommandierender der Westgruppe der sowjetischen Streitkräfte geworden. Als Ministerpräsident bekam ich erneut mit ihm zu tun. Er empfahl den Dienstweg und verwies mich an Marschall Kulikow, von 1977 bis 1989 Oberkommandierender der Streitkräfte des Warschauer Vertrages. Er wäre mein Partner.

Kulikow und sein damaliger Stabschef, Armeegeneral Gribkow, richteten am 7. Juni 1996 an das Berliner Landgericht ein Schreiben. Darin stellten sie sich nicht nur schützend vor die Angehörigen der NVA und der Grenztruppen der DDR, sondern sie bekannten sich auch zur Verantwortung der Sowjetunion für das Grenzregime. Die Staatsgrenze zwischen der DDR und der BRD sei keine Grenze wie jede andere gewesen, schrieben sie, sie war die »Grenze zwischen zwei sich feindlich gegenüberstehenden militärpolitischen Blöcken«. Man könnte darum die Ereignisse an jener Grenze »nicht aus dem historischen Kontext des Kalten Krieges« lösen.

»Die Grenzsicherungsmaßnahmen hatten in der Periode des Kalten Krieges eine große Bedeutung für die Aufrechterhaltung des Friedens in Europa. Deshalb wurde von unserer, von sowjetischer Seite, immer aktiv und wirksam Einfluß auf alle Grenzsicherungsmaßnahmen genommen, der pioniermäßige Ausbau der Staatsgrenze eingeschlossen. Ausgehend davon wurden die Fragen des Grenzregimes sowohl durch Vereinbarungen zwischen der DDR und der UdSSR als auch im Rahmen des Warschauer Vertrages geregelt. Die DDR als unser wichtigster Verbündeter im Warschauer Vertrag hat sich immer und mit großer Disziplin im Interesse unseres Bündnisses den ›Empfehlungen‹ und ›Bitten‹, die faktisch Weisungen darstellten, untergeordnet.«

Obgleich die Souveränität der DDR relativ war, was – bis auf die Juristen – alle wußten, schmerzte die deutliche Festellung der Militärs dennoch. Aber so war die Realität: Die DDR war ein Kind der Sowjetunion, die Vormundschaft bestand immer, allein konnten wir nicht existieren. Auch wenn wir es uns fortgesetzt einredeten. Im Falle der angeklagten DDR-Militärs war diese Aussage jedoch wichtig. »Die DDR war ein souveräner Staat, Mitglied der UNO und von 138 Staaten diplomatisch anerkannt. Sie war auf allen Gebieten souverän – aber nach unserer Einschätzung nicht auf militärpolitischem und militärischem Gebiet.« Als Gründe nannten Kulikow und Gribkow den Umstand, daß »der vordere Rand der ersten strategischen Verteidigungslinie der Vereinten Streitkräfte des Warschauer Vertrages entlang der Staatsgrenze der DDR und der BRD« verlaufen sei. »Deshalb hatte die sowjetische Seite auch das militärische Sagen auf dem Territorium der DDR.«

Und zweitens wären die Streitkräfte der DDR in die Militärorganisation des Warschauer Paktes eingebunden gewesen, sie hatten »die von Moskau gestellte Aufgabe zu erfüllen«. Deshalb, so schlossen die beiden russischen Militärs, wären »sowohl die politische als auch die militärische Führung der DDR nicht frei in ihren Entscheidungen« gewesen. »Die Führung der DDR konnte an der Grenze zur BRD und zu Westberlin eigenständig nichts unternehmen.« Nicht mal einen Schießbefehl erlassen oder diesen abschaffen – so es denn einen solchen gegeben hätte.

Die substantielle Intervention aus Moskau wurde vom Berliner Landgericht ignoriert. Heinz Keßler mußte die meiste Zeit der über ihn verhängten siebeneinhalbjährigen Haftstrafe absitzen. Fritz Streletz bekam fünfeinhalb Jahre, Klaus-Dieter Baumgarten sechseinhalb … Sie büßten persönlich dafür, daß die sowjetische Führung unter Gorbatschow es unterlassen hatte, einklagbare Festlegungen mit der Bundesregierung zu schließen.

Eine Reihe Duma-Abgeordnete verschiedener Fraktionen erhoben in den 90er Jahren in unterschiedlicher Lautstärke ihre Stimme gegen die Verfolgung ostdeutscher Funktionsträger – auf Regierungsebene hingegen gab es keinerlei Initiativen in dieser Richtung.

Und Gorbatschow? In Briefen an Egon Krenz und an mich, um entsprechende Stellungnahmen ersucht, verurteilte das einstige Staatsoberhaupt der UdSSR die politisch-juristische Verfolgung von Ostdeutschen. Aber mir ist nicht zu Ohren gekommen, daß Gorbatschow das in Bonn oder anderenorts jemals laut und vernehmlich gegenüber den Verantwortlichen in der Bundesrepublik getan hätte. Seine Erklärungen uns gegenüber waren darum wohlfeil wie so vieles, was von ihm kam.

Und was wurde aus jenen, die ihm seinerzeit zum Munde redeten und für ihn Politik machten? Viele der Ersten Sekretäre in den Unionsrepubliken, die durch ihn an die Spitze der Landesparteiorganisationen gelangt waren, wurden zu Präsidenten unabhängiger Staaten. In Georgien zum Beispiel war es Eduard Schewardnadse. Er ist, das nur nebenbei, zwei Tage älter als ich, und in den 50er Jahren war er Komsomolchef in der Georgischen SSR. Bis 1990 diente er Gorbatschow als Außenminister, er galt als sein wichtigster Mann. Als Präsident regierte er von 1995 bis 2003 Georgien, ehe er aus dem Amt getrieben wurde. Auch internationale Wahlbeobachter warfen dem Präsidenten und seiner Partei vor, die Wahlen gefälscht zu haben. Der Grund wird jedoch anderer Natur gewesen sein: Schewardnadse standen die USA zwar näher als seine Nachbarn, aber offenkundig genügte das nicht. Sein Nachfolger wurde darum Micheil Saakaschwili, ein Jurist, der in den 90er Jahren an der George Washington University in Washington promovierte und in der international tätigen Anwaltssozietät Patterson, Belknap, Webb & Tyler in New York gearbeitet hatte. Saakaschwili berief viele junge Akademiker, die wie er im westlichen Ausland studiert hatten, in seine Regierung, sein Berater kommt ebenfalls aus den USA. Auf diese Weise wird Georgien reif gemacht für die NATO.

Ich hatte wiederholt mit Schewardnadse als Außenminister zu tun. Mal ließ er Nähe, mal Distanz zur DDR erkennen. Sachlich betrachtet muß man sagen: Auch er hat sich für die Belange der Ostdeutschen im Prozeß der Vereinigung nicht eingesetzt. Westdeutsche standen ihm sichtlich näher. Schewardnadse ließ keine Gelegenheit aus zu erklären, daß Genscher sein guter Freund sei.

An Schewardnadse konnte man exemplarisch die Haltung vieler sowjetischer Führungskräfte studieren. Sie standen immer opportunistisch zur Macht, und wenn sich die Kräfteverhältnisse änderten, schlugen sie sich rasch auf die andere Seite. Als Erster Sekretär des ZK der KP Georgiens sang Schewardnadse auf einem Moskauer Parteitag das Hohe Lied auf Breshnew, was nicht nur deshalb peinlich war, weil jeder wußte, wie hinfällig der Generalsekretär inzwischen war und die Partei keineswegs mehr führte. Die überzogene

Hymne erinnerte stark an Lobhudeleien zu Stalins Tagen. Offenkundig rechnete sich Schewardnadse Chancen in Moskau aus. Nicht unbegründet: 1985 kam er ins Politbüro und wurde Außenminister. Doch als Gorbatschows Stern am Sinken war, ging er von Bord und kehrte Moskau den Rücken.

Die meisten dieser Ersten Sekretäre hatten das Zeug zum Despoten. Sie regierten »ihr« Land wie Fürsten, hielten sich einen Hofstaat mit all den Schranzen und Speichelleckern, die man als Sonne im Zentrum benötigt, um richtig zu glänzen. Hier kreuzten sich charakterliche Veranlagungen und traditionelles Denken, und gewiß leisteten die politischen Strukturen der Partei und des Landes dem Vorschub. Sie machten 1990/91 bruchlos so weiter.

Nursultan Äbischuly Nasarbajew lernte ich als Ministerpräsidenten der Kasachischen Sowjetrepublik kennen. Das war im Sommer 1987 während meines Urlaubs auf der Krim. Von Gorbatschow hielt der Kasache nicht viel, noch viel weniger von dessen Wirtschaftspolitik und der Rolle Moskaus im Konflikt um Nagorny Karabach. Seit hundert Jahren stritten sich Armenier und Aserbaidshaner um die Region im Südkaukasus, die auf dem Territorium Aserbaidshans lag, aber mehrheitlich von Armeniern bevölkert wurde. Unter Gorbatschow eskalierte der Konflikt, es gab Tote und Verletzte. Die Truppen Moskaus erwiesen sich jedoch als unfähig, die Auseinandersetzungen zu beenden. Nasarbajew ließ sich im April 1990 vom Obersten Sowjet Kasachstans, das Beispiel Gorbatschow vor Augen, zum Präsidenten der Sowjetrepublik wählen. In dieser Funktion wurde er 1991 bestätigt, nunmehr jedoch als Präsident des unabhängigen Kasachstans. Das ist er noch immer. Wiederholt ließ er die Verfassung ändern, um die Begrenzung seiner Amtszeit auszusetzen.

Im Februar 2007 traf ich ihn neuerlich, am Rande einer Konferenz. Diese Begegnung bestätigte meine Erfahrung, daß alte »Freunde« vergeßlich werden, wenn sie neue Freunde haben. Nach vorgezogenen Neuwahlen in Kasachstan, die die von Staatschef Nursultan Nasarbajew geführte Partei »Nur Otan« (»Lichtschein des Vaterlandes«) mit 88 Prozent gewann, schrieb die *junge welt* am 20. August 2007 ironisch von einem »aufgeklärten Despoten«. Nasarbajew habe seit seinem Amtsantritt am 24. April 1990 eine Machtfülle anhäufen können, »die so manchen absolutistischen Herrscher vor Neid erblassen ließe. Der Präsident wird inzwischen nur noch alle sieben

Jahre gewählt – zuletzt 2005 mit in der Region eher bescheidenen 90 Prozent. Selbstverständlich kann der Staatschef das Parlament jederzeit auflösen und Gesetze blockieren, die ihm nicht passen. Doch verglichen mit dem ins Absurde gesteigerten Personenkult eines ›Turkmenbaschi‹, wie sich der kürzlich verschiedene turkmenische Amtskollege nennen ließ, führt Nursultan Nasarbajew ›sein‹ Kasachstan auf eine eher aufgeklärt-absolutistische Art und Weise. Eine schlappe Milliarde US-Dollar sollen Präsident und Regierung auf Schweizer Bankkonten geparkt haben – für den Turkmenbaschi wäre dies ein Trinkgeld gewesen. Zuletzt wurden sogar Verfassungsänderungen vorgenommen, die die Rolle des Parlaments leicht aufwerteten. Doch wäre auch dieses eigentlich unnötig gewesen: Schließlich prangert der Westen nur noch routinemäßig die Unterdrückung im rohstoffreichen Kasachstan an. Längst profitieren auch US-amerikanische und europäische Ölmultis und Konzerne von der schlauen Pendelpolitik Nasarbajews. Der verfügt inzwischen über enge Wirtschaftsbeziehungen zu allen in Zentralasien um Einfluß ringenden Großmächten.«

Der Verweis auf den Turkmenbaschi (»Führer der Turkmenen«) galt Saparmurat Atajewitsch Nijasow (1940-2006). Nijasow war von 1985 bis 1990 Erster Sekretär des ZK der KPdSU in der turkmenischen Sowjetrepublik. Im Januar 1990 wählte ihn der Oberste Sowjet zu seinem Vorsitzenden, zwei Monate später zum Präsidenten der Republik. Im Oktober 1990 bestimmte Turkmenistan als erstes Land der Sowjetunion in einer Volkswahl den Präsidenten: das Politbüro-Mitglied Nijasow, den einzige Kandidaten. Wie Jelzin in Rußland löste auch er nach dem August-Putsch 1991 die Kommunistische Partei in Turkmenien auf. Unter ihm blühte der Personenkult. Nijasow schrieb einige Bücher, die er für alle Bewohner Turkmenistans zur Pflichtlektüre machte. Überall im Lande wurden zum Teil vergoldete Standbilder von ihm, seinem Vater und seiner Mutter aufgestellt. Weil er sich nach einer Herzoperation das Rauchen abgewöhnen mußte, wurde in Turkmenistan das Rauchen in der Öffentlichkeit gesetzlich verboten. Er benannte die Wochentage und Monate um. Der Januar wurde ihm zu Ehren in »Turkmenbaschi« umbenannt, der April erhielt den Namen seiner Mutter. Nijasowas Konterfei ziert die Geldscheine, Beamte tragen es am Revers, Schulen, Straßen, Flughäfen, eine Stadt und sogar ein Meteorit wurden nach ihm benannt.

Nachdem Nijasow bereits Kinos, Oper, Ballett und Zirkus hatte verbieten lassen, wurden im April 2005 auch alle öffentlichen Bibliotheken geschlossen. Bücher sind seither nur noch in Universitäten zugänglich. Nach Ansicht der britischen Nichtregierungsorganisation *Global Witness* liegen auf Konten der Deutschen Bank Beträge von zwei bis drei Milliarden US-Dollar, die der persönlichen Kontrolle Nijasow unterlagen. Die Forderung nach Offenlegung der Einlagen des verstorbenen Diktators und deren Rückführung nach Turkmenistan wurde von der Deutschen Bank mit Verweis auf das Bankgeheimnis zurückgewiesen …

Betrachte ich die Entwicklung der ehemaligen Republiken, muß ich mir eingestehen, daß ich falsche Vorstellungen von der sowjetischen Nationalitätenpolitik und ihrer Wirkung auf die Völker der UdSSR hatte. Es traf zweifellos zu, daß manche Region und etliche ethnische Gruppen erst unter der Sowjetmacht sich entwickeln konnten, Lenins Nationalitätenpolitik war auf die Selbstbestimmung der Völker gerichtet. Doch seine Nachfolger handhabten sie restriktiv, d. h. sie glaubten, sich über nationale Besonderheiten nicht nur hinwegsetzen zu können, sondern gingen auch dagegen vor. Administrativer Ausdruck der Vormundschaft war u. a. die Tatsache, daß der zweite Mann in der jeweiligen Landespartei grundsätzlich ein Russe, also ein Abgesandter Moskaus, war.

Diese Praxis ist eine der Ursachen dafür, daß in der Mehrzahl der ehemaligen Sowjetrepubliken die Kommunisten wenig zu bestellen haben. Zu den Ausnahmen gehört Moldawien (Republik Moldau), wo die Kommunistische Partei 2001 und 2005 bei Wahlen die Mehrheit errang und ihr Vorsitzender Wladimir Woronin zum Präsidenten des Landes gewählt wurde. Fortschritte in der Wirtschaftsentwicklung und Zeichen sozialer Gerechtigkeit sicherten der Partei Zustimmung bei der Hälfte der etwa viereinhalb Millionen Bürger des Landes. Woronin will keine Konflikte mit Rußland, aber dessen Nähe sucht er auch nicht. In Gesprächen mit mir, die ich u. a. als Europaabgeordneter in der Hauptstadt Kischinau führte, warb er um Vertrauen, damit Moldawien die Chance für einen Beitritt in die Europäische Union erhält. Das Land zwischen der Ukraine und Rumänien hat die Größe von etwa einem Drittel der DDR.

Mit der Kommunistischen Partei Rußlands verhält es sich ein wenig anders. Sie wurde bis 1990 vom ZK der KPdSU geführt. Erst

Anfang 1990 konstituierte sich eine eigenständige Landesführung. An der Spitze des ZK der KP der Russischen Föderation trat Valentin Alexandrowitsch Kupzow, er hatte – zeitgleich mit Falin – 1990/91 dem Gorbatschowschen Sekretariat angehört. Da Jelzin die Partei nach dem Putsch im August 1991 verboten hatte, war sie quasi illegal, als ich Kupzow Ende 1992 in Moskau kennenlernte. Er bereitete die Gründung einer neuen Kommunistischen Partei der Russischen Förderation vor, um wieder legal arbeiten zu können. Gemeinsam mit Bruno Mahlow, der im internationalen Bereich der PDS tätig war, bemühten wir uns um solidarische Unterstützung. Im Februar 1993 konstituierte sich die KPFR. Auf dem Gründungskongreß wurde Kupzow zum Stellvertretenden Vorsitzenden und Gennadi Sjuganow zum Parteivorsitzenden gewählt.

Bald nach der Gründung der KPFR ergab sich für mich eine Gelegenheit, ihren Vorsitzenden kennenzulernen. Ich war nach Wien gereist, um an einer Konferenz der KPÖ teilzunehmen. Dort war auch Sjuganow. Wir machten einen langen gemeinsamen Abendspaziergang. Später trafen wir uns wiederholt in Moskau und tauschten uns über die Beziehungen zwischen unseren Parteien sowie zwischen Rußland und Deutschland aus. Ich brauchte als Bundestagsabgeordneter Informationen für meine Tätigkeit im Auswärtigen Ausschuß des Deutschen Bundestages, überdies schien mir der Kontakt zwischen PDS und KPFR wichtig. Sjuganow trat in Deutschland einige Male im Außenpolitischen Club auf. Dann brach die Verbindung von seiner Seite ab. Welche Gründe es gab, vermag ich nicht zu sagen. Nach 2001 hießen meine Gesprächspartner Valentin Kupzow und Iwan Melnikow, Sjuganows Stellvertreter. Der Parteivorsitzende, der seit 1993 auch der Duma angehört, hat seither wenig Interesse an Deutschland und der PDS bekundet. Gregor Gysi hat Moskau als Abgeordneter des Deutschen Bundestages einige Male, meist auf der Durchreise, besucht und dort politische Gespräche geführt. Gabi Zimmer, von 2000 bis 2003 Parteivorsitzende, und Lothar Bisky, Parteichef von 1993 bis 2000 und von 2003 bis 2007 wieder, suchten solche Kontakte nie.

Aber daran allein wird es nicht gelegen haben. Auch Sjuganow hat sich verändert. Er ist nicht mehr der einfache und bescheiden wirkende, sympathische russische Freund, den ich damals in Wien kennenlernte. Der einstige Mitarbeiter in der Abteilung Agitation und Propaganda des ZK der KPdSU wähnt sich inzwischen als großer Führer seiner Partei, wie es heißt. Er kandidierte 1996 und 2000 bei den russischen Präsidentschaftswahlen und erreichte im ersten Wahlgang 32 bzw. 29,2 Prozent. Das kann schon ein wenig die Optik verändern und den Blick dafür verstellen, daß die Zustimmung für die Partei in der Bevölkerung sinkt und die Parteibasis auch durch Abspaltungen bröckelt. Bei den letzten Parlamentswahlen verlor die Partei, die einst die stärkste Fraktion in der Duma stellte, die Hälfte der Wähler. Mit 12,6 Prozent lag sie nur knapp vor der rechtsextremen Partei Schirinowskis. Vermutlich auch deshalb verzichtete Sjuganow 2004 auf eine neuerliche Kandidatur bei den Präsidentschaftswahlen.

Ich habe mit Valentin Kupzow, der heute Vizepräsident der Duma ist, offen über diese Entwicklung gesprochen. Und auch Iwan Melnikow, der inzwischen stärker in der Führung der Partei verankert ist, blieb ein wichtiger Partner, wenn es um politische Kontakte nach Westeuropa und zur PDS ging.

Doch nicht nur die KPFR war und ist für die deutsche Linke Gesprächspartner in Rußland. 1991 entstand die Sozialistische Par-

Mit Ott (links) und Mahlow bei Sjuganow und Melnikow (rechts)

tei der Werktätigen (SPdW). Das linke Sammelbecken zählte um die 60.000 Mitglieder (die KPFR begann mit einer halben Million. jetzt hat sie noch um die 200.000 Mitglieder). Co-Vorsitzender der Sozialistischen Partei der Werktätigen war Iwan Rybkin, ein promovierter Agraringenieur, der 1987, mit vierzig Jahren, in Wolgograd zum 1. Sekretär des Stadtkomitees der KPdSU gewählt worden war. Partnerbezirk in der DDR war damals Karl-Marx-Stadt. Anfang 1991 wurde Rybkin Abteilungsleiter im ZK der KP der RSFSR. Aus einer Stichwahl ging er 1994 als Sieger hervor: Er wurde Präsident der Duma. In dieser Funktion traf ich ihn in seinem Büro im russischen Parlament. Wir sprachen über die Beziehungen zwischen Duma und Bundestag. Rybkin erinnerte sich an seine Besuche in Karl-Marx-Stadt und trug mir Grüße an Siegfried Lorenz auf, der damals 1. Sekretär der SED-Bezirksleitung war. 1997 erschienen Rybkins Buch »Rußland und die Welt«, das die Bundestagspräsidentin Rita Süssmuth mit einem Vorwort adelte. »In den Beiträgen des Bandes zeigt sich das Bild eines agilen und kämpferischen Politikers, dessen Selbstverständnis in der Notwendigkeit der Konsensarbeit wurzelt«, schrieb sie seinerzeit, woraus der *Spiegel* »Genosse Konsens« machte. Ob sie das heute noch schreiben würde, sei dahingestellt. Der agile und kämpferische Rybkin wurde im Oktober 1996 von Präsident Jelzin zum Sekretär des Sicherheitsrates der Russischen Föderation und Sonderbeauftragten für Tschetschenien ernannt. Im Oktober 1997 wurde er als Sonderbeaufragter für Tschetschenien, im März 1998 auch als Sekretär des Sicherheitsrates abgelöst. Im gleichen Jahr entließ ihn Ministerpräsident Tschernomyrdin als seinen für Fragen der Gemeinschaft unabhängiger Staaten zuständigen Stellvertreter. Nachfolgenden Kabinetten gehörte Rybkin nicht mehr an. 2004 sorgte er noch eimal für Schlagzeilen, als er im Präsidentschaftswahlkampf gegen Putin antrat, für fünf Tage auf mysteriöse Weise verschwand und nach seinem Wiederauftauchen erklärte, er sei entführt und unter Drogen gesetzt worden.

Anfang der 90er Jahre hatte auch die PDS zu prüfen, welche Perspektiven linke Parteien in Rußland haben werden und wie man die Beziehungen zu ihnen gestalten sollte. Es bestand Einigkeit darin, daß die von Nina Andrejewa in St. Petersburg gegründete Kommunistischen Allunionspartei der Bolschewiki kein Partner ist. Ihre politischen Positionen fußten auf einem überholten, völlig unrealistischen Revolutionsverständnis. Das *Neue Deutschland* hatte in seiner Wochenendausgabe vom 2./3 April 1988 auf Weisung Erich Honeckers einen Beitrag der Leningrader Dozentin, der in der *Sowjetskaja Rossija* erschienen war, unter dem Titel »Ich kann meine Prinzipien nicht preisgeben« publiziert, sich aber zugleich davon distanziert, womit die Verwirrung noch größer wurde. Das Anti-Gorbatschow-Manifest machte aber die offenkundig stockkonservative Parteischullehrerin schlagartig berühmt und schon bald zur Generalsekretärin ihrer eigenen Partei.

Die Verantwortlichen in der PDS orientierten sich vor allem auf die Sozialistische Partei der Werktätigen (SPdW). Mir schien nach meinen Gesprächen mit Kupzow in Moskau klar, daß die SPdW keine Perspektive haben würde, was auch zutraf: Es gab offenkundig keine sozialdemokratische Basis im Lande, was auch Gorbatschow zu spüren bekam, als er – dazu von der Sozialistischen Internationale ermuntert – Anfang 2000 eine Sozialdemokratische Partei Rußlands gründete. Sie erwies sich als Totgeburt.

Ich schlug damals vor, unser Augenmerk stärker auf die seit 1993 wieder legale Kommunistische Partei zu lenken. Diese kooperierte mit der SPdW, beide Parteien bildeten einige Jahre Wahlbündnisse, Sozialisten zogen über die Liste der KP in die Duma ein oder waren dort als politische Mitarbeiter tätig. Das Ende der Partei jedoch war absehbar, und es trat schließlich ein.

Auch die deutsche Sozialdemokratie erkannte sehr spät, erst nach der faktischen Auflösung der russischen Partei, daß sie aufs falsche Pferd gesetzt hatte. Sie hatte nicht wahrhaben wollen, daß selbst der in Deutschland hofierte Gorbatschow in Rußland nur auf Verachtung stieß.

Ansonsten: Boris Jelzin bin ich persönlich nie begegnet, weder als Parteifunktionär der KPdSU noch als russischem Präsidenten. Und mein erstes und bislang einziges Gespräch mit Waldimir Putin hatte ich nach 2000 bei einem Empfang im Roten Rathaus in Berlin. Trotz seiner Aufforderung, uns bei Gelegenheit in Moskau zu sehen, ist ein solches Treffen nicht erfolgt. Diplomatische Freundlichkeit und spontane Einladungen sollte man in der Politik nicht unbedingt für bare Münze nehmen. Die Amerikaner pflegen auch jedes Gespräch mit der Floskel »See you later« zu beenden, und wenn man später einmal von dieser vermeintlichen Einladung tatsächlich Gebrauch macht, sind sie meist sehr verschreckt.

Die Beziehungen zwischen der DDR und der Sowjetunion, zwischen Deutschland und Rußland waren und sind wichtig. Sie müssen sensibel behandelt werden. Frieden in Europa kann es nur mit und nicht gegen Rußland geben, das wußte schon Bismarck. Egal, wie sich dort die Verhältnisse entwickeln.

Auch in Rußland hat sich der Blick auf die eigene Geschichte verändert. Bestimmte Entwicklungen auf dem Kontinent werden nicht mehr so ignoriert wie unter Jelzin. Die Osterweiterung der Europäischen Union und der Beitritt dieser Staaten zur NATO haben tradionelle Ängste verstärkt. In den baltischen Republiken eskaliert der Antikommunismus und führt zu ethnischen Konflikten mit den dort lebenden Russen. Exemplarisch für den Paradigmenwechsel ein Vorgang im Jahre 2007, als im Februar das estnische Parlament das »Gesetz gegen verbotene Denkmäler« beschloß. Daraufhin wurde u. a. das 1947 errichtete Mahnmal für die Befreier Tallinns, ein russischer Bronzesoldat, von seinem angestammten Platz entfernt: Er sei Symbol für die Besetzung und Unterdrückung ihres Landes durch die Sowjetunion 1940/41 und von 1944 bis 1991, hieß es. Jene Esten aber, die zwischen 1941 und 1944 in den Reihen der SS und der Deutschen Wehrmacht gegen die Rote Armee gekämpft hatten, erfuhren eine nationale Würdigung.

Der Journalist Peter Scholl-Latour veröffentlichte 2006 ein Buch unter dem Titel »Rußland im Zangengriff«. Darin warnt er vor einem »absurden ›Drang nach Osten‹, dem sich nicht nur die Atlantische Allianz, sondern auch die als Trabant Amerikas agierende Europäische Union auf Kosten Rußlands verschrieben hat«. Und zu jenen, die an der Einkreisung Rußlands beteiligt seien, rechnet er namentlich auch Deutschland und nimmt als Indiz die »Präsenz deutscher Truppen am Hindukusch«.

Das alles wird in Moskau mit großer Aufmerksamkeit und wachsender Sorge verfolgt. Eingedenk der Geschichte unseres Kontinents, insbesondere der des 20. Jahrhunderts, dürfen wir diese Ängste nicht einfach abtun, wie es immer wieder geschieht.

Ich bekenne freimütig, daß mein Interesse an Rußlands von tiefer Sympathie für die Menschen dieses großen Landes bestimmt wird. Diese Haltung beeinfluß naturgemäß auch mein Urteil über Politiker und politische Organisationen. Einige hatte ich bereits genannt. Zu jenen Russen, die mir nahestehen, gehört auch Jewgeni Maximowitsch Primakow. Wir sind ein Jahr auseinander, wie man sagt. Primakow studierte in den 50er Jahren Wirtschaftswissenschaften und Orientalistik, was ihn zum Korrespondenten der *Prawda* in der arabischen Welt hinlänglich qualifizierte. Später wurde er Direktor des Orient-Instituts der Akademie der Wissenschaften der UdSSR, dann des Instituts für Weltwirtschaft und Internationale Beziehungen. Gorbatschow holte ihn ins Zentralkomitee. Primakow wurden beste Beziehungen zu Iraks Präsidenten Saddam Hussein nachgesagt. Dadurch sei er im Sommer 1990 dem pro-amerikanischen Außenminister Eduard Schewardnadse in die Quere gekommen, heißt es, der Primakows Vermittlungsbemühungen in letzter Minute hintertrieben haben soll – Primakow hätte als Sondergesandter Saddam Hussein angeblich wenige Stunden vor Beginn der US-Bodenoffensive zum Einlenken bewegt.

Als ich Primakow im August 1991 auf der Krim näher kennenlernte, gehörte er dem Sicherheitsrat des Präsidenten an. Unsere Gespräche hatten mehr persönlichen Charakter. Sie fanden bekanntlich ein jähes Ende. Am 18. August flog er nach Moskau, am 20. gab Primakow eine öffentliche Erklärung an, mit der er sich an die Seite Gorbatschows stellte. Am Tag darauf kam er in Jelzins Maschine auf die Krim zurück, um Gorbatschow abzuholen.

Dieser berief Primakow Ende September 1991 zum 1. Stellvertretenden Leiter des KGB und zum Chef der Ersten Hauptverwaltung, d. h. zum Leiter der Auslandsaufklärung. Rußland Präsident Jelzin bestätigte nach dem Auseinanderfallen der Sowjetunion ihn de facto in diesem Amt: Im Oktober war aus der Ersten Hauptverwaltung die *Centralnaya Sluzhbza Razvedkyin*, der russische Auslandsnachrichtendienst, hervorgegangen, den Primakow bis 1996 leiten sollte. Im Januar jenen Jahres berief ihn Jelzin zum Außenminister, im September 1998 zum Premierminister.

Wiederholt kritisierte Primakow die USA dafür, daß sie jeden noch so kleinen Ansatz einer Re-Integration zwischen den ehemaligen Sowjetrepubliken sofort und massiv hintertriebe. Und er stieß dort ebenfalls auf massiven Widerstand, als er sich darum bemühte, im Nahen Osten verlorenes diplomatisches Terrain zurückzugewinnen. Und schließlich verlor Primakow weiter in Washington, als er sich um eine Dreierallianz mit Indien und China sowie um eine Union mit Belorußland bemühte. Ganz unten durch war er in den USA, als er 1999 gegen den Krieg der NATO im Kosovo protestierte. Im Mai 1999 wurde er, wie es in den Korridoren des Kreml

Wiedersehen in Moskau mit Jewgeni Maximowitsch Primakow

hinter vorgehaltener Hand hieß, auf Druck der USA von Jelzin abgesetzt. Danach galt Primakow als aussichtsreichster Kandidat der nächsten Präsidentschaftswahlen, wogegen US-Politiker in Moskau mehrmals Bedenken und Protest anmeldeten. Seine Partei »Vaterland – Ganz Rußland« schloß ein Wahlbündnis mit Moskaus Bürgermeister Juri Luschkow. Kurzzeitig favorisierte ihn auch die KPFR, eine Wahlabsprache scheiterte allerdings. Am Ende zog Jewgeni Maximowitsch seine Kandidatur zurück. Heute ist Primakow lediglich noch Präsident der russischen Industrie- und Handelskammer.

Als Direktor des Aufklärungsdienstes versuchte Primakow, wie er mir erklärte, neue Inhalte und Formen für dessen Tätigkeit zu entwickeln. In der Zeit der Blockkonfrontation stand die Gefahr eines atomaren Angriffes im Zentrum der Aufklärung. Im November 1991, also unter Primakow, wurden andere Schwerpunkte gesetzt. Die politische Aufklärung hatte fortan Vorrang. Der Auf- und Ausbau von Kontakten mit Nachrichtendiensten anderer Länder, darunter denen der NATO, gewann an Bedeutung. Primakow äußerte sich auch zum MfS und dort insbesondere zur Auslandsaufklärung, der HVA. Er bestätigte, daß – bei aller Partnerschaft – der sowjetische Geheimdienst nicht immer offen war. Das vermutete ich auch, als plötzlich MfS-Unterlagen in den USA auftauchten, die auf 381 Datenträgern als »Rosenholz« nach Deutschland zurückkehrten.

Auf meine Nachfrage versicherte mir Primakow jedoch, daß die Microfiches mit den Angaben über die DDR-Kundschafter und Verbindungen im Westen nicht über Moskau in die Hände der CIA gelangt seien.

Ich glaube ihm, auch wenn ich weiß, daß in den 90er Jahren der Austausch von Informationen zwischen dem russischen Geheimdienst und der CIA sehr rege war. Erst als eine Quelle des sowjetischen, numehr russischen Geheimdienstes in den USA aufflog, änderte sich das.

Im Januar 1996 wechselte Primakow seinen Arbeitsplatz und zog am Smolensker Platz als Außenminister ein. Es hatte in Moskau Bedenken gegen diese Berufung gegeben. Aber die waren wenig überzeugend: Ehe George Bush 1981 US-Vizepräsident und 1989 Präsident der USA wurde, hatte er als Direktor der CIA vorgestanden. Und Klaus Kinkel war, bevor er Außenminister der BRD wurde, Chef des Bundesnachrichtendienstes in Pullach.

Primakow, das spürte ich immer wieder, war ein Mann mit Charakter und Stil. Als er noch Geheimdienstchef war, vereinbarte er ein Treffen mit Markus Wolf. Inzwischen erfolgte jedoch seine Berufung als Außenminister, die Amtseinführung sollte just an jenem Tage stattfinden. Er sagte den Termin am Abend mit dem ehemaligen HVA-Chef nicht ab. Er nahm ihn nicht nur wahr – es war im übrigen ihre erste Begegnung –, sondern machte Wolf auch mit seinem Nachfolger, Armeegeneral Wjatscheslaw Trubnikow, bekannt. Das war auch eine politische Demonstration. Bekanntlich war Markus Wolf 1993 vom Oberlandesgericht Düsseldorf wegen Landesverrats zu sechs Jahren verurteilt worden. Inzwischen wurde gegen ihn auch wegen wegen Freiheitsberaubung, Nötigung und Körperverletzung in vier Fällen ermittelt – dafür sollte er 1997 zu zwei Jahren verurteilt werden; und die USA verweigerten ihm 1996 das Visum mit der Begründung, er hätte eine terroristische Vergangenheit …

Am 12. September 1998 wurde Primakow in der Duma zum Ministerpräsident gewählt, der kommunistische Duma-Abgeordnete Jurij Maslukow wurde zu einem seiner Stellvertreter berufen. Maslukow war einige Jahre in der Staatlichen Plankommission der

UdSSR verantwortlich für die militärische Planung, dann wurde er Chef dieser Institution. Wir lernten uns in Dresden bei einem Besuch im Kombinat Robotron kennen, später trafen wir uns wiederholt in der Duma. Nun besuchte ich ihn im »Weißen Haus«, wie der Sitz der russischen Regierung im Volksmund hieß. Wir sprachen über die wirtschaftlichen Beziehungen und wie traditionelle Verbindungen zu Ostdeutschland nutzbar gemacht werden könnten. Auch Brandenburgs Ministerpräsident Manfred Stolpe mühte sich um Reanimierung alter Beziehungen. Allerdings hatten Jelzin und Kohl damit nichts am Hut. Ihr Desinteresse war Regierungsprogramm. Darum kamen wir an dieser Stelle nicht weiter.

Nach der Jahrtausendwende traf ich Primakow wiederholt als Fraktionsvorsitzenden in der Duma. Ich hatte stets das nicht ganz unbegründete Gefühl, daß ihn diese Aufgabe kaum ausfüllte. Das war, bei allem Respekt vor der Abgeordnetentätigkeit, ihm eine Nummer zu klein. Er war auf der Weltbühne zu Hause, nicht auf einer Parlamentsbühne. Bald trafen wir uns ganz in der Nähe des Alten Platzes, wo einst das ZK der KPdSU seinen Sitz hatte. Primakow hatte hier sein Büro als Präsident der Industrie- und Handelskammer. Wir sprachen u. a. über ein Memorandum zur Entwicklung der Wirtschaftsbeziehungen zwischen Deutschland und Rußland. Mit dabei Arkadi Wolski, den ich aus den 80er Jahren kannte, als er Abteilungsleiter im Zentralkomitee war. Danach versuchte er als Regierungsbeauftragter im Konflikt um Nagorny Karabach zu schlichten. Nun stand er als Vorsitzender dem größten Unternehmerverband Rußlands vor. Die DDR hatte der Sowjetunion Schiffe, Waggons, Kräne, Druckmaschinen und andere Ausrüstungen geliefert. Die mußten unverändert kompetent gewartet und repariert werden, die Fachleute lebten noch in Ostdeutschland … Geschäfte sind aus diesen Gesprächen leider nicht erwachsen.

In diesem Kontext sollte auch daran erinnert werden, daß bei der angeblich hochverschuldeten DDR die Sowjetunion mit rund sechs Milliarden Dollar in der Kreide stand. Schröder und Putin haben den von DDR-Werktätigen hart erarbeiteten Betrag bis auf einen kleinen Teil generös gestrichen. Vielleicht wäre auch für Rußland beispielsweise die Umwandlung in einen Kredit, mit dem man gemeinsame Wirtschaftprojekte hätte auf den Weg bringen können, effektiver gewesen. Und die Ostdeutschen hätten das Gefühl gehabt, daß ihre Leistungen doch nützlich waren.

In der Duma traf ich auch Nikolai Ryshkow wieder, der von 1985 bis 1991 den Ministerrat der UdSSR führte. Als er zu Gorbatschow auf Distanz ging, wurde er gestürzt und mußte dem Finanzminister Walentin Sergejewitsch Pawlow im Januar 1991 Platz machen – eben jenem Pawlow, der einer der Hauptakteure des Augustputsches werden sollte. Ich lernte Ryshkow in den 80er Jahren als vertrauenswürdigen Partner kennen. Er machte mir als DDR-Ministerpräsident keine leeren Versprechungen und war – so weit es noch Spielraum dafür gab – bemüht, die geschlossenen Verträge einzuhalten. Das sollte sich jedoch ohne sein Zutun ändern.

Wir sprachen miteinander auch am Rande des Sondergipfels des Politisch Beratenden Ausschusses am 4. Dezember 1989, auf dem, wie ich bereits erwähnte, Gorbatschow sehr oberflächlich über sein Treffen mit US-Präsident Bush auf Malta informierte. Ryshkow versicherte mir, was in einer im Bundesarchiv liegenden Aktennotiz nachzulesen ist. »Die sowjetische Führung vertritt die feste Position, daß die DDR ein eng befreundetes Land der Sowjetunion ist. Niemand habe die Absicht, diese Position zu verändern.« Und an anderer Stelle, auf deutschlandpolitische Überlegungen in der Bundesrepublik eingehend, machte er klar Front: »Die feste Position der

Herzliche Begrüßung durch Nikokai Ryshkow

Sowjetunion zur Frage der Konföderation zwischen der DDR und BRD bestehe darin, daß diese nicht zugelassen werden darf. Eine solche Entwicklung würde zu einer ernsthaften Destabilisierung nicht nur der DDR, sondern ganz Europas führen. Die DDR ist ein selbständiger Staat mit relativ großem Gewicht in Europa, und alle weiteren politischen Lösungen könnten nur in diesem Rahmen gefunden werden.

Neben den politischen Folgen einer solchen Entwicklung verwies Genosse Ryshkow auch auf mögliche ökonomische Komplikationen. Beides sei eng miteinander verbunden. Dies solle auch bei der Fortsetzung des visafreien Verkehrs der Bürger sorgfältig abgewogen werden.«

Inzwischen sah der einfache Duma-Abgeordnete Ryshkow seinen Platz weniger in Europa, sondern bei der Entwicklung von klein- und mittelständischen Unternehmen in Rußland, deren Verband er führte. Unsere gemeinsamen Bemühungen, diese in den Wirtschaftsaustausch einzubinden, fielen in Deutschland auf keinen fruchtbaren Boden. Hiesige Unternehmerverbände interessierten sich weder für Ryshkow noch dessen Verband.

Ich stelle ja nicht in Abrede, daß die in Rußland obwaltenden wirtschaftlichen und juristischen Umstände dem grenzüberschreitenden Verkehr eher hinderlich denn dienlich sind, daß es oft viele und unnötige Hürden gibt. Daß aber allein ist nicht der Grund, weshalb die Vorbehalte hierzulande groß sind. Zum einen fürchtet mancher Unternehmer, er geriete in den Geruch, das Erbe der DDR aufzunehmen, wenn er dort anknüpfte, wo wir aufhören mußten. Zum anderen gibt es unverändert ideologisch motivierte Aversionen, was natürlich besonders aberwitzig ist: Rußland ist ein kapitalistisches Land wie jedes andere auch, ein Export »der Revolution« steht nicht zu befürchten.

Ich bin der festen Überzeugung, daß linken Parteien bei der Verständigung zwischen den Völkern eine spezifische Rolle zukommt, die sehr wichtig ist. Das erklärt, weshalb ich mich inbesondere für Kontakte mit linken Organisationen in Rußland engagiere. Auch ohne Mandat treffen sich Experten, die sich mit der Entwicklung in Rußland und den deutsch-russischen Beziehungen beschäftigen. Unserer Gruppe gehören Absolventen sowjetischer Universitäten und Hochschulen, ehemalige Diplomaten, Militärs und Politiker an. Natürlich ertappen wir uns manchmal dabei, daß wir ein wenig zu freundlich über die Russen urteilen. Unser Blick gerät zu russophil, und wir übersehen dabei, daß mancher unserer einstigen »Freunde« inzwischen andere Freunde hat, die nicht die unseren sind. Die Linien laufen heute anders und bisweilen verworren. Noch mehr bedrückt uns, daß unser Kreis nicht von biologischen Gesetzen ausgenommen ist. Die Reihen lichten sich. Harry Ott, langjähriger Botschafter der DDR in der Sowjetunion, und Mischa Wolf, Chef der DDR-Aufklärung, sind nicht mehr dabei. Die Zahl der »Germanisten« auf der russischen Seite schrumpft ebenfalls.

Doch davon kann die Politik des fortgesetzten Brückenschlags nicht abhängig gemacht werden. Wir sind damals in diese Beziehung gleichsam hineingewachsen. Heute muß sie erarbeitet werden. Das setzt allerdings Bereitschaft voraus. Überhaupt: daß diese Aufgabe als objektiv notwendig und nützlich begriffen wird. Hier existieren nach meiner Wahrnehmung in meiner Partei erhebliche Defizite. Ein Land in der Mitte Europas und seine Menschen müssen sich in alle Himmelsrichtungen orientieren. Nicht nur in die eine. Der Osten ist für unsere Zukunft so wichtig wie der Westen.

Beim russischen Außenminister Igor Sergejewitsch Iwanow. Der Diplomat amtierte von 1998 bis 2004, seitdem ist er Sekretär des Sicherheitsrates der Russischen Föderation

Die DDR kämpft um einen Platz in der Weltgemeinschaft

Im Sommer 1955, zehn Jahre nach Potsdam, kamen erstmals die Staats- und Regierungschefs der vier Siegermächte wieder zusammen. Zum Gipfel nach Genf reisten der sowjetische Ministerpräsident Bulganin, Parteichef Chruschtschow und Verteidigungsminister Shukow. Da die »Deutsche Frage« behandelt wurde, waren auch Beobachter aus beiden deutschen Staaten zugelassen.

Obgleich sich die Vertreter der Sowjetunion von ihrer freundlichsten Seite zeigten – man sprach von einer Offensive des Lächelns –, konnten sie sich mit ihrer Position nicht durchsetzen. Durch den Beitritt der BRD zur NATO war die Westintegration Westdeutschlands vollzogen und damit für Moskau objektiv die Chance zur Herstellung der politischen Einheit Deutschlands erledigt. Die Sowjetunion ging nunmehr von der Existenz zweier unabhängiger deutscher Staaten aus (»Zweistaatentheorie«). Eine »Wiedervereinigung« konnte nun nur noch im Rahmen einer neuen europäischen Friedensordnung erfolgen. Die Genfer Konferenz – wenngleich allein ihr Stattfinden bereits als Erfolg galt – blieb ohne greifbares Resultat und mußte somit als gescheitert betrachtet werden.

Moskau mußte sich nunmehr strategisch neu orientieren. Das sah so aus, daß die Sowjetunion mit der DDR einen Staatsvertrag schloß und diese ihr die volle Souveränität zugestand – inklusive jener, sich einem militärischen Verteidigungsbündnis anzuschließen, wie es die BRD zuvor mit der NATO getan hatte. Und daß man auch den anderen Staat anerkannte, indem man mit ihm Botschafter austauschte. Das alles geschah im September 1955.

Zuvor jedoch, auf ihrer Rückreise nach Moskau, machte die sowjetische Delegation in Berlin Station. Die Kontakte waren in jenen Monaten sehr intensiv. Es gab eine Reihe offizieller und inoffizieller Begegnungen auf Regierungs- und Parteiführungsebene sowie Schriftwechsel. Dabei ging es nur um eine Frage: Wie weiter angesichts der »Verewigung der deutschen Spaltung« durch Bonn, so Staatsoberhaupt Wilhelm Pieck bei einem »inoffiziellen Empfang« in seinem Amtssitz Niederschönhausen am 6. Mai 1955 gegenüber Verteidigungsminister Shukow.

Der Zwischenstopp der sowjetischen Delegation in Berlin sollte der DDR demonstrativ den Rücken stärken. Andererseits wollten auch wir zeigen, daß wir fest an der Seite der Sowjetunion stünden. Wir trommelten die Berliner FDJler zum Marx-Engels-Platz und zeigten Flagge. Auf der Tribüne standen die Repräsentanten der UdSSR und der DDR, und Alfred Neumann, der 1. Sekretär der SED-Bezirksleitung, bescheinigte mir anschließend zwar beiläufig, aber nicht ohne Stolz, daß die Öffentlichkeit auf diese Weise die Berliner Jugend stärker als sonst und vor allem positiv wahrgenommen hatte. Ich selbst genoß nicht nur den Blick von der Tribüne auf das blaue Fahnenmeer, sondern konnte auch die führenden Persönlichkeiten aus nächster Nähe fotografieren.

Der temperamentvolle Chruschtschow versicherte: »Man kann die deutsche Frage nicht auf Kosten der Interessen der Deutschen Demokratischen Republik lösen.«

Daran hielt sich Moskau. Als wenige Wochen später Bundeskanzler Adenauer im Kreml war, sagte ihm Chruschtschow im offenen Gespräch: »Ich erlaube mir, auch auf die Frage der Wiedervereinigung Deutschlands einzugehen, die hier aufgeworfen wurde. Wir verstehen, wie wichtig diese Frage für das deutsche Volk ist. Doch müssen auch Sie etwas anderes verstehen. Wir haben die deutsche Seite ehrlich und eindeutig davor gewarnt, daß die Pariser Verträge und der Beitritt der deutschen Bundesrepublik zur NATO die Wege zur Lösung dieser Frage in der nächsten Zukunft versperren. Lassen Sie uns aufrichtig sein. Wir können nicht auf die Lösung dieser Frage unter dem Aspekt eingehen, unter dem Sie sie gelöst sehen möchten. Gegenwärtig wird die Wiedervereinigung Deutschlands so aufgefaßt, daß das wiedervereinigte Deutschland der NATO beitreten müsse. Die NATO richtet sich gegen die Sowjetunion und die Länder der Volksdemokratie. Das wird durch alle bisherigen Ereignisse bestätigt. Das wurde dadurch bewiesen, daß unser Wunsch, der NATO beizutreten, abgelehnt wurde, und zwar deshalb, weil dieser Block gegen die Sowjetunion und die Länder der Volksdemokratie gerichtet ist. Wenn eine Organisation gegründet wird, die gegen uns gerichtet ist, dann müssen wir Staatsmänner alles daran setzen, damit sie schwächer und nicht stärker wird. Das ist ein durchaus berechtigtes Besteben. Wenn die deutsche Bundesrepublik der NATO beigetreten ist, die Deutsche Demokratische Republik dagegen nicht Mitglied der NATO wird, so müßten wir Dummköpfe sein, wenn wir dazu beitrügen, daß sich ganz Deutschland der NATO anschließt und sich auf diese Weise jene Kräfte festigen würden, die gegen uns gerichtet sind.«

Adenauer, nach Bonn zurückgekehrt, reagierte darauf in seiner Regierungserklärung am 22. September: »Deutschland ist ein Teil des Westens, seiner geistigen und sozialen Struktur, seiner geschichtlichen Tradition und nach dem Willen seiner Bevölkerung. Die Bundesregierung wird in Zukunft in ihren Bemühungen um die europäische Integration und die Verteidigung der Freiheit nicht nachlassen. Sie wird sie vielmehr verstärken.«

Ministerpräsident Otto Grotewohl kommentierte das auf dem Übungsplatz der Kasernierten Volkspolizei in Nochten am 3. Oktober: »Die Frage der Spaltung Deutschlands ist eine Klassenfrage.« Treffender konnte man die Entwicklung nicht beschreiben.

Bereits einige Tage zuvor hatte der DDR-Premier in einer Regierungserklärung die Schlüsse für die künftige politische Orientierung und Positionierung des Staates fomuliert: »Die Lage in Deutschland hat sich so entwickelt, daß die Deutsche Demokratische Republik der rechtmäßige deutsche Staat ist, dessen Politik die Zukunft Deutschlands verkörpert.« (Alle zitierten Dokumente finden sich im Nachlaß Grotewohls im Bundesarchiv unter der Registraturnummer SAPMO-BArch NY 4090/206.)

Diese klare Ansage war Programm. Die DDR reklamierte für sich, das andere, bessere Gemeinwesen zu sein, »der rechtmäßige deutsche Staat«, der »die Zukunft Deutschlands verkörpert«. Das war kein Alleinvertretungsanspruch, wie ihn Staatssekretär Walter Hallstein unmittelbar nach Adenauers Moskau-Reise für die BRD formulierte. Diese Hallstein-Doktrin definierte die Aufnahme oder Unterhaltung diplomatischer Beziehungen mit der DDR als unfreundlichen Akt (*acte peu amical*), der mit dem Abbruch bzw. der Nichtaufnahme diplomatischer Beziehungen durch die Bundesrepublik beantwortet wurde. Diese von den Westmächten mitgetragene Drohung funktionierte anderthalb Jahrzehnte und trug maßgeblich zur außenpolitischen Isolierung der DDR bei.

Allerdings war Hallstein nicht der Urheber dieses Verdikts, das sich an der Politik der USA im Umgang mit Sowjetrußland und der Volksrepublik China orientierte: Washington hatte zunächst auch die völkerrechtliche Anerkennung verweigert und Druck auf andere Staaten ausgeübt, die diese Berührungsängste nicht verspürten. Verfasser des Bonner Papieres war der Leiter der Politischen Abteilung des Auswärtigen Amtes, Wilhelm Grewe. Und über diesen ist im 1965 erschienenen »Braunbuch. Kriegs- und Naziverbrecher in der Bundesrepublik und in Westberlin« nachzulesen:

»Grewe, Wilhelm, Prof. Dr.

vor 1945: Staats- und Verwaltungsrechtler, Dozent an der Hochschule für Politik sowie an der Auslandswissenschaftlichen und Rechtswissenschaftlichen Fakultät der Universität Berlin; während des Krieges mit Sonderaufträgen der Informationsabteilung des Auswärtigen Amtes betraut; 1933 NSDAP (Nr. 3125858)

nach 1945: Botschafter; Leiter der westdeutschen Vertretung bei der NATO.«

An anderer Stelle im »Braunbuch« heißt es, Grewe gehöre »zu den wichtigsten intellektuellen Urhebern und Vertretern der faschistischen Aggressions- und Gewaltpolitik. Als ständiger Mitarbeiter zahlreicher prominenter Nazi-Zeitschriften verherrlichte er hemmunglos die Völkerrechtsbrüche der Nazis.«

Seit 1951 war Grewe (1911-2000) im Bonner Auswärtigen Amt tätig, von 1953 bis 1955 leitete er dessen Rechtsabteilung von 1958 bis 1964 die Botschaft der BRD in den USA, ehe Grewe zur NATO nach Paris wechselte. 1965 – ich greife der Geschichte vor – fuhr eine DDR-Delegation unter Walter Ulbricht nach Kairo. Am 29. Januar 1965 wies auf Bitte Bonns der Vize-Außenminister der USA George Ball sieben US-Botschafter in Nahost sowie die in London, Paris und Rom an, Schritte zu unternehmen, um die Reise des DDR-Staatsratsvorsitzenden im Februar zu verhindern. Und: Am 30. Juni 1966 telegrafierte Ball dreizehn US-Botschaftern in Nahost, »sich mit ihren westdeutschen und britischen Amtskollegen zu beraten, um die besten Varianten einer Hilfe für Bonn gegen das Bestreben in Damaskus herauszufinden, auf der arabischen Gipfeltagung in Kairo, im Alleingang oder als Gruppe, Ostberlins Staat anzuerkennen«.

Die BRD brach 1957 ihre Beziehungen zu Jugoslawien ab, als Belgrad die DDR anerkannte, die Botschaft in Havanna wurde 1963 geschlossen, als Kuba normale völkerrechtliche Beziehungen zu Berlin aufnahm.

Der Exkurs an dieser Stelle verrät, wie verbissen und weltumspannend einerseits die Attacken auf die DDR waren. Andererseits offenbarten diese Vorgänge nicht nur, daß wir es auch immer wieder mit den gleichen Personenen zu tun hatten, sondern auch, in welch starkem Maße die Deutsche Demokratische Republik Streitpunkt in der globalen Auseinandersetzung zwischen West und Ost war.

DDR-Plakat aus dem Jahre 1950

Für uns politisch Aktive steckten hinter allem die Amerikaner. Zu den bevorzugten Losungen der 50er Jahre gehörte die Aufforderung »Ami go home!«. Wir sangen aus tiefster Überzeugung »Go home, Ami, Ami, go home.« Ich bin mir sicher: Auch in der Bundesrepublik mochte man die amerikanischen Besatzer nicht. Ihre Präsenz dokumentierte nämlich: Wir sind ein besetztes Land. Trotz Antikommunismus und der Propaganda-Parole, daß sie »die Freiheit« verteidigten, wähnte man sich mehr als nur bevormundet. Die »westliche Führungsmacht« setzte ihre nationalen Interessen nicht weniger konsequent durch als die östliche.

Auch in der Politik wirkt die Gewöhnung, Prinzipien lösen sich mit der Zeit auf. Die Hallstein-Doktrin begann in den 60er Jahren zu bröckeln. Daran hatte gewiß auch die politische Großwetterlage einen maßgeblichen Anteil. Amerikaner und Russen akzeptierten, daß angesichts des atomaren Patts ein militärischer Sieg über den jeweils anderen nicht mehr zu erringen war. Wer als erster schösse, würde als zweiter sterben. Niemand würde überleben. Dieser zutreffenden Erkenntnis folgte der richtige Schluß auf westlicher Seite, daß man sich mit der östlichen ins Benehmen setzen, eben friedlich koexistieren müsse. Damit war der Appetit keineswegs erledigt, die strategische Option, »den Kommunismus« überwinden zu wollen, galt unverändert. Es änderte sich lediglich die Taktik. In Bonn trat an die Stelle der Hallstein-Doktrin die von Egon Bahr formulierte Politik des Wandels durch Annäherung. Otto Winzer, der Außenminister der DDR, bezeichnete sie als »Konterrevolution auf Filzlatschen«.

Ende der 60er, Anfang der 70er Jahre machten Washington und Moskau Druck. Die Siegermächte regelten mit einem Vierseitigen Abkommen endlich die Westberlin-Frage, Bonn schloß in Moskau und Warschau Verträge, mit denen die Beziehungen zu den östlichen Nachbarn geregelt wurden. Und schließlich kam auch der Vertrag über die Grundlagen der Beziehungen zwischen der Bundesrepublik Deutschland und der Deutschen Demokratischen Republik zustande. Damit war die Hallstein-Doktrin endgültig Geschichte, es brachen die Dämme. Innerhalb kurzer Zeit wurde die DDR von über hundert Staaten völkerrechtlich anerkannt, und gemeinsam mit der BRD wurden wir 1973 in die UNO aufgenommen.

In jener Zeit – im Frühjahr 1971 fand der VIII. Parteitag der SED statt – wurde ich im Zentralkomitee zum Leiter der Abteilung

Agitation berufen. Werner Lamberz, mein Freund und nunmehr mein Chef, hatte mich gebeten, diese Funktion zu übernehmen. Er war seit dem Vorjahr Kandidat des Politbüros und hatte zuvor fünf Jahre lang – in der Nachfolge Albert Nordens – die Agitationskommission geleitet.

Zu meinen ersten Erfahrungen auf dem für mich neuen Arbeitsgebiet gehörte der Streit um Begrifflichkeiten. Der *Allgemeine Deutsche Nachrichtendienst* (ADN), die DDR-Agentur, hatte dieses erste Regierungsabkommen der einstigen Alliierten seit Beginn des Kalten Krieges unter der Überschrift »Vierseitiges Abkommen über Westberlin« verbreitet. Die *Deutsche Presse-Agentur* (dpa) vermeldete es als »Viermächteabkommen über Berlin«. Nun war im Vertragstext immer nur vom »betreffenden Gebiet« die Rede. Und das »betreffende Gebiet« waren die Westsektoren Berlins, d. h. nach unserer Lesart Westberlin. Tatsache war, daß der Vertrag ausschließlich Fragen behandelte, die den Westteil Berlins und keineswegs dessen Ostteil, also die Hauptstadt der DDR, berührten. Folglich war es keine sprachliche, sondern eine politische Frage, wie man dieses Abkommen nannte.

Werner Lamberz und Erich Honecker suchten fieberhaft nach einer Lösung und konsultierten Abrassimow, der am 3. September 1971 im Gebäude des Preußischen Kammergerichts am Kleistpark in Berlin-Schöneberg, dem früheren Sitz des Alliierten Kontrollrates, das Papier unterzeichnet hatte. Bei mir am Telefon hing *ADN*, denn beim Wettlauf der Agenturen geht es um Minuten.

In der Übersetzung sorgte auch noch ein anderer Begriff für Verwirrung. Bei uns hieß es *Verbindungen zur BRD*, die andere Seite sprach von *Bindungen an die BRD*. Das war ein gravierender Unterschied, da wir bei Westberlin immer von einer selbständigen politischen Einheit ausgingen, die weder Bestandteil der Bundesrepublik war noch von dieser regiert werden durfte. Wir blieben konsequent bei unserer Linie. Das Papier hieß bis zum Ende der DDR »Vierseitiges Abkommen über Westberlin«, und es behandelte dessen Verbindungen zur BRD. Wir zogen uns auf die in der Präambel benutzte Formulierung zurück »Unbeschadet ihrer Rechtsposition«. Die Sowjetunion und damit die DDR hatten objektiv eine andere Sicht als die Westmächte und die Bundesrepublik.

Noch einmal geriet ich unter zeitlichem Druck in eine politische Zwickmühle. Am Abend des 18. September 1973 – schon auf dem Absprung nach Dresden, wo ich 1. Sekretär der SED-Bezirksleitung werden sollte – erreichte mich die Nachricht, daß die für 21 Uhr MEZ angekündigte Antrittsrede Otto Winzers vor der UNO möglicherweise auf den nächsten Tag verschoben werden würde.

Nun ist das daraus resultierende Problem den heute Geborenen kaum noch verständlich – ob nun ein deutscher Außenminister in New York heute oder morgen spricht, interessiert allenfalls das politische Protokoll, die Presse nimmt davon ohnehin nicht Notiz. Seinerzeit war das ein wenig anders. Zum einen war es die DDR-Jungfernrede, zum anderen wurden beide deutsche Staaten *gemeinsam* in die Organisation der Vereinten Nationen aufgenommen – folglich mußte in der Berichterstattung auch Gleichrangigkeit dokumentiert werden. Die DDR konnte wegen des Redaktionsschlusses nicht als zweiter Sieger durchs Ziel gehen, man konnte nicht an einem Tag den BRD-Außenminister und am nächsten erst seinen DDR-Kollegen bringen.

Nun hatte zwar jede Redaktion in der DDR dank ADN Winzers Rede vorliegen, sie hatte jedoch, wie alle wichtigen politischen Erklärungen, eine Sperrfrist und den Zusatz: »Es gilt das gesprochene Wort«. Das bedeutete, daß es eventuell aktuelle Änderungen an der Rede geben könnte.

Auch dies würde man heute als vergleichsweise lapidar betrachten. Doch da alle Medien in der DDR zumindest in ihrem politischen Teil unisono zu sprechen hatten – manche nannten das auch Gleichschaltung –, durfte dieses Prinzip nicht unterlaufen werden. Was in der DDR gedruckt war, egal wo, galt als offiziell. (Das erklärt im übrigen, weshalb viele Ostdeutsche in der ersten Zeit alles für bare Münze nahmen, was ihnen nach 1990 von den Westblättern schwarz auf weiß ins Haus getragen wurde. Erst langsam begriffen sie, daß die Presse nur bedingt glaubwürdig ist, und je größer die Lettern, desto geringer war der Wahrheitsgehalt.)

Hinzu kam noch, daß in den Druckereien in den Bezirksstädten alle Zeitungen gedruckt wurden – die der SED wie der Blockparteien und Massenorganisationen. Und zwar nacheinander. Das hatte zur Folge, daß die Blätter, die zuerst gedruckt wurden, einen früherern Redaktionsschluß hatten als die SED-Organe.

Nun hätte man Redaktionsschluß und Andruck gewiß hinauszögern können, doch dann brach die Logistik der Auslieferung zusammen. Züge, LKW, Briefträger (die Post trug in der DDR die Zeitungen aus, keine eigenständigen Trägerdienste wie heute üblich) hatten ihre Zeiten und Routen, die aufeinander abgestimmt waren.

Was also tun? Bei Günter Fischer, meinem für den Bereich Zeitungen zuständigen Stellvertreter, und mir lagen die Nerven blank. Im Außenministerium herrschte gleiche Unsicherheit wie bei uns. Nur mußte sich dort niemand den Kopf darüber zerbrechen, was mit Millionen Zeitungen geschah, in denen eine Rede stünde, die nicht so, wie gedruckt, oder überhaupt nicht gehalten worden war. Wir hatten schon manchmal einzelne Ausgaben eingestampft – aber alle Zeitungen noch nie. Es wäre ein Novum gewesen, was in die Geschichte eingegangen wäre: Am 19. September 1973 hätte es in der ganzen DDR nicht eine einzige aktuelle Tageszeitung gegeben!

Nach 22 Uhr erreichte mich die Meldung, daß BRD-Außenminister Walter Scheel geendet habe und Winzer zum Rednerpult gehe. Ich erteilte erleichtert Druckfreigabe. Auf mögliche Abweichungen war gehustet.

Als ich meine Tätigkeit in Dresden begann, hatte ich schon Erfahrungen im Umgang mit Vertretern regierender sozialistischer und kommunistischer Parteien sammeln können. Nunmehr kamen neue hinzu. Der Bezirk Dresden unterhielt Partnerbeziehungen nach Italien und Frankreich, dann auch nach Mazedonien. Ich brachte parlamentarische Kontakte nach Japan mit. Als der Präsident der KDVR, Kim Il Sung, und Zhao Ziyang, der Generalsekretär der KP Chinas, Dresden bereisten, luden sie mich zu einem Gegenbesuch ein. Das freute mich, auch wenn es mir Ärger eintrug. Mit Verlaub: Das stand einem Bezirkssekretär nicht zu, Einladungen von Parteiführern zu erhalten und auch noch anzunehmen. Man ließ mich im Zentralkomitee wissen: Außenpolitik werde noch immer in Berlin, nicht in Dresden gemacht! Ich ließ mich davon so wenig beirren wie die ganze Bezirksleitung. Wir pflegten unsere vom Geiste des Internationalismus getragenen Beziehungen zu den Kommunisten im französischen Elsaß rund um Strasbourg und ins italienische Florenz. Auch die SED hatte also ihre Toskana-Fraktion.

Der tiefere Sinn dieser Kontakte bestand in der wechselseitigen Absicht, die außenpolitische Isolierung der DDR aufzubrechen. Mit Freundschaftsgesellschaften und Parteibeziehungen sollten Ressentiments und offizielle Widerstände überwunden werden. In unserem Zentralkomitee beschäftigten sich zwei Abteilungen mit diesem Thema. Die Abteilung Internationale Beziehungen koordinierte gewissermaßen diese Aktivitäten. Jede geplante Reise und jeder angekündigte Besuch auswärtiger Gäste mußte dem Sekretariat zur Entscheidung vorgelegt werden. Dabei spielte stets auch die pekuniäre Fragen eine Rolle. Reisen ins Nichtsozialistische Währungsgebiet (NSW) kosteten Devisen, die auch für die politische Arbeit knapp bemessen waren.

Und schließlich befaßte sich damit jene Abteilung, die für die Auslandspropaganda zuständig war. Diese hatte die »Liga für Völkerfreundschaft« im Schlepptau. Sie pflegte offiziell die Kontakte mit den DDR-Freundschaftsgesellschaften in kapitalistischen Ländern. Nichtstaatliche Organisationen, die heute sehr populären NGOs, waren damals noch kein eigenständiges Feld. Gleichwohl gingen meine Kontakte über die Parteien hinaus.

Ich würde heucheln, bezeichnete ich meine damaligen Reisen nach Florenz, Strasbourg, Rom, Paris und in andere Gegenden als lästige Pflicht. Natürlich genoß ich Land und Leute, Kultur und Kunst, und ich betrachtete es als Privileg, dies wahrnehmen und genießen zu dürfen. Einzig der Umstand, daß ich meine Eindrücke nur mir wenigen Landsleuten teilen konnte, machte mir zu schaffen. Es motivierte mich allerdings, gegen die restriktiven Maßnahmen insbesondere der NATO-Staaten anzukämpfen. Dazu gehörte die Verweigerung der völkerrechtlichen Anerkennung der DDR durch die BRD mit allen Folgen – daß etwa jeder DDR-Bürger sich in jeder Bonner Auslandsvertretung einen BRD-Paß ausstellen lassen und der DDR den Rücken kehren konnte, ungestraft, selbst wenn er sein Land bestohlen hatte oder dort wegen Straftaten verfolgt wurde. Oder daß wegen der Handelsbeschränkungen – Stichwort CoCom-Liste – unsere Devisenlage derart miserabel war, daß wir die wenigen, die wir fahren ließen, wie Bettler in die Welt schickten und darauf hofften, daß Freunde und Verwandte im Ausland für Kost und Logis sorgten. Ich wollte mit dafür sorgen, daß die Rahmenbedingungen sich entwickelten und viele DDR-Bürger sich die Welt erfahren und im Wortsinne eine Weltanschauung erwerben konnten.

1974 reiste ich erstmals ins Elsaß. Ich mußte, um nicht durch die BRD zu fahren, über Paris fliegen. Die INTERFLUG steuerte die französische Hauptstadt noch nicht an, ich stieg in Schönefeld in eine Maschine der polnischen LOT, die hier zwischenlandete. In Paris übernachtete ich bei Jacques Denis, dem Leiter der Internationalen Abteilung im ZK der FKP. Jacques war zwischen 1949 und 1956 Generalsekretär des WBDJ, im Weltbund der Demokratischen Jugend hatte ich ihn auch kennengelernt. Er sprach sehr gut deutsch, so daß wir keinen Dolmetscher benötigten. In der Folgezeit hielt er mich im abgeschiedenen Dresden auf dem laufenden, wie sich die Beziehungen zwischen der FKP und der SED auf der obersten Ebene gestalteten. Bekanntlich lag zeitweise der Schatten des »Eurokommunismus« darauf, weshalb man in Berlin in Übereinstimmung mit Moskau unsere Kontakte nicht so gern sah.

Unbeschadet dieser Belastungen entwickelten sich die Beziehungen zwischen den sächsischen und elsässischen Genossen gut. Das war zu großen Teilen René Hartmann geschuldet, den ich 1974 mit Jacques bekanntmachte. René gehörte zum Sekretariat der Parteiorganisation im Elsaß und trug den Titel Generalsekretär der Freundschaftsgesellschaft France-RDA. Die Partei zählte einige Hundert Mitglieder, von denen allerdings nicht alle Elsässer Deutsch sprachen, und die Partei war in den Kommunal- und Regionalparlamenten auch kaum vertreten. Hartmann saß in der Gemeindevertretung von Bischheim, einem Vorort von Strasbourg. Durch seine Tätigkeit in der Verwaltung hatte er viele Kontakte, und seine Frau Mathilde, eine Lehrerin, genoß ebenfalls hohes Ansehen in der Gemeinde.

René Hartmann gewann Madame Heusch als Präsidentin der Freundschaftsgesellschaft France-RDA. Sie war in christlichen Kreisen angesehen und hatte wiederholt über Kirchenverbindungen die DDR besucht. Sie bezog auch einen Militärseelsorger, der in Westberlin die französische Besatzungstruppe betreute, in die Arbeit der Gesellschaft ein.

Mir war bewußt, daß eine solche Verbindung sich nicht nur auf den Austausch von Rednern und Reden beschränken durfte. Sie mußte auch sichtbare Resultate zeitigen. Natürlich hätte ich liebend gern wirtschaftliche Kontakte geknüpft, aber das staatliche Außenhandelsmonopol der DDR konnte ich nicht unterlaufen. Also kaufte ich einmal mit Mathilde Hartmann eine ganze Kollektion regionaler Fruchtjoghurts und nahm sie mit nach Dresden. Dort holte ich die Leiter von Molkereien und LPG-Vorsitzende an einen

Tisch, präsentierte ihnen das Mitgebrachte und fragte sie, warum nicht auch wir solche Fruchtjoghurts herstellten. Das konnten sie, natürlich. Auf der Landwirtschaftsausstellung in Leipzig-Markkleeberg erhielten die Dresdner für ihren Joghurt eine Goldmedaille. Gemeinsam mit Mathilde Hartmann habe ich mich darüber sehr gefreut – die Freundschaft France-RDA hatte Frucht(joghurt) getragen.

Oder: In Dresden arbeitete das Kombinat Luft- und Kältetechnik in seinem Stammbetrieb an der Entwicklung von Wärmepumpen und Solartechnik, es gab erste Pilotprojekte. Eine Nachfrage im Elsaß ergab, daß auch dort einige kleine Firmen an diesem Thema arbeiteten. Wir bemühten uns darum, einen Erfahrungsaustausch zustandezukriegen.

Eine Konsumgenossenschaft in Strasbourg zeigte uns voller Stolz ihre automatisierte und rechnergestützte Lagerhaltung. Davon waren wir in Dresden noch weit entfernt. Das Gesehene lieferte aber reichlich Anregungen. Die Technische Universität Dresden und das Landmaschinenbau-Kombinat »Fortschritt« nahmen die Anregungen auf und entwickelten in Kooperation eigene Anlagen. Fiel das bereits unter Wirtschaftsspionage? Ich glaube nicht.

Ich bemühte mich um den Ausbau solch nützlicher Kontakte. Allerdings konnten wir die Reisetätigkeit nicht wie gewünscht ausdehnen. Die nach Frankreich reisenden Delegationen mußten vom ZK bestätigt werden und waren darum immer überschaubar. Doch wir vermochten es, auch immer »Fachleute« mitzunehmen. René Hartmann, der mein und unser Problem erkannt hatte, schickte darum immer mehr Experten zum Erfahrungsaustausch nach Dresden. So sparten wir Valuta und konnten dennoch lernen.

Die Diskussion um die Praktikabilität des sowjetischen Sozialismus-Modells in anderen Staaten erreichte durch die Elsässer Genossen auch Dresden. In den 70er Jahren wurde insbesondere in Italien, Frankreich und in Spanien darüber gestritten, ob eine große politische Nähe zur Sowjetunion wünschenswert wäre. Natürlich nicht, hieß es, man würde an einem Sozialismus in der Farben Frankreichs (Italiens, Spaniens etc.) arbeiten. Diese Abgrenzungs- und Profilierungsbemühungen trugen das Etikett »Eurokommunismus«, welches die Medien erfunden hatten, später aber von den Parteien selbst übernommenn wurde. Die Sache sollte sich bald erledigen, da in keinem dieser Länder der Sozialismus auf der Tagesordnung stand, und später erübrigte sich die Debatte, weil es keine Sowjetunion mehr gab, von der man sich meinte abgrenzen zu müssen.

Dennoch war dieser Streit berechtigt, weil er die starren Denkmuster aufbrach. Einmal reiste eine vom Genossen Fischbach, Mitglied des Zentralkomitees in Paris, geführte FKP-Delegation an, um mit uns den Meinungsaustausch zu führen. Ihnen ging es um die Art der Eroberung der Macht und deren Ausübung. Eine »Diktatur des Proletariats« mochten die angereisten französischen Genossen nicht nur nicht als Begriff, sondern auch inhaltlich nicht. Eine revolutionäre, also gewaltsamen Machtübernahme lehnten sie aus verschiedenen Gründen ab, weil der Charakter dieser Machtübernahme auch über den Charakter der Machtausübung entscheiden würde.

Die Überzeugungskraft reichte damals auf beiden Seiten nicht aus, um die jeweils andere von der Richtigkeit der eigenen Position überzeugen zu können. Allerdings blieb zumindest eine gewisse Nachdenklichkeit zurück, die eigentlich bis heute andauert. Denn das seinerzeit diskutierte Problem der Machtgewinnung und des Umgangs mit der eroberten Macht besteht unverändert, es ist eine zentrale Frage bei der Suche nach gesellschaftlichen Alternativen, beim Formulieren von Programmen linker Parteien. An dessen Anfang steht immer die Gewinnung von Mehrheiten in der Gesellschaft.

Bereits bei meinem ersten Besuch in Strasbourg hatte ich einen jungen, aufgeweckten Kommunisten kennengelernt, der mich sehr beeindruckte. Er hieß Francis Wurtz, war 26 Jahre alt und gehörte seit dem Vorjahr der FKP an. Er hatte seinen Lehrerberuf an den Nagel gehängt und war nun hauptamtlicher Parteifunktionär. Agil und engagiert kümmerte er sich in der Folgezeit um uns, ich prophezeite ihm , daß er es weit bringen werde. Er winkte bescheiden ab. Nun, bereits 1979 sollte er als Abgeordneter ins Europäische Parlament einziehen. 1988 lud er mich als Volkskammerabgeordneten ins EU-Parlament ein, zeigte mir den Plenarsaal und arrangierte ein Gespräch mit dem Generalsekretär der Verwaltung, was zu einer offiziellen Mitteilung führte. Immerhin: Ich war der erste DDR-Parlamentarier, den man im EU-Parlament begrüßt hatte. Die Meldung erreichte auch Berlin, was zu der erwarteten Reaktion führte: Volkskammerpräsident Horst Sindermann, Mitglied des

Mit Francis Wurtz (2. von rechts) bei Georges Marchais (1920 bis 1997), bis 1994 Generalsekretär der FKP

Politbüros des ZK der SED, war der Auffassung, daß ihm als Erstem ein solcher Besuch zugestanden hätte, nicht einem Hinterbänkler aus Dresden. Der Stachel saß bei ihm derart tief, daß er mir noch im Februar 1989, als man mir im Politbüro die Fehler und Schwächen meiner politischen Arbeit in Dresden vorrechnete, den Satz um die Ohren haute, ich möge mich mich doch mehr um meine eigentlichen Aufgaben kümmern, statt in Strasbourg große Politik zu machen.

Francis Wurtz sollte 1999 mein Chef werden. Ich war auf der Liste der PDS für fünf Jahre ins Europaparlament gewählt worden. Die Linken dort bildeten die »Konföderale Fraktion der Vereinigten Europäischen Linken/Nordische Grüne Linke« und wählten Francis zum Fraktionsvorsitzenden. Wir haben gut miteinander gearbeitet. Schließlich kannten wir uns bereits ein Vierteljahrhundert.

Madame Heusch, diese warmherzige und kluge Frau, traf ich Anfang 2004 noch einmal in Strasbourg, da bot sie mir das »Du« an. Das hat mich sehr berührt. Durch sie habe ich viel über die Kultur und Kunst im Elsaß erfahren, sie zeigte mir das berühmte Münster und weckte bei mir großes Verständnis für humanitäres Engagement aus christlicher Verantwortung. Albert Schweitzer, der Urwaldarzt und Friedensnobelpreisträger, kam aus dem Oberelsaß, hatte an der »Reichsuniversität Straßburg«, das damals noch zum Deutschen Reich gehörte, Theologie und Philosophie studiert. Er habilitierte sich dort im Jahre 1902 in Evangelischer Theologie und lehrte anschließend als Dozent an dieser Universität, ehe er als Missionsarzt nach Afrika ging. In den 50er Jahren, als wir in der DDR gegen die Atomrüstung protestierten, hatte er von Lambarene aus seine Stimme gegen diesen Irrsinn erhoben und »Ehrfurcht vor dem Leben« eingefordert. Das alles bewegte Madame Heusch und mich, als wir durch ihre und Schweitzers Heimatstadt schlenderten. – 2006 ist sie verstorben.

Zum Erbe, das ich 1973 in Dresden übernahm, gehörte auch die Partnerschaft zu den Kommunisten im italienischen Florenz, der Wiege der Renaissance. Diese Verbindung führte, was mich überraschte, in Dresden eine Nischendasein. Auch die Freundschaftsgesellschaft Italien-DDR war kaum aktiv. Das änderte sich nach der diplomatischen Anerkennung. Allerdings verhielt es sich da wie mit den Beziehungen ins Elsaß: Der Wille war größer als die Valuta-Kasse.

PCI-Chef in Florenz war Pietro Piralli. 1953 war er als WBDJ-Präsident seinem Landsmann Enrico Berlinguer nachgefolgt. Dieser war inzwischen Generalsekretär der Partei, die über zwei Millionen Mitglieder zählte. Bei den Parlamentswahlen 1976 wurde die PCI mit über 34 Prozent zweitstärkste Partei. Sie hatte in der Abgeordnetenkammer 227 Sitze und stellte den Präsidenten und im Senat den Stellvertreter. Sieben Kommunisten leiteten Parlamentsausschüsse. In den Regionen war die Partei fast an der Hälfte der Regierungen beteiligt. In allen Großstädten von Mailand über Bologna und Rom bis nach Neapel stellte sie die Mehrheit in den Stadtparlamenten und regierte zusammen mit den Sozialisten. In 1.362 von 8.068 Städten stellte sieden Bürgermeister und in 929 von 2.754 Kommunalverwaltungen den Regierungspräsidenten.

Auch in Rom wurde an den Eintritt von Kommunisten in die Regierung nachgedacht, was die NATO-Partner äußerst kritisch sahen. Bundeskanzler Helmut Schmidt (SPD) drohte im Falle der Regierungsbeteiligung der PCI an, die von der Bundesrepublik dem italienischen Staat gewährten Kredite vorzeitig zurückzufordern: Da waren die alten antikommunistischen Reflexe wieder zu besichtigen. Auf demokratische Mehrheiten hustete man.

Die von Berlinguer geführte Partei unterstützte schließlich eine Minderheitenregierung der Christdemokraten durch Stimmenthaltung. Dieser »historische Kompromiß« sollte für die Partei verhängnisvolle Folgen haben, von denen sie sich nie erholen sollte.

Ich kam jedoch nach Florenz, als sich die PCI in der Phase des Aufschwungs befand. Piralli verabschiedete sich schon bald als Senator nach Rom. Sein Nachfolger wurde Michele Ventura, ein sehr aktiver, aufgeschlossenener junger Genosse. In Florenz regierten die Kommunisten gemeinsam mit den Sozialisten, den Bürgermeister stellte die PCI. Ich glaube, er hieß Gambacciani. Die Parteiorganisation der Toskana wurde von einem Genossen geführt, der die Hochschule der KPdSU in Moskau besuchte hatte und russisch sprach. Das war für mich ein Glücksfall. Aber nicht nur in dieser Hinsicht verstanden wir uns prächtig.

Vor dem 25. Jahrestag der DDR am 7. Oktober 1974 reiste ich erstmals von Elbflorenz nach Florenz. Ich war überwältigt. Obgleich ich im kunstsinnigen, barocken Dresden schon vieles gesehen hatte, war dies kein Vergleich. Der sächsische Entertainer O. F. Weidling hatte uns zwar ermutigt mit der Bemerkung: »Wir sagen: Berlin – Hauptstadt der DDR. Aber keiner muß sagen: Dresden –Hauptstadt der Künste. Denn jeder weiß es doch.« Selbst wenn Dresden vom Krieg verschont geblieben wäre, war ein Vergleich unzulässig. Im 14./15. Jahrhundert blühte die Stadt am Arno auf. Künstler und Gelehrte wie Donatello und Botticelli, Michelangelo, Machiavelli, Leonardo da Vinci und Galileo Galilei lebten und arbeiteten hier und setzten zu Lebzeiten Maßstäbe in der europäischen Kunst und Kultur: Es war die Epoche der Renaissance. Die reiche Familie der Medici stieg im 15./16. Jahrhundert zu einer Großmacht auf. Die Medici förderten Künste und Wissenschaft und regierten die Stadt, die durch sie zu einem Handels- und Finanzzentrum wurde …

Wir schlenderten durch die Altstadt, die inzwischen zum Weltkulturerbe gehört, besichtigten an der Piazza della Signoria die Uffizien, eines der wichtigsten Museen weltweit für klassische Kunst. Wir standen staunend vor Michelangelos David an der Frontseite des Palazzo Vecchio und unter der eindrucksvollen Kuppel von Filippo Brunelleschi in der Kathedrale Santa Maria del Fiore, welche auf keiner Postkarte von Florenz fehlt. Wir besahen Paläste und Brunnen, und bummelten schließlich über die einzige Brücke über den Arno, die den Zweiten Weltkrieg unbeschadet überstanden hatte, die Ponte Vecchio mit ihren unzähligen Verkaufsständen. Die Stadt zählte inzwischen 400.000 Einwohner, erfuhr ich, im Sommer kämen mehr Touristen, als sie Köpfe zählt. Die großen Museen seien regelmäßig ausverkauft. Das wollte ich gern glauben, denn ich hatte viele Warteschlangen an den Kassen gesehen.

Florenz besaß (und besitzt) keinen internationalen Flughafen. Die Anreise über Rom war vor allem zwischen 1973 und 1978 empfehlenswert, weil dort Klaus Gysi als Botschafter der DDR lebte. Erstens war dort eine kostenlose Übernachtung sicher, zweitens konnte man mit ihm höchst unkompliziert Verabredungen treffen, was bei unseren professionellen Diplomaten nicht immer möglich war, und drittens schließlich war er sehr kunstbeflissen und konnte einem auch in diesen Dingen weiterhelfen. So begannen wir gerade mit Studien für den Wiederaufbau des Dresdner Schlosses und des Taschenberg-Palais. Es gab Überlegungen, das Palais zu einem Hotel auszubauen (was nach 1990 dann auch geschah). Andere Pläne wollten auch Teile des Schlosses ins Hotel einbinden. Eine andere Gruppe präferierte die Unterbringung der Musikhochschule und den Ausbau eines großen Konzertsaales. Im Schloß sollten verschiedene Sammlungen untergebracht werden, die einen Rundgang ohne Gegenverkehr ermöglichten ... Klaus Gysi empfahl einen Besuch im Vatikan-Museum, wo diese Probleme sehr gut gelöst seien. Wir schauten uns das sehr aufmerksam an, ich machte mir meine Notizen.

Flog ich über Mailand, war ein Abstecher nach Venedig möglich. Der Markusplatz war einfach ein Muß. Die italienischen Genossen hatten immer viel Verständnis für meine außerprotokollarischen Bedürfnisse. Denn inzwischen hatte ich eines auch mit ihrer Hilfe begriffen: Sozialismus ist vor allem eine Kulturfrage. Und das meint die Alltagskultur und die Hochkultur, den Umgang miteinander ebenso wie den politischen Streit. Sozialismus ist nicht nur etwas für den Kopf und den Bauch, sondern insbesondere etwas für die Sinne. Wenn wir in den 50er Jahren eine Theaterpremiere besuchten, saß Präsident Wilhelm Pieck schon mit als erster im Saal, Ministerpräsident Otto Grotewohl malte ... Ihnen waren Kunst und Kultur ein Lebensbedürfnis, jeder zweite Herzschlag eben, wie es bei Marchwitza hieß. Der Besuch von Ausstellungen, von Operaufführungen, von Filmen waren dieser Generation mehr als Protokolltermine und lästige Pflichtübungen. Diese Haltung hat sich nicht durchsetzen können, was ich heute mit Enttäuschung beobachte. Nicht zuletzt wird Kultur in Umgangsformen sichtbar. Eine Kultur des Streits ist offenkundig so unbekannt wie die Geschichte. Wie will man denn eine neue Welt gestalten, wenn man nicht einmal bereit ist, die alte zur Kenntnis oder gar aufzunehmen?

Mit diesen Überlegungen und mit meinen italienischen Erfahrungen hielt ich es für richtig zu überlegen, inwieweit wir Ende der 80er Jahre an das Herrscherhaus der Wettiner erinnern sollten. Die Dynastie deutscher Markgrafen, Kurfürsten und Könige, das älteste deutsche Fürstengeschlecht, regierte in Sachsen und verhalf Dresden zu jener Blüte, weswegen es in der Welt gerühmt wurde. 1089 war Heinrich I. von Eilenburg zum Markgrafen von Meißen bestimmt worden, was gemeinhin als der Eintritt des Hauses Wettin in die Geschichte Sachsens gilt. Darum würde 1989 der 900. Jahrestag begangen werden. Von den heimlichen und offiziellen Monarchisten sowieso. Aber weshalb sollten nicht auch wir das Jubiläum nutzen, um offensiv mit diesem kulturellen Erbe umzugehen?

Im Großen Haus in Berlin stieß meine Überlegung erwartungsgemäß auf Widerstand. Der Minister für Kultur hingegen zeigte sich aufgeschlossen. Jochen Hoffmann, der Gysi 1973 als Minister beerbt hatte, fand die Idee gut, in einer großen Ausstellung zur Geschichte Sachsens die Kunstsammlungen in ihrem einzigartigen regionalgeschichtlichen Zusammenhang zu zeigen. Vom April bis in den September 1989 sorgte die Exposition »Kunst und Bergbau in Sachsen« für großen Besucherandrang. Im Ausstellungskatalog verwies der Direktor der Kunstsammlungen im Sinne Brechts (»Wer baute das siebentorige Theben?«) auf die Verbindung von Kunst und deren ökonomischer Basis: »Dresden als Residenz- und als Kunststadt hätte sich ohne die ›Bergstädte‹ nicht in dieser Weise entwickeln können, wie es jahrhundertelang geschehen ist.« Das traf auf Florenz nicht weniger zu. Es waren die dortigen handwerklichen Zünfte, die die Stadt wirtschaftlich und auch sozial entwickelten. Die Zunft der Seidenweber stiftete im 14. Jahrhundert das Findelhaus »Ospedale degli Innocenti«, in der Mütter anonym ihre Säuglinge abgeben konnten – das war eine der ersten Babyklappen der Welt. (Als am 8. Mai 2000 in Hamburg-Altona die erste Klappe in

Deutschland eingerichtet wurde, feierte man diese Einrichtung geradezu als Sensation. Nicht zum ersten Male war hierzulande das Fahrrad zum zweiten Male erfunden und als Erstentdeckung ausgegeben worden.) Die Seidenweber von Florenz unterhielten nicht nur das angeschlossene Waisenhaus, sondern sorgten auf diese Weise für den Berufsnachwuchs. Und andere Zünfte verhielten sich ähnlich. So entwickelten sich handwerkliche Kunstfertigkeit und -fähigkeit über Jahrhunderte systematisch. Die historische Babyklappe ist übrigens noch heute zu besichtigen.

Angesichts solch traditioneller Erfahrungen war ich daran interessiert, die üblichen Parteibeziehungen nicht nur auf Versammlungen und Diskussionen zu beschränken. Das sahen die italienischen Genossen nicht anders. Wir fuhren ins Land, besuchten Kommunen, besichtigten Industrie- und Landwirtschaftsbetriebe. So entstand die Idee einer Freundschaftswoche Florenz-Dresden.

Die offizielle Darstellung der SED in Italien reduzierte sich auf die Beteiligung an Pressefesten des PCI-Organs *Unita.* Ich habe in Florenz, Pisa und Bologna an solchen Veranstaltungen teilgenommen. Unsere Auftritte folgten einem festen Ritual. Der Delegation gehörten zwei Politbüromitglieder an – das waren der für die DDR-Medien verantwortliche Joachim Herrmann und Hermann Axen, der für die Außenpolitik zuständige ZK-Sekretär. Zunächst reiste Herrmann mit seinem Vorkommando an. Zu diesem gehörte auch der 1. Sekretär der Bezirksleitung des Partnerbezirkes; als es in die Toskana ging, war das ich. Nach der Ankunft fand ein nächtlicher Rapport statt: Was wurde getan, damit die DDR von allen Gastländern das beeindruckendste Bild abgibt? Auch mußte eine angemessene Begrüßung des nachfolgenden Hermann Axen mit medialem Getöse in der Heimat gesichert werden. Joachim Herrmann war mein Jahrgang und saß mit mir in den 50er Jahren im FDJ-Zentralrat; damals leitete er die *Junge Welt*, in den 60er Jahren war er Chefredakteur der *Berliner Zeitung*, in den 70ern übernahm er neben vielen anderen Funktionen auch noch die Führung des SED-Zentralorgans. In dieser Eigenschaft hatte er den Ehrgeiz, das *Neue Deutschland* bei solchen Pressefesten international aufzuwerten. Der Gedanke war keineswegs abwegig, aber an diesem Ort wohl deplaziert. Dafür hatte Herrmann, der bereits jede selbstkritische Distanz verloren zu haben schien und immer unter Hochdruck stand, einfach kein Gespür. Er wirkte dabei eher lächerlich. Axen hingegen dachte und handelte strategisch. Ihm war es wichtig, jenseits des Streits um Eurokommunismus und Moskauer Dogmatismus die Substanz der Beziehungen zwischen der SED und der PCI zu pflegen und zu entwickeln. Die vermeintliche Wirkung unserer Präsenz vor Ort allerdings war gering, nur daheim in den Medien schlugen Axens und Herrmanns Auftritte Wellen.

Ich setzte auf Ausdauer und Nachhaltigkeit. So beschäftigte uns denn die Vorbereitung der Freundschaftswoche unter dem Motto »Dresden am Arno« geraume Zeit, und sehr viele Menschen waren darin einbezogen und partizipierten davon. Es gab eine Ausstellung über die DDR, die wir in Berlin ausgeliehen hatten, Folklore und Handwerk aus dem Erzgebirge, Konzerte und Sportdarbietungen. Tausende Florentiner nahmen an den Veranstaltungen regen Anteil.

Mitte der 1990er Jahre habe ich mit Frau und Tochter einen Urlaub in der Nähe von Livorno verbracht. Von Berlin aus hatte ich bereits mit der *Partito della Rifundazione Comunista*, der Partei der kommunistischen Wiederbegründung, Kontakt aufgenommen. Die PCI hatte sich auf ihrem letzten Parteitag am 3. Februar 1991 in *Partito Democratico della Sinistra* (PDS) umbenannt, was soviel heißt wie Demokratische Partei der Linken. Aus dem linken Flügel der PCI hingegen war damals die Partito della Rifundazione Comunista, die PRC, hervorgegangen. Sie wurde zwischen 1994 bis 2006 von Fausto Bertinotti geführt, der zugleich Vorsitzender der *Europäischen Linkspartei* (EL) war, welche im Mai 2004 in Rom von 15 linken und kommunistischen Parteien, darunter auch der Partei des Demokratischen Sozialismus, gegründet wurde. Bertinotti wählte man 2006 zum Präsidenten der italienischen Abgeordnetenkammer. Seither steht Franco Giordano an der Spitze der PRC, die sich stark in den neuen sozialen Bewegungen engagiert. Die Partei ist derzeit mit sechs Abgeordneten im Europaparlament; ich arbeitete dort mit ihnen in der Konföderalen Fraktion der Vereinigten Europäischen Linken sehr gut zusammen.

Mit Hilfe der Genossen der PRC kam ich in Livorno mit Gewerkschaftern im Hafen ins Gespräch, ich nahm auch an einer Parteiversammlung teil. Nach meiner Wahrnehmung war der Niedergang der linken Bewegung in Italien gestoppt worden, sie begann sich von der Basis neu zu formieren. Die nachfolgenden Jahre bestätigten meinen Eindruck. Ich registriere mit unveränderter Anteilnahme das, was sich in Italien tut.

Japan – ein fremdes und mir doch vertrautes Land

Am 9. Mai 1972 betrat ich erstmals das Land der aufgehenden Sonne. Ich leitete eine dreiköpfige SED-Delegation, der Herbert Häber – Mitte der 80er Jahre einige Zeit Politbüromitglied – und Lutz Kleinert als Dolmetscher angehörten. Wir folgten einer Einladung der Sozialistischen Partei Japans, die sich für die diplomatische Anerkennung der DDR weitaus stärker engagierte als die dortige KP. Die BRD war seit 1952 im Kaiserreich diplomatisch vertreten, beide Staaten waren durch ihren aggressiven Antikommunismus verbunden. Als 1954 Ministerpräsident Yoshida die Bundesrepublik besuchte, tauschte er sich mit Adenauer u. a. über das Verbot der KPD aus und erklärte sein Weltverständnis: »Westdeutschland und Japan sind beide Grenzposten der freien Welt.«

Obwohl sich die DDR sehr darum bemühte, kamen mit Japan keine Verträge auf staatlicher Ebene zustande. Der Schwerpunkt der Kontakte in den 50er und 60er Jahren richtete sich folglich zunächst auf die Bereiche Kultur, Parlament und Gewerkschaften, später kam der Kampf gegen Kernwaffen hinzu. Nicht zuletzt wegen der Atombombenabwürfe auf Hiroshima und Nagasaki 1945 war in Japan die Aversion gegenüber diesen Massenvernichtungsmitteln besonders groß. 1959 nahm eine von Dresdens Oberbürgermeister Herbert Gute geleitete Delegation an einem Friedenskongreß teil und vereinbarte mit dem Oberbürgermeister von Hiroshima, Hamai, die Zusammenarbeit zwischen beiden Städten. Dresden vergab fortan fünf Studienplätze an Kinder von Familien, die Opfer des Atombombenabwurfes zu beklagen hatten.

1964 lud Tokio die Sportler der Welt zu den Olympischen Sommerspielen. Die DDR-Athleten starteten in einer gesamtdeutschen Mannschaft. Es formierten sich Freundschaftskomitees und -gruppen, japanische Parlamentarier begannen die DDR zu entdecken. 1969 hatte eine Delegation der SPJ das Land bereist, wir waren der Gegenbesuch. Ursprünglich sollte Joachim Herrmann die Abordnung leiten, aus irgendeinem mir nicht mehr erinnerlichen Grunde bat er Honecker, ihn von dieser Aufgabe zu entbinden, Werner Lamberz schlug mich daraufhin an seiner Statt vor. Die Marschroute war klar: Ich sollte in Tokio die Bereitschaft zur Aufnahme diplomatischer Beziehungen ausloten. Bei einem Zwischenstopp in Moskau ließen wir uns in der Internationalen Abteilung des ZK der KPdSU über die politische Situation aus sowjetischer Sicht informieren. Man gab uns zur Beruhigung mit auf dem Weg, daß der sowjetische Botschafter in Japan uns mit Rat zur Seite stehen würde. Trojanowski empfing uns in seiner Residenz zum Nachmittagskaffee. Er war sicher, daß es auf höchster Regierungsebene keine Gespräche mit uns geben würde, und um Kontakt zu unteren Regierungsbeamten sollten wir uns erst gar nicht bemühen, weil diese kein politisches Gewicht besäßen. Es wäre schade um die ohnehin knapp bemessene Zeit. Wir sollten jedoch alle Möglichkeiten im Parlament nutzen und unbedingt ein Gespräch im Hauptquartier der Liberaldemokratische Partei anstreben. Dafür lieferte der Sowjetdiplomat eine mich überzeugende Begründung. In Japan sei das Verhältnis der LDP zur Regierung so wie bei unseren Parteien – die Partei führe und die Regierung führe aus. (Seit 1955 stellt die LDP bis heute den Regierungschef, einzig 1993/94 gab es eine kurzzeitige Unterbrechung. Nicht grundlos werden die Beziehungen zwischen LDP, Wirtschaft und Bürokratie als »Eisernes Dreieck« bezeichnet, das für derart stabile Verhältnisse sorgt.)

Im Parlament hatten wir Gespräche mit den Präsidenten des Ober- und des Unterhauses, besuchten die einzelnen Fraktionen und wurden vom Auswärtigen Ausschuß empfangen. Die Perfektion des Protokolls beeindruckte uns mindestens so wie die Architektur des Parlamentsgebäudes.

Der Präsident des Oberhauses erwies sich als ein sehr aufgeschlossener Gesprächspartner. Kenjo Kono führte zugleich auch das Nationale Olympische Komitee und stellte uns viele Fragen zum Sport in der DDR. Ich kannte mich in unserem Sportsystem ganz gut aus und engagierte mich seit meiner Tätigkeit in der FDJ für den Breitensport. Das trug mir 1961 den Titel »Verdienter Meister des Sports« ein, was vielleicht ein wenig übertrieben war angesichts des von mir betriebenen Freizeitsportes. Jedenfalls konnte ich den Oberhauspräsidenten in seinem Interesse am DDR-Sport nur bestärken. Ich sprach eine Einladung in die DDR aus, die Herr Kono freudig annahm. Im Spätsommer des selben Jahres war er Gast der Olympischen Spiele in München, von dort kam er zu uns und führte u. a. Gespräche in der Volkskammer.

Im Auswärtigen Ausschuß kam es zu einer Begegnung mit seinem Vorsitzenden Sakuranshi und Herrn Nabeshima, der einem alten japanischen Adelsgeschlecht angehörte. Sein Vater hatte in Tharandt bei Dresden seit 1912 Forstwirtschaft studiert. Bei Beginn des Weltkrieges 1914 mußte er sein Studium abbrechen und in die Heimat zurückkehren. Nabeshima San wollte nun von mir wissen, ob es diese Schule noch gäbe und, falls diese Frage mit ja beantwortet werden sollte, ob er sie besuchen dürfe.

Er kam nach Tharandt, als ich 1. Sekretär in Dresden geworden war. Wir beide waren über das Wiedersehen sehr erfreut, was im Mai vor zwei Jahren so noch nicht absehbar war. Ich brachte ihn im Gästehaus der Bezirksleitung unter. Er besuchte die Forstwirtschaftliche Fakultät der TU Dresden, zu der inzwischen die Tharandter Schule gehörte. Die Unterhaltungen mit ihm wurden für mich zu landeskundlichen Lehrstunden. Ich bekam auch erste Vorstellungen vom japanischen Status- und Ehrverständnis. Die Nabeshimas hatten, wie der japanische Adel überhaupt, die Schuld für die militärische Niederlage Japans 1945 auf sich genommen, um den Tenno davon freizuhalten. Zur Buße legten die Adelshäuser alle Titel ab.

Das Geschlecht der Nabeshima war auf der Insel Kyushu zu Hause, ihr Hauptsitz befand sich in der Stadt Narita. Dort lagen auch die Anfänge der japanischen Porzellanherstellung, noch heute wird das dort produzierte Porzellan weltweit unter dem Namen Nabeshima gehandelt. Ich besuchte mit ihm im Dresdner Zwinger die Ausstellung japanischen Porzellans, die Familie Nabeshima war sehr angerührt, und gemeinsam kam uns der Gedanke, die Dresdener Sammlung in Japan zu zeigen. Ich beriet mich mit unserem Kulturministerium und mit Direktor Bachmann. Beide reagierten positiv. Das Kulturministerium hoffte auf Zuwachs seines Renommees und Prof. Bachmann auf Devisen für Westtechnik, um zum Beispiel seine Gemälde besser schützen zu können.

Die Ausstellung, über die Außenminister Miyazawa die Schirmherrschaft übernahm, wurde in mehreren japanischen Städten gezeigt, ich selbst sah sie in Fukuoka. Miyazawa wußte über meinen Beitrag am Zustandekommen der Exposition Bescheid und empfing mich in Tokio mit großer Freundlichkeit. Wie mir Prof. Bachmann berichtete, hatte man in Japan sehr lange über einen Titel nachgedacht und sich dann einen asiatisch-blumigen ausgedacht, der nicht nur originell, sondern auch treffend war: »Die Heimkehr der Tochter in das Elternhaus«. Meißen und Narita vereinbarten in der Folge eine Partnerschaft, die Porzellanmanufakturen begannen einen regen Erfahrungsaustausch. Ich besuchte Narita 1978. Im Unterschied zu Meißen, wo es eine staatliche Manufaktur gab, pflegten dort einige Privatbetriebe die Tradition der Prozellanherstellung, in die bereits Mikrolektronik einzuziehen begann.

Im Mai 1972 traf ich auch mit dem Sekretär für Internationale Angelegenheiten der LDP in einem Hilton-Hotel zusammen. Zentaro Kosaka war der entscheidende Mann in der Partei. Er wurde von vier Herren begleitet, die sich als hervorragende Deutschlandkenner offenbarten. Es gab auserlesene Speisen, Höflichkeiten wurden ausgetauscht, Fragen gestellt und beantwortet. Dann bat Kosaka die Bedienung den Raum zu verlassen und richtete unverblümt die Frage an uns: »Was ist der Grund Ihres Besuches in Japan?«

Ich antwortete ebenso direkt: »Wir werben für die diplomatische Anerkennung. Die DDR ist ein souveräner Staat, hat mit Japan keinerlei offene Fragen, es gibt gegenseitige Interessen in Wirtschaft und Kultur …«

»Wir werden nach Wegen suchen und in einem dritten Staat über die Botschaften entsprechende Verhandlungen aufnehmen. Sie können für sich in Anspruch nehmen, den ersten Schritt dafür ausgelöst zu haben.«

In Moskau nahm man nach wenigen Monaten tatsächlich zu uns Kontakt auf. Im Februar 1973 begannen die Botschafter Horst Bittner und Niiseki mit offiziellen Verhandlungen, am 15. Mai wurden entsprechende Noten ausgetauscht. Im Vorfeld hatte Bonn zu intervenieren versucht. Wilhelm Grewe, der Nämliche, seit 1971 Botschafter der BRD in Japan, sprach im japanischen Außenministerium vor. Vergeblich. Am 15. Oktober 1973 öffnete die DDR-Botschaft in Tokio, Horst Brie wurde zum ersten Botschafter der DDR in Japan berufen. Am 22. April 1974 übergab er Kaiser Hirohito sein Beglaubigungsschreiben, Botschafter Moriki Tani war am 17. Mai 1974 in gleicher Mission im Staatsrat in Berlin.

Höhepunkt unserer Japan-Reise aus parteipolitischer Sicht war unser Treffen mit dem Vorsitzenden der Sozialistischen Partei

Japans. Tomomi Narita erwies sich als ein sehr freundlicher, aufgeschlossener Gesprächspartner. Der Begegnung wohnte auch das Mitglied der Exekutive, Kawasaki, bei, der uns als umsichtiger Organisator und aufmerksamer Begleiter durchs Land geführt hatte. Wir waren in Tokio, Osaka, Kyoto und Yokohama und gewannen lebendige Eindrücke von Geschichte und Kultur. Vorstellungen von der Wirtschaftskraft Japans bekamen wir bei Besuchen in einem Stahlwerk und einer Autofabrik von Nissan. In einer Werft sahen wir staunend, wie zwei riesige Teile eines 300.000 t-Tankers zu einem gigantischen Schiff zusammengefügt wurden. Während wir in der DDR gerade erst begannen, über die Automatisierung von Fabriken nachzudenken, erlebten wir hier auf Montagestraßen bereits Ansätze einer Geisterproduktion. Keine Schweißnaht wurde mehr von Hand gezogen, überall drehten sich Roboterarme. Aus dem Stahlwerk bleiben mir die Handschuhe in Erinnerung, die wir zu Beginn unseres Rundganges überstreiften. Am Ende gaben wir sie ab. Sie waren noch immer schneeweiß. Sauberkeit in der Produktion galt als höchstes Gebot bei Nippon Steel. Und nicht nur dort.

In Yokohama sprachen wir mit dem Oberbürgermeister. Diesen Ichio Asukata traf ich später als Vorsitzenden der SPJ wieder.

Japans Kommunisten zeigten sich eher reserviert. Es gab eine Begegnung mit Genossen Ueda, der dem Präsidiums der KPJ angehörte. Wir versuchten ihm die Haltung der SED zu Moskau und Peking zu erläutern. Die KP Japans war zu beiden Parteien auf Distanz gegangen und genügte sich selbst.

Sodann hatten wir noch ein Treffen mit Repräsentanten der Komeito, einer im Buddhismus verwurzelten Partei, mit der einige Jahre später Delegationen ausgetauscht werden sollten.

Die Resultate unserer Mission fanden in Berlin auf unterschiedliche Weise Anerkennung, unter anderem schlug mich die SED-Fraktion in der Volkskammer, als sich dort eine Freundschaftsgruppe DDR-Japan bildete, als deren Vorsitzenden vor. Diese Funktion sollte mich in der Folgezeit wiederholt nach Japan führen. Wenn ich genau Buch geführt habe, war ich bis heute mindestens vierzehnmal im Land der aufgehende Sonne. Ich hatte über die Jahrzehnte unzählige Begegnungen und Gespräche, und meist handelte es sich um Wiedersehen. Und im Unterschied zu Politikern in anderen Gegenden, auch in meiner Heimat, haben die Japaner ein sehr gutes Gedächtnis und lassen sich beim Umgang mit auswärtigen Persönlichkeiten nicht von der Innenpolitik des Staates, aus dem der Gast kommt, beeinflussen.

Als Abgeordneter der Volkskammer reiste ich fünfmal nach Japan. Einmal gehörte ich zu einer Abordnung des Parlamentspräsidenten Gerald Götting, der von seiner Frau begleitet wurde. Der stellvertretende Staatsratsvorsitzende und CDU-Chef war ein sehr angenehmer Delegationschef, und die denunziatorischen Warnungen von dritter Seite erwiesen sich als üble Nachrede. Frau Götting, so hatte es geheißen, habe »besondere Ansprüche«. Davon habe ich nichts bemerkt, wohl aber, daß sie ihren Mann wiederholt ermahnte, wenn er ihrer Meinung nach den Gepflogenheiten des Landes nicht genügend Aufmerksamkeit schenkte. Einmal amüsierte ich mich, als er offenkundig mit der einheimischen Küche und vor allem nicht mit den Stäbchen klarkam. »Gerald, du bist hier nicht in der Kantine des Volkskammer«, tadelte sie ihn.

Vielleicht hatte ich mit meinen Erzählungen von der 72er Reise zu hohe Erwartungen bei ihm geweckt. Ich hatte ihm erzählt, wie der Chef des Stahlwerkes Abe uns in einem Tokioter Spitzenrestaurant verwöhnt hatte: mit Besteck und wunderhübschen Geishas. Das Parlament, auch das in Tokio, hatte da einen anderen Etat.

Allerdings entschädigte uns die Unterkunft reichlich. Wir waren im Kronprinzenpalais untergebracht worden, dem Gästehaus der Regierung. Über jedem Bett schwebte ein Baldachin, die Ausstattung der Räume war vom Feinsten.

Die beiden Reisen mit Horst Sindermann hingegen blieben mir nicht in so angenehmer Erinnerung, was aber nicht an den Japanern lag. Insbesondere die zweite im Jahr 1988 war von innenpolitischen Problemen überschattet.

Der Präsident der Volkskammer wurde mit allen Ehren empfangen. Sindermann gab sich sehr selbstbewußt und trat gemäß DDR-Verfassung als der wichtigste Mann nach dem Staatsratsvorsitzenden auf. Die Beziehungen zur KP waren inzwischen noch um einiges frostiger. Während des X. Parteitages der SED 1981 war ich als Ehrenbegleiter der KPJ-Delegation eingesetzt und darum unmittelbarer Zeuge eines Vorgangs, der nicht nur peinlich, sondern auch von langer Wirkung war. Bei der Einladung war den Japanern zugesagt worden, daß sie auf dem Parteitag reden dürften. Nach Beginn des Parteitages wurde ohne Angaben von Gründen die Zusage annulliert, und man vertröstete sie mit dem Vorschlag, ihren Beitrag beim Besuch eines Betriebes vorzutragen. Der Delegationsleiter bat mich entrüstet um ein Gespräch. Sie würden sofort abreisen, sagte er, wenn ihnen die Rede im Palast der Republik verweigert werden sollte. Man habe sich bereits mit der Parteiführung in Tokio verständigt, sie sähe es ebenso: Wenn man ihnen das Wort verböte, packten sie ihre Koffer.

Ich teilte seinen Unmut, ich fand das völlig inakzeptabel. Ich sprach mit Axen. Der reichte den Schwarzen Peter an Honecker weiter. Er müsse das entscheiden. Ich rief Elli, Honeckers Sekretärin, an und sagte, daß ich einen Termin bei ihrem Chef brauchte. Er käme 8.50 Uhr ins Büro, da solle ich vor der Tür stehen, antwortete sie. Das tat ich. So und so. Die Japaner durften reden. Sie waren ebenfalls froh, daß der Eklat unterblieben war. Ich spürte deutlich, daß sie mir für meine Intervention dankbar waren und ich merklich an Vertrauen bei ihnen gewonnen hatte. Gleichwohl machte eine Schwalbe keinen Sommer. Als wir 1988 nach Tokio kamen, war die Spannung zum Greifen. Sindermann und ich erschienen zum Gespräch im Hauptquartier der KP, der Parteivorsitzende Fuwa empfing uns.

Bereits bei der Haltung zu ihrem Ministerpräsidenten Nakasone prallten die Meinungen hart aufeinander. Nakasone hatte unlängst die DDR besucht und sie dadurch international aufgewertet. Es waren wirtschaftliche Abschlüsse getätigt worden, von denen wir profitierten. Kein unfreundliches Wort war gefallen, in den Medien wurde Nakasone als Friedenspolitiker und Vertreter der friedlichen Koexistenz dargestellt, was er nicht wirklich war.

Ohne die DDR oder die SED direkt zu erwähnen, erläuterte uns Fuwa die äußerst kritische Haltung seiner Partei zu Nakasone und dessen Regierung. Nicht überall in der Welt werde die verhängnisvolle Rolle Nakasones erkannt, schloß er seine durchaus begründete Philippika.

Sindermann, offenkundig auf diplomatischem Parkett ein wenig untrainiert, fragte, ob die DDR gemeint wäre und ob die KPJ etwa mit der Politik der SED nicht einverstanden sei. Damit brachte er Fuwa in eine mißliche Lage.

Fuwa ließ sich nicht zu direkter Kritik hinreißen und wahrte dennoch sein Gesicht, indem er auf seinem Standpunkt beharrte. Ich verhehle nicht, daß mir dieser Stil in Japan stets imponierte.

Sindermann, hinlänglich verärgert, wollte über diese Begegnung keine Pressemeldung haben. Ich war anderer Auffassung. Und so ließ er mich über ADN eine kurze Nachricht verbreiten, die ich auf meine Kappe nehmen sollte. Bereits während des Rückflugs mit der Sondermaschine, einer großen IL 62, rief er mich zu sich in den Salon des Delegationsleiters und rieb mir die Ausreisezahlen aus den Bezirken Dresden, Karl-Marx-Stadt und Leipzig unter die Nase und die allgemeine Stimmung dort, als sei ich ursächlich daran schuld. Die Vorhaltungen wurden immer irrwitziger. Warum, so fragte er mich, gäbe es in Dresden noch keine Kaufhallen-Bäckereien wie in Potsdam, wo man gute Erfahrungen damit gemacht habe? Da würden auch nicht so viele abhauen wollen. Als wenn es an den Schrippen lag, daß die Leute die DDR verließen. Ich versuchte sachlich zu reagieren. Wenn die Brotfabrik in Pirna eine bessere Ausstattung erhielte, um die Grundversorgung zu sichern, könnten wir auch über Kaufhallen-Bäckereien reden, entgegnete ich. Der Betrieb in Bautzen, der solche Ausrüstungen produzierte, müsse alles exportieren, da bliebe am Ende für den eigenen Bezirk nichts. Wir sollten Günter Mittag gemeinsam davon überzeugen, daß die Exportverpflichtungen reduziert würden, dann wäre auch Pirna kein Problem.

Die Ausrüstung kam nicht. Wenig später bekam ich in Berlin zu hören, ich täte nicht genug für das tägliche Brot der Bevölkerung.

1986 lud mich die LDP ein. Unsere Botschafter hatten gewechselt. An die Stelle des fünf Jahre älteren Horst Brie war Dieter Jäger getreten. Brie war ruhig, ruhte gleichsam in sich und hatte, vielleicht als Folge seiner Emigration in Großbritannien, etwas von einem Lord an sich: ein wenig distanziert, stets von oben blickend, was sicherlich auch seiner Körpergröße geschuldet war. Jäger war das ganze Gegenteil. Der studierte Japanologe war umtriebig, agil, ein Hans Dampf in allen Gassen, dennoch verbindlich und stets die Form wahrend, die einem Diplomaten geziemte.

Er begleitete mich zum Generalsekretär der Partei, und nach den Regeln des politischen Betriebes in Japan sprach ich also mit dem künftigen Ministerpräsidenten, denn ging der MP, folgte ihm in allen Fällen der Generalsekretär der LDP auf diesem Posten nach. Das ging ja noch an, daß ich als 1. Sekretär einer Bezirksleitung und einfaches ZK-Mitglied mit einem Parteifunktionär konferierte. Nun aber passierte folgendes: Aus Ohiras Umgebung kam der Vorschlag, anderentags auch mit Susuki zu sprechen, das war der amtierende

Mit Volkskammerpräsident Horst Sindermann bei Japans Ministerpräsidenten Masayoshi Ohira (1910-1980)

Ministerpräsident. Selbstverständlich sagte ich erfreut zu. Und biß mir sofort auf die Zunge. Das würde in Berlin Ärger geben. Bis zur Ebene Außenminister hatte ich Prokura, was darüber ging, war nicht mein Spielfeld. Günter Mittag reklamierte die Ministerpräsidenten ausschließlich für sich.

Ich verständigte mich kurz mit Dieter Jäger. Wir waren uns einig, daß eine Absage so wenig möglich sei wie die Zustimmung aus Berlin einzuholen, sofern sie dort überhaupt erteilt werden würde. Ich nehme es auf mich, sagte ich Jäger, ich habe dich informiert, du konntest nicht mehr eingreifen.

Sowohl in Berlin als auch in Bonn regte sich Unmut. Auch wenn die Gründe verschieden waren, wiesen die Reflexe Ähnlichkeit auf.

In Tokio wurde der BRD-Botschafter im Außenministerium vorstellig und brachte das Unverständnis seiner Regierung zum Ausdruck, daß Japans Ministerpräsident den Vorsitzenden der parlamentarischen Freundschaftsgruppe aus der DDR empfangen habe. Einen vergleichbaren Kontakt mit Bundestagsabgeordneten habe es noch nicht gegeben.

Und in Berlin empfing ich Mittags verbale Backpfeife, weil ich angeblich in seinem Revier gewildert hatte. Er war nicht nur auf diesem Felde sehr empfindlich.

1987 verlieh mir der Tenno eine Auszeichnung. Wem ich den Vorschlag verdankte, ist mir bis heute ein Rätsel. Von allen Orden, die ich besitze, ist der japanische in Größe und Ausführung der beeindruckendste. Er heißt »Orden vom Heiligen Schatz mit Schulterband« und wird einmal im Jahr an etwa zehn ausländische Persönlichkeiten verliehen. Die Übergabe erfolgte in der japanischen Botschaft in Berlin. Der Entgegennahme mußte der Vorsitzende des Staatsrates zustimmen und freundlicherweise tat dies Erich Honecker auch. Das *Neue Deutschland* wird wohl auch darum dieses Faktum kurz vermeldet haben, sonst wäre es keiner öffentlichen Erwähnung wert gewesen. Mich hat diese Ehrung persönlich sehr berührt, obgleich ich sonst nicht viel auf Orden gebe. Und im übrigen: Damals hat mich nicht interessiert, ob und welche BRD-Politiker bis dato auf diese Weise geehrt worden waren. Heute wüßte ich es gern. Denn schließlich wurde mit mir die Deutsche Demokratische Republik durch das japanische Kaiserhaus geehrt.

Im April 1990 wurde ich neuerlich nach Tokio eingeladen. Ich war wieder einfaches Volkskammermitglied, nachdem am 18. März

Japans Botschafter Keizo Kimura übergab im Juni 1987 in Berlin den vom Tenno verliehenen »Orden vom Heiligen Schatz mit Schulterband«, an der Feier nahm auch die Familie teil

die »Allianz für Deutschland« die Wahlen gewonnen und Lothar de Maizière (CDU) als Ministerpräsident den Auftrag zur Regierungsbildung übernommen hatte. Der öffentlich-rechtliche Fernsehsender NHK diskutierte über die künftige Entwicklung in Deutschland. Neben japanischen Journalisten und Diplomaten nahm an dem TV-Gespräch auch der sowjetische Historiker Afanasjew teil. Er kam aus dem Komsomol und hatte bereits an dessen Hochschule gearbeitet. Die deutsche Geschichte war nicht unbedingt sein Fachgebiet, und als angehender Politiker spielte er bereits den Klugen, obwohl er sich auch dort noch nicht richtig auskannte. Mit den japanischen Teilnehmern kam ich daher leichter zurecht als mit diesem »Experten«.

Die Zukunft war noch ziemlich offen. Mein Amt hatte ich zwei Tage zuvor an Lothar de Maizière übergeben, in unserer Botschaft in Tokio arbeiteten noch die vertrauten Personen. Der Botschafter gab für mich einen Empfang. Etwas später berichtete der ZDF-Korrespondent Günter Ederer in seinem Buch »Das leise Lächeln des Siegers – was wir von Japan lernen können« über diesen Empfang, zu dem auch japanische Politiker aus allen Lagern erschienen waren. Ihm war die Freude und Selbstverständlichkeit, mit der

Die Verleihungsurkunde des japanischen Kaisers. Sie wird in einem eigens dafür angefertigten Holzkästchen aufbewahrt

selbst einflußreiche konservative Politiker den SED-Politiker Hans Modrow begrüßten, so unerklärlich wie die Herzlichkeit, gar Freundschaft, mit der die Anwesenden miteinander verkehrten. Vergleichbares hatte er in einer BRD-Vertretung noch nie erlebt. Aufmerksam registrierte er, daß auch weitaus mehr japanische Spitzenpolitiker und führender Industrievertreter erschienen waren, als zu einem Empfang für einen Bundestagsabgeordneten in der BRD-Botschaft üblicherweise kamen. Und: Während dort die Dolmetscher überbeschäftigt waren, erlebte er hier DDR-Diplomaten im direkten Gespräch mit ihren Gästen – sie sprachen nämlich japanisch.

Die Lektüre des Berichtes von Ederer erfüllte mich mit Genugtuung und mit Bitterkeit zugleich. Und es erstaunt, daß das Auswärtige Amt bei der Besetzung seiner Auslandsvertretungen noch immer nicht Wert darauf legt, daß die Diplomaten die Landessprache beherrschen. Ich entsinne mich eines Besuches in Peking. Am Morgen sah ich, wie unser Botschafter Rolf Berthold seinen Arbeitstag mit einem Blick in die chinesische Presse begann.

Ministerpräsident Kaifu lud mich als Amtskollegen zu einem offiziellen Besuch nach Japan ein. Doch ehe ich die Einladung annehmen konnte, war ich kein Ministerpräsident mehr. Daraufhin ließ man mich wissen, daß die Einladung unverändert für Hans Modrow gelte. Ich stieg am 27. September 1990 ins Flugzeug. Das Land hieß DDR, das ich verließ. Ich würde bei meiner Rückkehr zwar auf dem selben Flugplatz, aber in einem anderen Staat landen. Im Gepäck hatte ich die keineswegs unwichtige Frage, ob ich dann noch dem Parlament angehören würde. Für die Zeit des Übergangs bis zum 2. Dezember, an dem dann der neue Bundestagstag gewählt werden würde, sollten 144 Volkskammerabgeordnete nach Bonn geschickt werden. Entsprechend der Sitzverteilung in der Volkskammer hatte jede Fraktion eine adäquate Gruppe nominiert, die zumindest bei der PDS intern geheim gewählt worden war. Ich stand mit auf der Liste, was offenkundig einigen aus anderen Fraktionen nicht behagte.

Die CDU-Fraktion startete einen zweistufigen Angriff, den ich allerdings nur aus dem Protokoll und vom Hörensagen kenne. Die Volkskammer-Präsidentin Bergmann-Pohl verlas in der Sitzung am 28. September einen Beschluß-Antrag, nach dem

Der langjährige Vorsitzende der Freundschaftsgesellschaft Japan-DDR Nabishima, ein guter Freund

erstens alle 1. Sekretäre der Kreis- und Bezirksleitungen der SED, Vorsitzende der Räte der Bezirke, alle Mitglieder des Politbüros und des ZK der SED auf eine »rechtswidrige Tätigkeit« überprüft und gegebenenfalls gerichtlich zur Verantwortung gezogen werden sollten, und

zweitens die Immunität des Mitgliedes der Volkskammer, Dr. Hans Modrow, aufgehoben werden und eine richterliche Überprüfung auf Verletzung von Bürgerrechten durch die ihm als Ministerpräsident unterstellten staatlichen Organe erfolgen sollten.

Als erster trug Gregor Gysi rechtliche Argumente gegen diesen Antrag vor. Auch der Vizepräsident des Parlaments, Reinhard Höppner, meldete ernste rechtliche Bedenken an, denen die Abgeordneten mehrheitlich folgten. Damit war der Antrag erledigt. In der zweiten Runde der Debatte ging es um weitere Personen, doch Modrow war wieder Mode. Gregor Gysi, dem ich dafür noch heute danke, engagierte sich mit starken Argumenten für mich, wenn auch zunächst ohne Erfolg. Wolfgang Ullmann forderte schließlich, daß man entweder über alle 144 Abgeordnete einzeln abstimmen oder es bei der ursprünglichen Absprache belassen sollte, daß die Fraktionen selbst entscheiden, wen sie ins Übergangsparlament entsenden würden. Der Antrag, der die Debatte ausgelöst hatte, wurde schließlich zurückgezogen.

Unterdessen empfing mich in Tokio der japanische Außenminister. Es gab einen kurzen, höflichen Meinungsaustausch. Er übermittelte mir die persönlichen Grüße des Ministerpräsidenten und wünschte einen guten Aufenthalt. Beim Empfang des Präsidenten des Oberhauses traf ich auf einen guten alten Bekannten. Tsuchiya hatte nach dem Tod von Nabishima den Vorsitz der Freundschaftsgruppe im Parlament übernommen und wiederholt die DDR besucht. Die TU Dresden hatte Nabishima die Ehrendoktorwürde verliehen, Tsuchiya war diese Ehrung an der Universität Halle-Wittenberg zuteil geworden. Demonstrativ wollte er noch einmal seine Verbundenheit mit der DDR dokumentieren.

Abschied von der DDR in Fernost: Tsuchiya von der Freundschaftsgesellschaft gibt ein Essen. Die Flagge Japans wird übrigens Hinomaru genannt, was so viel bedeutet wie Sonnenscheibe. Der weiße Hintergrund steht für Ehrlichkeit und Reinheit

Ein letztes Erinnerungsfoto vor der DDR-Botschaft in Tokio

Am 2. Oktober lud mich der Vorsitzende des Sicherheitsrates, eines vorwiegend mit Wissenschaftlern besetzten Beratungsgremiums der Regierung, zu einem Abendessen. Herr Suetsugu hatte veranlaßt, daß auf dem Tisch die Flaggen der DDR und Japans standen. Diese Geste rührte mich an. Auch unser Gesandter Wilfried Schmidt war bewegt. Zum Abschluß bat der Gastgeber alle übrigen Gäste des Restaurants um Verständnis. Sein Gast sei der Ministerpräsident der DDR a. D., morgen werde die Vereinigung der beiden deutschen Staaten vollzogen, die Deutsche Demokratische Republik höre auf zu existieren. Heute sollten noch einmal zu Ehren des Gastes die Nationalhymnen der DDR und Japans erklingen. Ausnahmslos alle Anwesenden, gut 50 Personen, erhoben sich und spendeten Beifall, nachdem der letzte Ton verklungen war.

Selten war ich derart ergriffen wie in jenem Moment. Und das lag nicht nur an der recht ungewöhnlichen Konstellation, daß ich, Tausende Kilometer von der Heimat entfernt, am letzten Tag meines Staates, dem ich 41 Jahre meines Lebens gegeben hatte, dieses unendlich schöne Lied hörte: »Auferstanden aus Ruinen und der Zukunft zugewandt …«

Was würde dem Bundesbürger Modrow diese Zukunft bringen?

Zunächst eine Einladung in die BRD-Botschaft, die nunmehr auch für mich zuständig war. Botschafter Haas feierte mit etwa tausend geladenen Gästen die deutsche Einheit. Etliche kannte ich von früheren Begegnungen und Empfängen in der DDR-Vertretung. Ich bewegte mich mit sehr gemischten Gefühlen durch den Raum, wiewohl ich keineswegs übersah, daß Botschafter Haas durchaus sensibel mit den zwischen der DDR und Japan gewachsenen Beziehungen umging. In dieser Hinsicht war er weitaus sicherer und souveräner als sein Dienstherr in Europa.

Ein Beispiel: Eiskiro Saito war mehr als ein Jahrzehnt Präsident des Wirtschaftsausschusses Japan-DDR. 1982 hatte ihm die TU Dresden die Ehrendoktorwürde verliehen. Er sprach schon damals über die globale Welt und die Notwendigkeit, der Klimaentwicklung größere Aufmerksamkeit zu schenken. Saito sprach über Gezeitenkraftwerke und forderte völlig neue Parameter für die Energiebilanz. Auch die Abrüstung gehörte zu seinen Themen. Saito hatte häufig die Leipziger Messe besucht, das Staatsoberhaupt Erich Honecker hatte ihn zu Gesprächen empfangen. Dieser Mann, den ich auch auf dem Weltforum in Davos Anfang 1990 getroffen hatte, konnte nicht verstehen, daß 1991 in Bonn nicht einmal ein Staatssekretär der Bundesregierung für ein Gespräch mit ihm zur Verfügung stand. Ich verstand es im übrigen auch nicht.

Es ist müßig darüber nachzudenken, ob es sich lediglich Ignoranz handelte oder um eine Art Abstrafung dafür, daß er sich mit uns eingelassen hatte. Unhöflich und taktlos war es allemal. Jedenfalls ersuchte mich der höchst irritierte Gast in Bonn um Informationen über die Lage in Deutschland und bat um Vermittlung politischer Kontakte.

Aber politische Kurzsichtigkeit als Berufskrankheit war kein auf Bonn beschränktes Leiden. Sie grassierte auch in Berlin. Als ich 1990 meine Kaderakte studierte, die im Zentralkomitee geführt worden war, machte ich neben mehreren überraschenden Entdeckungen auch diese: Das Sekretariat des ZK hatte im April 1989 meine Abberufung als Vorsitzender der parlamentarischen Gruppe DDR-Japan beschlossen. In dieses Amt hatte mich 1972 die Volkskammer gewählt. Eine Neubesetzung wurde nicht empfohlen, damit war die Funktion erledigt. Über meine Abberufung war ich nicht informiert worden.

Ob mit oder ohne Mandat: Meine Beziehungen zu Japan bestehen bis heute fort. Das Land Brandenburg nahm zur Präfektur Saitama Kontakte auf. Diese Präfektur liegt in der Nachbarschaft der Hauptstadt Tokio wie Brandenburg neben Berlin. Präfekt war inzwischen Herr Tsuchiya. Als erfahrener LDP-Politiker unternahm Tsuchiya große Anstrengungen, die internationalen Kontakte zu pflegen. Zweimal bereits lud er mich als Ministerpräsident a. D. zu einem Friedensfest ein. Diese Aufenthalte ließen immer auch Raum für Gespräche in Tokio. Dort traf ich mich mit dem Sekretär des ZK der KPJ, Takahashi. Im Ergebnis dieser Gespräche wurde die PDS stets zu den Parteitagen der KPJ eingeladen, und japanische Kommunisten nahmen im Gegenzug an Parteitagen der PDS teil.

Mit ihren Friedensfesten wurde die Präfektur Saitama in der japanischen Öffentlichkeit wahrgenommen, und für Tsuchiya war es stets eine willkommene Gelegenheit, sich als ehemaliger Präsident des Oberhauses zu erklären. Ich bin mir sicher, daß sein friedenspolitisches Engagement seiner Überzeugung entspricht und keineswegs Kalkül ist. In der Zeit des kalten Krieges hat er über friedliche Koexistenz nicht nur geredet, sondern in bezug auf die DDR auch gehandelt. Es war daher kein Zufall, daß er die Zusammenarbeit mit dem Land Brandenburg suchte und in Ministerpräsident Manfred Stolpe, einem ehemaligen DDR-Bürger, auch einen guten Partner fand. Wenn Tsuchiya Brandenburg besuchte, gab der japanische Botschafter stets ein Essen. Ich gehörte zu den Gästen,

Zum Gespräch im Zentralkomitee der Kommunistischen Partei Japans, Meinungsaustausch mit Takahashi

und Tsuchiya und ich fanden immer Gelegenheit zu einem Gespräch im kleinen Kreis.

An einem der Friedensfeste nahm auch meine Frau Annemarie teil. Gemeinsam mit Tsuchiyas Frau besuchte sie eine Puppenfabrik. Das Ehrengeschenk von damals hat noch heute einen Platz in meiner Wohnung. Als Tsuchiya in Begleitung seiner Gattin Potsdam besuchte, äußerte sie, wohl in Erinnerung an Gespräche mit meiner Frau, den Wunsch, jenen Kindergarten zu besuchen, den meine Tochter Tamara in Kleinmachnow leitete. Der konnte erfüllt werden: Nichts einfacher als das.

Für das Friedensengagement Tsuchiyas fand ich eine einfache Erklärung. Im Unterschied zu Deutschland gab es einen Friedensvertrag mit Japan. Allerdings nur durch die USA. Die Sowjetunion befand sich de facto bis zu ihrem Ende im Kriegszustand mit Japan, was nicht nur im Streit um die Kurilen sichtbar wurde. Seither bemüht sich Rußland um eine abschließende Regelung. Japans Wirtschaftskraft ist zudem rückläufig und erkennbar, daß dieser Bedeutungsverlust zunehmend durch militärpolitisches und militärisches Engagement kompensiert werden soll. 2001 konstituierte sich die Shanghai-Gruppe mit Rußland, China, Kirgistan, Kasachstan, Tadschikistan und Usbekistan, um gemeinsam, wie es heißt, den Terrorismus zu bekämpfen. Das nehmen die USA und Japan als Vorwand für eine militärische Kooperation, sie hielten bereits gemeinsame Manöver ab. Solche Entwicklungen trieben und treiben auch Japaner wie Tsuchiya um.

Mittlerweile befindet sich Tsuchiya im Ruhestand, und die Kontakte mit Brandenburg sind ein wenig lockerer geworden. Im Mai 2005 besuchte ich Japan erneut, es wird wohl meine letzte Reise ins Land der aufgehenden Sonne gewesen sein. Ich nahm noch einmal ein Stück Geschichte auf. Masatake Murata hatte die Fahrt vorbereitet, er begleitete mich und meine Lebensgefährtin Gabi. Murata hatte in der DDR an der Hochschule für Ökonomie studiert und fast zwei Jahrzehnte im Bundesvorstand des FDGB die partnerschaftlichen Beziehungen zu japanischen Gewerkschaften gepflegt. In den Städten Tokio, Sapporo, Nagano und Kyoto waren Vorträge vereinbart. Mein Publikum in Tokio waren Mitglieder des Zirkels für das Studium des »Kapital«, der von Prof. Miyakawa seit vielen Jahren betreut wird. Viele von ihnen haben die DDR besucht und kommen heute nach Deutschland, um sich hier mit aktueller linker

Mit Prof. Miyakawa unterwegs in Japan, 1994

Politik vertraut zu machen. Sie wollten vor allem Überlegungen zum Sozialismus im 21. Jahrhundert hören.

In Nagano und Sapporo wollten Gewerkschafter etwas über die sozialen Kämpfe in der Bundesrepublik erfahren. Auch in Japan gehen die Mitgliederzahlen zurück, der Kampf gegen den Neoliberalismus ist selten erfolgreich. In Kyoto standen Zusammenhänge und Ursachen für den Untergang des Realsozialismus im Mittelpunkt eines Seminars für Studenten.

Das Gespräch mit Fuwa von der KPJ erfolgte im neuen Sitz der Parteiführung, in einem sehr modernen Hochhaus nahe dem Zentrum Tokios. Fuwa interessierte sich natürlich für die PDS, sprach aber auch ausführlich über seine in China gewonnenen Eindrücke. Die Reise des Parteivorsitzenden nach China auf Einladung der dor-

2005: Abschied von Japan?

tigen KP war ein historischer Vorgang. Noch in der Zeit der Komintern hatte die KPJ alle Beziehungen zur KPdSU abgebrochen, und seit den 60er Jahren gab es auch keine Kontakte mehr zur KP Chinas. Für mich war interessant, wie Fuwa die Entwicklung in der Volksrepublik China bewertete. Er sei zu der Erkenntnis gekommen, sagte er mir, daß der Weg Chinas zum Sozialismus wesentliche

Anregungen für eine antikapitalistische Alternative in Japan liefere. Die neu geknüpften Beziehungen sollten daher entwickelt werden. Auch mit der KP der Russischen Förderation hatte die KPJ inzwischen Kontakt aufgenommen. Selbst wenn sie erst am Anfang stehen, könne er sagen, daß dieser Schritt für beide Parteien bedeutungsvoll sei.

Die Nachrichtenagentur *Kyodo Press* lud mich zu einem Interview und zeigte mir den neuen Sitz der Agentur. Der Besuch im Archiv war mit einer persönlichen Überraschung verbunden: In der aufs modernste eingerichteten und ausgestatteten Agentur wurde die erste von dort über Hans Modrow verbreitete Nachricht nicht etwa digitalisiert aus dem Rechner abgerufen und ausgedruckt, sondern man zog sie aus einem Karteikasten. Sie stammte vom Mai 1972 und enthielt die Mitteilung über den Besuch einer SED-Delegation beim Vorstand der Sozialistischen Partei Japans.

Zu den während meines Aufenthaltes am häufigsten gestellten Fragen gehörten jene zur Entwicklung der EU und ihrer Verfassung. Einer meiner Vorträge befaßte sich folglich auch mit diesem Thema. Mein Manuskript lag jeweils vorab in japanischer Übersetzung vor, und ich ergänzte den Text kommentierend nach Schwerpunkten. Zu meiner Kritik am neoliberalen Charakter und der im Verfassungsentwurf festgeschriebenen Militarisierung europäischer Politik gab es viele Nachfragen. Diese Aspekte schienen in der japanischen Wahrnehmung bislang kaum eine Rolle gespielt zu haben. Auch *Kyodo Press* hatte meine Manuskripte. Da unmittelbar vor dem Interview aus Frankreich das »Non« zum Verfassungsentwurf kam, erfuhren meine Argumente eine größere Aufmerksamkeit.

Ein Treffen mit Absolventen von Universitäten und Hochschulen der DDR war für uns ein ganz besonderes Erlebnis. Die Akademiker hatten, wie sie mir erklärten, Kontakt untereinander. Unser Besuch war für sie Anlaß für ein Treffen außer der Reihe. »Wir sind die japanischen Ossis«, stellten sie sich uns vor und man glaubte es ihnen. Rostock, Berlin, Dresden und Leipzig hieß zeitweise ihre Heimat, sie lernten dort viele Menschen und das Leben in der DDR intensiv kennen und wußten, was wir mit ihr verloren hatten. Ich spürte, wie sehr diese Jahre bei uns sie nachhaltig geprägt hatten. Sozialismus war für sie keine Phrase: Sie hätten in Japan nie studieren können. Und wovon sie träumten und wofür sie arbeiteten, mußten sie uns nicht versichern.

Mit langjährigen Freunden in Japan, Zweiter von rechts der inzwischen im Ruhestand befindlichen Tsuchiya, rechts Prof. Mumuzumi

Masatake Murata war schon wieder auf dem Weg nach Berlin, als wir von Tsuchiya nach Shimoda eingeladen wurden. Prof. Mumuzumi und seine Frau boten sich uns als Begleiter an. Mumuzumi hatte an der Hochschule für Ökonomie studiert, seine Frau absolvierte in Rostock ein Medizinstudium. Aus Sapporo kommend, nahmen sie uns in Tokio am Flugplatz in Empfang. Mit dem Zug ging es weiter nach Shimoda.

Tsuchiya war mit etwa zwanzig ehemaligen oder in Saitama noch tätigen Beamten angereist und hatte sich mit ihnen in einem Hotel eingemietet, um gemeinsam mit uns das Wiedersehen zu feiern, das zugleich ein Abschied für immer sein würde.

Als wir wieder in den Flieger stiegen, resümierte ich meine Erfahrungen im Umgang mit dem Land. Ich denke, mit meiner persönlichen Bilanz kann ich zufrieden sein. Die DDR hätte vielleicht mehr daraus machen können. Aber hätte das etwas an unserem Abgang geändert? Doch immerhin: Die DDR hat ihren Beitrag zum positiven Verhältnis zwischen Deutschland und Japan geleistet. Dieser wird seinen angemessenen Platz in der Geschichte der deutsch-japanische Beziehungen behalten. Vielleicht bei den Japanern einen größeren als derzeit bei den Deutschen.

Aber das muß ja nicht für alle Zeit so bleiben.

Zur Freundschaft mit Polen

Die Bundesrepublik Deutschland rühmt sich zurecht der Aussöhnung mit seinem westlichen Nachbarn. Aus den beiden »Erbfeinden«, die wiederholt gegeneinander Krieg führten und sich wechselseitig tiefe Wunden zufügten, wurden gute Freunde. Dies ist eine beachtliche historische Leistung, die Frankreichs Präsident Charles de Gaulle und Bundeskanzler Konrad Adenauer hoch anzurechnen ist. Die gleiche Anerkennung muß man aber auch den Führungen in Warschau und Berlin zollen, die es in gleicher Weise vermochten, lange gepflegte Feindschaften abzutragen.

Und: Obgleich die Grenzlinie in Potsdam von Stalin mit Bleistift markiert und von den Siegermächten verbindlich festgelegt worden war, bedurfte es auch ihrer völkerrechtlichen Anerkennung durch die beiden Staaten, die die Grenze trennte.

Die DDR bzw. Deutschland verzichtete damit keineswegs, wie Jahrzehnte in der Bundesrepublik nicht nur von den sogenannten Vetriebenenverbänden behauptet wurde, auf die deutschen Ostgebiete: Die hatte Hitlerdeutschland mit seinem Expansionsdrang verspielt – nicht, wie suggeriert, die DDR und auch nicht die von Brandt geführte sozialliberale Koalition. Die Führung in Berlin trug aber den historisch entstandenen Gegebenheiten Rechnung und warb nun dafür bei ihrer Bevölkerung um Verständnis. Das schloß ein, entschieden gegen jeden Anflug von Revanchismus vorzugehen. In der BRD wüteten mehr als hundert Vertriebenen-Organisationen gegen die Tatsache, daß an Oder und Neiße seit 1945 Polen begann. Sie wurden von der Regierung in Bonn nicht nur materiell und ideell, sondern auch personell und politisch unterstützt. Es gab sogar ein Vertriebenenministerium, das erst 1969 durch die Brandt-Scheel-Regierung abgeschafft wurde.

Auf polnischer Seite gab es verständlicherweise auch erhebliche Ressentiments. In der fast tausendjährigen Geschichte des Landes war dieses wiederholt von den Nachbarn überfallen, besetzt und geteilt worden. Nach dem Ableben von August dem Starken, der als sächsischer Kurfürst zugleich auch König von Polen war, nah-

Kranzniederlegung im Ehrenhain zu Wroclaw, 1959

men erkennbar die Expansionsgelüste von Rußland, Preußen und Österreich zu. Gegen Ende des 18. Jahrhunderts teilten diese Nachbarstaaten Polen mehrmals untereinander auf, nach der dritten Teilung 1795 verschwand der polnisch-litauische Staat vollständig von der politischen Landkarte Europas. Seine Neuordnung auf dem Wiener Kongreß 1815 brachte das sogenannte Kongreßpolen hervor. Nach dem Ersten Weltkrieg, 1918, entstand erstmals ein unabhängiges Polen. Es wurde 1939 von Hitlerdeutschland überfallen und besetzt. Da im geheimen Zusatzabkommen zum Nichtangriffsvertrag zwischen UdSSR und Deutschland eine Grenze zwischen beiden Staaten auf polnischem Territorium vereinbart worden war, die bis zum Überfall auf die Sowjetion 1941 galt, sprach man später von einer Vierten Teilung Polens.

Bereits auf der Konferenz in Teheran hatten die Großen Drei beschlossen, den polnischenStaat wieder herzustellen. Diese Absicht wurde in Jalta und in Potsdam bekräftigt und präzisiert. Die Siegermächte legten fest, daß Polen praktisch nach Westen verschoben wurde. Für die Territorien in Ostpolen, die Belorußland und der Ukraine in den Interventionskriegen zu Beginn der 20er Jahre geraubt worden waren und die sich die UdSSR nunmehr zurückholte, wurden dem polnischen Staat deutsche Gebiete – Teile Ostpreußens, Westpreußen, Pommern und Schlesien – zugeteilt. Den umgesiedelten Polen mußte nun glaubhaft versichert werden, daß sie in den vormals deutschen Gebieten nicht nur zeitweise, sondern für immer bleiben würden. Dazu aber mußte die Grenzfrage mit dem deutschen Nachbarn final geklärt sein.

Die DDR war dazu 1950 bereit – die Regierung der Bundesrepublik Deutschland de facto erst zwanzig Jahre später, als sie im Warschauer Vertrag erstmals keine Ansprüche mehr auf die Gebiete östlich der Oder-Neiße-Linie erhob, de jure jedoch erst am 14. November 1990 mit dem Deutsch-Polnischen Grenzvertrag. Und das geschah, wenn man die westdeutschen Kommentare aufmerksam las, auch nur, um den europäischen Nachbarstaaten die Angst vor einem wiedererstarkten Deutschland zu nehmen. Das heißt, es war nicht unbedingt ein Akt innerer Überzeugung. Das konnte es auch schon deshalb nicht sein, weil noch immer Kräfte in der Bundesrepublik existieren, die unverändert territoriale Forderungen an Polen richten. Im Jahr 2000 beispielsweise gründeten Vertriebenenfunktionäre die »Preußische Treuhand«, die nach sechs Jahren Vorbereitung vor dem Europäischen Gerichtshof für Menschenrechte klagte, um vermeintliche Eigentumsrechte in Polen durchzusetzen. Sowohl die Schröder- als auch die Merkel-Regierung distanzierten sich von derart abstrusen Vorstellungen. Es gab verständliche Gegenreaktion auf polnischer Seite, manche jedoch waren ideologisch überzeichnet und offenbarten einen nationalistischen Ungeist, der eigentlich als überwunden galt. Der damalige Warschauer Bürgermeister und nachmalige polnische Ministerpräsident Lech Kaczynski zum Beispiel ließ eine Expertenkommission die Schadenssumme ermitteln, die die deutsche Besatzung gekostet habe, um sie nunmehr in Berlin einzufordern. Man kam auf 45 Milliarden Euro.

Sowohl das eine wie das andere belastete objektiv das Verhältnis zwischen Deutschen und Polen, das inzwischen als entspannt und normal galt. Käme auch nur ein einziger Westdeutscher auf den aberwitzigen Gedanken, Eigentumsrechte im Elsaß geltend zu machen? Aber in bezug auf Polen schon. Darüber muß man sich seine Gedanken machen.

In Wroclaw, dem vormaligen Breslau, bin ich vielleicht zwei Dutzend Male gewesen. Zum ersten Mal nach dem Krieg, als ich als sowjetischer Kriegsgefangener dort auf Transport ging. Zum zweiten Male 1959, als ich mit einer FDJ-Abordnung im Ehrenhain Kränze niederlegte. Wir gedachten der Soldaten, die von Februar bis Mai 1945 dort ihr Leben verloren. Die Hitlerclique erklärte die schlesische Metropole zur »Festung«, am Ende waren 80 Prozent der Stadt zerstört, mehr als 400 einzigartige Baudenkmale Ruinen.

Die Wojwodschaft Niederschlesien grenzte an unseren Bezirk, Wroclaw und Dresden waren nicht nur geographisch Nachbarn. Und ein Stückchen weiter lag Krakau, jetzt Krakow, wo der sächsische Kurfürst August als polnischer König August II. bestattet wurde – bei uns in Dresden, in der Gruft der Hofkirche, befindet sich sein Herz in einer silbernen Kapsel. Der Vorgang hat natürlich etwas Symbolhaftes, so war es auch gedacht, und er verfehlt seine Wirkung bis auf den heutigen Tag nicht. Ich nehme mich nicht von jenen aus, die auf polnischer und auf deutscher Seite davon angerührt sind. Ich habe die beiden Orte gelegentlich aufgesucht, wenngleich mein Gedenken jedoch vornehmlich jenen Menschen galt, die der Nazidiktatur ein Ende bereitet hatten. Und das waren nun einmal mehrheitlich die Sowjetsoldaten, sie zahlten den höchsten Blutzoll, weshalb ich, 1959 beginnend, mit steter Regelmäßigkeit im Breslauer Ehrenhain mein Haupt neigte, in denen der gefallenen polnischen und der sowjetischen Soldaten gedacht wird.

Später, als Bezirkserster, fuhr ich immer mit dem Auto von Dresden nach Wroclaw. Dabei kam ich an Boleslawiec vorbei, dem vormaligen Bunzlau. Napoleon, aus Rußland vertrieben, hielt sich 1813 dort auf, ehe er in der Völkerschlacht bei Leipzig das Fell über die Ohren gezogen bekam. Maßgeblich für seine Niederlage in Rußland war Michail Kutusow. Der russische Feldherr hatte bei Borodino Napoleon einen Pyrrhus-Sieg abgetrotzt und anschließend aus dem Lande getrieben. Das Schlachtfeld Borodino lag unweit meines Kriegsgefangenenlagers, ich wurde dort mit europäischer Geschichte konfrontiert, die mich bei Bunzlau wieder einholte: Der Generalfeldmarschall der russischen Armee war dort am 28. April 1813 seinen schweren Verwundungen erlegen und beigesetzt worden. Nun lag er auf dem Friedhof von Boleslawiec neben hochdekorierten Helden der Sowjetunion. Ich stieg gelegentlich aus und erinnerte mich seiner. Leo Tolstoi hatte ihm in »Krieg und Frieden« ein literarisches Denkmal gesetzt – hier stand es in Stein gehauen.

Mitte der 60er Jahre bekam ich ganz unmittelbar mit Polen zu tun, als ich über meiner Dissertation saß. Es ging darin um Auswahl und Einsatz von Führungskräften in der Wirtschaft, was ja durchaus etwas mit Soziologie zu tun hat. Auf diesem Gebiet waren die Polen einfach weiter als wir in der DDR. Unser Botschafter in Polen hieß damals Karl Mewis, den ich geraume Zeit bereits kannte. Auf meine Bitte sorgte er dafür, daß ich in Warschau Methoden und Ergebnisse der polnischen Soziologie studieren konnte. Dabei wurde mir bewußt, wo wir auf diesem Gebiet standen: Nämlich allenfalls ganz am Anfang. Es wäre darum sinnvoll gewesen, wenn Soziologen in Polen und in der DDR mehr zusammengekommen wären. Bei uns freute man sich, wenn DDR-Soziologen auf internationalen Kongressen glänzten, aber die Resultate ihrer Arbeit, bittere Wahrheiten mitunter, mochte man nicht so sehr.

Meine Verbindungen nach Polen intensivierten sich mit Übernahme der Funktion in Dresden 1973. Die Grenzbezirke Rostock, Frankfurt, Cottbus und Dresden pflegten zu den polnischen Nachbarregionen ein partnerschaftliches Verhältnis. Mein Gegenüber in Wroclaw hieß Ludwig Drodz. Wir waren sehr unterschiedliche Charaktere: Ludwig ging zum Beispiel gern zur Jagd und animierte mich zuweilen, mit ihm auf Hasen und Fasane zu schießen. Große Freude bereitete mir das nicht, was er wohl spürte. Trotzdem verstanden wir uns sehr gut. Zwischen unseren Familien entstand eine Vertrautheit, die auch nach seiner Ablösung nicht endete. Ende 1981 verhängte Verteidigungsminister General Wojciech Jaruzelski, der im Oktober an die Spitze der PVAP gestellt worden war, den Ausnahmezustand. Soziale Unruhen hatten das Land in eine schwere Krise gestürzt. Das führte auch zu Auseinandersetzungen in der Parteiführung. Etliche Funktionäre wurden aus der Partei ausgeschlossen und sogar für einige Wochen inhaftiert. Auch Drodz geriet in diese Mühle. Ich bot ihm und seiner Familie quasi Asyl. Sein Sohn fand eine Beschäftigung in einem Betrieb in Bautzen, der Landmaschinen baute.

Sein Nachfolger Tadeus Porebski wußte von meinem Einsatz für die Familie Drodz und tolerierte das. Er meinte, wenn die Beziehung zwischen unseren Regionen menschlichen Züge trägt, sollten sich die Funktionäre raushalten. Womit er sagen wollte, daß es noch etwas jenseits von Staats- und Parteidisziplin gäbe.

Tadeus genoß bereits als Rektor der Polytechnischen Hochschule in Wroclaw hohes Ansehen. Er sprach deutsch und russisch, so konnten wir uns ohne Dolmetscher verständigen, und offenbarte in vielen Dingen eine menschliche Größe, die ihn zu einer Ausnahmeerscheinung machte. Er war in der politischen Arbeit unerfahren und machte mir gegenüber daraus kein Geheimnis. Er schlug mir deshalb ein Seminar über Führungsarbeit vor. Ich zuckte zurück: Angesichts der Geschichte sollten Deutsche sich verkneifen, den Polen Nachhilfeunterricht zu erteilen, selbst wenn dies als Privatissimum geschähe. Er beharrte jedoch darauf, und so ließ ich mich auf einen »Erfahrungsaustausch« ein. Uns verband bald die gemeinsame Suche nach praktischen Lösungen. Das Görlitzer Warenhaus, im Jugendstil errichtet und rekonstruiert, hatte das gleiche Problem wie das Warenhaus in Wroclaw. So begannen beide im kleinen Grenzverkehr Konsumgüter zu tauschen, um ihr Warenangebot zu verbessern. Oder wir zweigten Ersatzteile für polnische Landmaschinen ab, für die wir im Gegenzug Gemüse erhielten, das die schmale Versorgungspalette in unserem Bezirk verbreitete.

Schlesien war ein traditionelles Industriegebiet. Die in den 70er Jahren von Edward Gierek geführte PVAP beschleunigte das Wachstumstempo der Wirtschaft enorm, was zu hohen sozialen Belastungen der Bevölkerung führte. Die Modernisierung der Wirtschaft mit Hilfe westlicher Kredite hatte eine horrende Verschuldung des Landes bei gleichzeitig sinkendem Lebensstandard zur Folge. Giereks Parole lautete: ein zweites Polen schaffen. Ludwig Dodz pflegte zu sagen: Man weiß in Warschau nicht, wie straff der Gürtel den Polen schon sitzt, sonst könnte sie nicht fordern, ihn um zwei weitere Löcher noch enger zu schnallen.

Vor diesem Hintergrund entstand *Solidarnosc*, eine zunächst unabhängige Gewerkschaftsbewegung. Sie gewann rasch an Einfluß, konsequenter als andere Organisationen forderte sie soziale Gerechtigkeit ein. Sie verfolgte kein Programm der Rückkehr zum Kapitalismus. Das kam erst sehr viel später, als die Strategen im Westen die Bewegung als Hebel begriffen, den polnischen Staat und damit den Sozialismus aus den Angeln zu heben. Je mehr sich aber die Lage in Polen zuspitzte, umso unruhiger wurde Moskau und die Verbündeten. Im Dezember 1980 tagte der Politisch Beratende Ausschuß der Warschauer Vertragsstaaten. Als ZK-Mitglied erhielt ich das Protokoll der Beratung in Moskau. Stanislaw Kania, der seit September an der Spitze der PVAP stand, referierte über die Lage im Land, was weniger kritisch ausfiel als erwartet. Honecker und Husak zeigten sich besonders unzufrieden, und Breshnew verlangte unverhohlen ein schärferes Vorgehen gegen Solidarnosc. Die Debatte gewann an Schärfe, Kania durfte nicht einmal reagieren.

In jener Zeit vertrat Boris Aristow als Botschafter die UdSSR in Warschau. Wir pflegten in Leningrad, wo er viele Jahre 1. Sekretär des Stadtkomitees der KPdSU war, einen ziemlich offenen Umgang miteinander. Ich erlebte ihn als einen kritischen Geist – auch in bezug auf Romanow, der ihn darum loswerden wollte. Boris gehörte allerdings dem ZK an und konnte nicht von Romanow gestürzt werden. Also wurde er weggelobt.

Ein Botschafter ist verpflichtet, die Politik des Entsenderlandes zu vertreten und nach Möglichkeit auch durchzusetzen. Das galt auch für Aristow. Er wird es in Warschau wohl auch weitgehend getan haben, denn nach seiner Abberufung wurde er Außenhandelsminister der Sowjetunion. Und auch meine polnischen Freunde klagten mir oft ihr Leid, das sie mit Moskaus Statthalter hatten. Er habe oft die Grenze der Nichteinmischung überschritten. Wie ich sah, hatte Aristows Amt ihn nicht zu seinem Vorteil verändert.

Kurz nach dem Moskauer Treffen Ende 1980 sprach ich mit Tadeus Porebski und Jerzy Golic, dem 1. Sekretär von Jelena Gora. In Kenntnis des Protokolls des Tribunals, das mit Kania veranstaltet worden war, sprach ich zunächst über meine Verbundenheit zu Polen und über unsere Bemühungen um gute Partnerschaft. Ich sprach auch über meine und unsere Sorgen und versuchte jeden Anschein einer Bevormundung zu vermeiden. Wie die Beziehungen in den nächsten Jahren, unter den Bedingungen des Kriegsrechtes, zeigten, war diese Runde in Görlitz wichtig und der dort beschworene Geist der Freundschaft lebensfähig.

Wir kamen in diesem Kreis Ende November 1981 in Dresden erneut zusammen. Tadeus meinte, die Polen müßten ihre Probleme allein lösen, während Jerzy glaubte, dies wäre ohne Mitwirkung der Verbündeten kaum mehr möglich. Am Ende waren wir uns jedoch einig, daß es kein zweites Prag geben dürfe.

Dieser Ansicht war man auch in Warschau.

Wie Wojciech Jaruzelski später berichtete, gab es am 1. Dezember 1981 eine Beratung des Anti-Krisenstabes in Warschau. Dort habe Tadeus Porebski, den ich als einen keineswegs ängstlichen Mann kannte, den Schutz der Familien des Parteiaktivs gefordert. Offenkundig war die Lage im Lande dramatischer, als wir es von außen wahrnahmen.

Seit Monaten bereits drängte Moskau auf einen Wechsel an der Spitze der Partei, man wollte Kania ablösen, der seit Jahresfrist erkennbar erfolglos agierte. Der Favorit des Kremls war der ehemalige Außenminister Stefan Olszowski. Die SED-Führung forderte uns Bezirkssekretäre auf, mit den Mitgliedern des polnischen ZK zu sprechen, um seine Wahl abzusichern. Da die DDR in Wroclaw durch Generalkonsul Franz Franzen vertreten war, den ich aus FDJ-Jahren in Mecklenburg gut kannte, führte ich in seinem Amtssitz entsprechende Gespräche mit ZK-Funktionären, über die ich Tadeus Porebski informierte. Ich war in einer mißlichen Lage. Einerseits hatte ich meine Order, andererseits war ich mir durchaus bewußt, daß ich auf diese Weise Vertrauen verspielen könnte.

Bekanntlich wurde nicht Olszowski, sondern Jaruzelski gewählt – auf Vorschlag von Tadeus Porebski. Dieser wurde bald nach Warschau als Sekretär des ZK für Organisationsfragen berufen, damit war er der zweite Mann in der Parteiführung. Es dauerte aber nicht lange, daß mir Tadeus gestand, »die Professoren« wären in Warschau nicht sehr gefragt. Er wurde kurze Zeit danach Sekretär für das Bildungs- und Hochschulwesen, schließlich Botschafter in Jugoslawien. An seine Stelle in der Parteiführung trat ein General.

Jaruzelski traf ich zum ersten Mal bei einer Beratung der Führungen der SED und der PVAP in Berlin. Damals war Porebski noch in Wroclaw, er nahm aber auf polnischer Seite daran teil. Das war auch der Grund, weshalb ich nach Berlin mußte. Im Dezember 1989 trafen ich den General erneut beim Gipfel in Moskau, und am 3./4. Februar 1990 beim Weltwirtschaftsforum in Davos.

Ich erlebte Jaruzelski dort als einen durchaus integren und überzeugenden Mann. Es gab eine Podiumdiskussion mit ihm, den Ministerpräsidenten der CSSR, Bulgariens und der DDR. Vor dieser Veranstaltung hatte Kohl einen Gastvortrag gehalten, was ich zu einem Gespräch mit ihm nutzte. Der tschechoslowakische Ministerpräsident Marian Calfa hatte nur ein Thema: den möglichst raschen Abzug sowjetischer Truppen. Der General erklärte dem Zivilisten Calfa sehr überzeugend den Unterschied zwischen einem Vormarsch und einem Rückzug einer Armee. Wer über Jahre feste Garnisonen baue und betreibe, könne nicht über Nacht einfach so mit Waffen und Familien abziehen.

Am 16. Februar 1990 konferierte ich mit Jaruzelski in Warschau. Später, in den 1990er Jahren, traf ich ihn bei Besuchen und Gesprächen mit den Sozialisten Polens. Bereits damals setzte die Diskussion um eine juristische Verfolgung ein, die jedoch erst manifest wurde, als die Gebrüder Kaczynski an die Spitze des polnischen Staates traten. Am 17. April 2007 eröffnete das Bezirksgericht Warschau ein Verfahren gegen Jaruzelski, Czeslaw Kiszczak, damals Leiter des militärischen Sicherheitsdienstes, Stanislaw Kania und sechs andere Mitglieder des »Militärrats der Nationalen Errettung«. Zuvor hatten, wie es hieß, Staatsanwälte des für die Aufarbeitung »kommunistischer und nationalsozialistischer Verbrechen« zuständigen *Instituts für Nationales Gedenken* (IPN) zweieinhalb Jahre lang gegen die Angeklagten ermittelt. Im Falle einer Verurteilung drohen Wojciech Jaruzelski wegen »Leitung einer verbrecherischen Organisation« eine Haftstrafe von bis zu zehn Jahren. Das ist mehr als absurd, weil er nachweislich Schaden von Polen abgewendet hat. Der Bürgerkrieg stand vor der Tür, eine Intervention wie damals 1968 in der CSSR hätte noch weitaus schlimmere Folgen nach sich gezogen.

Die Linke Polens hat wie keine andere nach 1990 einen dramatichen Weg nach oben und wieder nach unten genommen. Aus der Polnischen Vereinigten Arbeiterpartei (PVAP) wurde die Demokratische Linksallianz (Sojusz Lewicy Demokratycznej) mit dem Kürzel SLD. Diese nunmehr sozialdemokratische Partei stellte von 1995 bis 1997 und von 2001 bis 2006 mit Josef Oleksy und Leszek Miller den Ministerpräsidenten, Staatspräsident Aleksander Kwasniewski kam ebenfalls aus der SLD. Personell bestand also Kontinuität. Die polnischen Sozialisten nahmen im November 1990 noch an einem Treffen von Parteien der ehemaligen Verbündeten in Moskau teil. Danach behielten sie Kontakt mit der KPdSU, sonst hätte ihre Führung die Einladung zum Urlaub auf der Krim 1991, als ich Kwasnieswki und Miller in Foros traf, gewiß nicht angenommen. Und sie goutierten im Unterschied zu mir den Programmentwurf der KPdSU, weil sie den dort signalisierten Wandel in Richtung einer sozialdemokratischen Partei begrüßten.

Als Vorsitzender der Fraktion der Sozialisten im polnischen Sejm Mitte der 90er Jahre schlug Kwasniewski andere Töne an. Ihm schien inzwischen Washington näher denn Moskau zu stehen. Er führte bald als Präsident sein Land in die NATO. Inzwischen engagiert er sich in der Ukraine mit den gleichen Intentionen.

Im Dezember 2006 traf ich mich mit Josef Oleksy, der mich neben anderen auch ausführlich über diesen Saulus informierte, der aus dem polnischen Paulus inzwischen geworden war. Erst links, dann liberal, nunmehr konservativ – eine sehr gerade, aber keineswegs ungewöhnliche Entwicklung. Auch sein Parteifreund Leszek Miller will nicht mehr an seine kommunistische Vergangenheit erinnert werden, wie es scheint. Josef Oleksy war da aus anderem Holze, er war ein Mann von Charakter und überlebte viele politische Angriffe auf seine Person. So wurde unter anderem verbreitet, er habe für den sowjetischen Geheimdienst gearbeitet. Und als seine bzw. die Verbindung seiner Partei zur PDS in der Öffentlichkeit als anrüchig denunziert wurde, trat er als SDL-Vorsitzender demonstrativ mit mir in Poznan vor die Kameras und referierte über Probleme der nachbarschaftlichen Beziehungen zwischen Polen und der BRD und die jüngere Geschichte. In Brüssel tauschten wir uns im Europäischen Parlament über den Stand der Beitrittsverhandlungen zur EU aus und auf welche Probleme die Aufmerksamkeit in Polen gelenkt werden sollte.

Seine Sicht auf den Verfassungsentwurf der EU war kritischer als die der Linkspartei-Vertreter im Europäischen Parlament. Er zweifelte am künftigen demokratischen Charakter der Union und befürchtete die wachsenden sozialen Verwerfungen, die das neoliberale Konzept bewirken würde. Auf die drohende Militarisierung hingegen reagierte er weniger ablehnend als ich.

Im März 2007 trat er aus der SDL aus. Er kam einem Parteiausschluß zuvor. Anlaß für diesen Schritt war sein Auftritt bei einem Herrenabend, bei dem er seinem Herzen Luft verschafft hatte. Er redete Klartext über Kwasnieswki und Miller, wobei er möglicherweise die Grenzen des Anstands ein wenig überschritt.

Im Dezember 1989 hatte ich in Moskau auch erstmals Mieczyslaw Rakowski getroffen, der der letzte PVAP-Generalsekretär sein sollte. 1988/89 war er auch Ministerpräsident gewesen. Honecker mochte ihn nicht. Zu weich, zu kritisch, zu intellektuell. Unlängst traf ich Rakowski in Warschau wieder. Wir sind beide ein wenig älter geworden, vermutlich auch ein wenig abgeklärter. Der gelernte Journalist war in den 90er Jahren dem Willy-Brandt-Kreis der SPD beigetreten, inzwischen bekennt er sich klarer zu seiner Vergangenheit, als er es noch vor einigen Jahren tat.

Als er am 1. Dezember 2006 seinen 80. Geburtstag beging, veröffentlichte die Warschauer Zeitschrift *Dzis* seine »Entschuldigung«, mit dem er sich an das polnische Volk wandte. Die selbstironische Auflistung der »Fehler« der polnischen Kommunisten war ein deutlicher Kommentar zur Gegenwart und überzeugendes Signal:

»Die Liste unserer Sünden ist lang:

Ich entschuldige mich für die Aufhebung der Klassengegensätze, einer Herzensangelegenheit der kommunistischen Arbeiterbewegung und der linken Strömung der Bauernbewegung;

ich entschuldige mich für die Bodenreform, von der einige Generationen von Bauern träumten und – erfolglos – kämpften;

ich entschuldige mich vor den Arbeitern, daß die Kommunisten ihnen das Gefühl der Würde gaben;

ich entschuldige mich für die Nationalisierung der Industriebetriebe;

ich entschuldige mich, daß Millionen von Söhnen und Töchtern aus Bauern- und Arbeiterfamilien sozial aufgestiegen sind;

ich entschuldige mich, daß die Jugendlichen aus Bauern- und aus Arbeiterfamilien kostenlosen Zugang zu den Hochschulen hatten;

ich entschuldige mich, daß zwei Generationen von Polen ohne die Last der Arbeitslosigkeit lebten, in sozialer Sicherheit, ohne Sorgen um die Zukunft der Kinder;

ich entschuldige mich, daß Schluß mit dem Analphabetentum gemacht wurde;

ich entschuldige mich, daß es auf Polens Straßen weder Bettler noch Hunderttausende Obdachlose gab;

ich entschuldige mich für Tausende Bibliotheken, erschwingliche Bücher, Kulturhäuser in Stadt und Land;

ich entschuldige mich bei den Wissenschaftlern, Schauspielern, Kulturschaffenden dafür, daß sie, dank des sozialistischen Staatswesens, wissenschaftliche und kulturelle Leistungen von Weltruf vollbrachten;

ich entschuldige mich für den Wiederaufbau der von den Nazibesatzern zerstörten Städte und Dörfer, für den Wiederaufbau der Altstädte von Warschau und Gdansk;

ich entschuldige mich für den Wiederaufbau ungezählter Kirchen, Schlösser und weiterer Kulturdenkmäler, die im Krieg zerstört worden sind;

ich entschuldige mich vor der bereits dritten Generation von Polen, die an Oder und Neiße ansässig geworden sind und in gesicherten Grenzen leben […]

Liebe Freunde, dies ist die unvollständige Aufzählung meiner, wahrscheinlich unserer Schuld.«

Partnerschaft mit den Linken in der Tschechoslowakei

Nach den Weltfestspielen in Berlin 1951 vereinbarten die Jugendverbände der Tschechslowakei und der DDR den Austausch einer Urlaubergruppe. Wir sollten zunächst einige Tage in Prag bleiben und dann in die Hohe Tatra nach Lomnica fahren. Es war eine herrliche Zeit mit Wanderungen und Bergsteigen, mit Freundschaftstreffen und Sliwowitz. Die Gastfreundschaft zwang mich selbst dazu, denn ich war nie ein Freund des Alkohols, mein Organismus wehrt sich immer ziemlich schnell. In den 60er Jahren wurden die Kontakte politischer.

1968 wurde in Berlin aufmerksam und kritisch die Entwicklung bei unserem Nachbarn beobachtet. Auch dort hatte man begriffen, daß der Sozialismus entwickelt werden mußte. In der DDR hatte die SED auf ihrem VI. Parteitag 1963 ein Reformkonzept beschlossen, das als Neues Ökonomisches System der Leitung und Planung firmierte. Es sollte mit langem Atem verwirklicht werden, wobei uns dabei allerdings bald die Puste ausging, weil man in Moskau alles ein wenig anders sah. Das jedoch war in dieser Deutlichkeit im Frühling 1968 nicht absehbar. In Prag hingegen wollten die Genossen vielleicht das Gleiche, aber ihnen glitt zunehmend der Reformprozeß aus der Hand. Die Nachbarn fürchteten bald um den Sozialismus in der Tschechoslowakei, und insbesondere Ulbricht hatte Sorge, daß dadurch auch der Reformprozeß in der DDR gefährdet werden könnte. Es gab wiederholt bilaterale und multilaterale Konsultationen mit den Prager Genossen, denen man Hilfe anbot und zugleich auch deutlich machte, welche Konsequenzen die Entiwcklung für die Nachbarn hatte und wie diese damit unter Umständen umgehen würden. In der Bezirksleitung Berlin der SED nutzten wir verschiedene Möglichkeiten, um mit den tschechoslowakischen Genossen in unserer Partnerstadt an der Moldau zu reden.

So hatte beispielsweise Paul Verner, der 1. Sekretär der Bezirksleitung Berlin, seinen neu gewählten Amtskollegen mit Hintersinn im Sommer zum Urlaub an die Spree eingeladen. Ich brachte die Familie Simon am Nachmittag des 21. August 1968 in Berlin-Schönefeld zum Flugplatz. Da waren bereits, was ich nicht wußte, die Einsatzpläne für die konzertierte militärische Operation ausgegeben und die Panzer auf dem Wege.

Für uns in Berlin war klar: Das militärische Eingreifen war notwendig, der Konterrevolution in der CSSR mußte Einhalt geboten werden. Die Handlungen ergaben sich aus den Bündnisverpflichtungen und sicherten die Existenz des Sozialismus bei unseren Nachbarn. Das ist, wie ich heute einschränke, allerdings nur die halbe Wahrheit. Die Probleme – wie man heute sagt: der Reformstau – wurden durch die militärische Operation nämlich nicht gelöst. Mehr als die Sicherung der Macht erfolgte nicht. Es war ein Pyrrhussieg, der zum Untergang des Sozialismus beitrug.

Trotz der Diskussionen auch in der SED gab es entgegen anderslautenden Darstellungen keine Welle von Parteiverfahren in der Berliner Parteiorganisation. Der allgemeine Parteiauftrag lautete, die Zusammenhänge zu erklären, für Verständnis zu werben und analoge Entwicklungen im eigenen Verantwortungsbereich zu verhindern. Ich hatte mit den Vorsitzenden der Blockparteien zu sprechen. Nach einigen Stunden Diskussion schieden wir voneinander mit gleichen Ansichten. Wir hatten sie uns gemeinsam erarbeitet.

Mit Herbert Fechner – von 1967 bis 1974 Oberbürgermeister von Berlin – am 9. Mai 1969 in der Partnerstadt Prag

Am 9. Mai 1969 reiste ich mit Herbert Fechner, Berlins Oberbürgermeister, nach Prag, um an der Militärparade teilzunehmen, mit der an den Tag der Befreiung erinnert werden sollte. Im Rathaus gab es zuvor ein Treffen mit allen Delegationen, die aus Partnerstädten angereist waren. Dann standen wir auf der Tribüne neben der militärischen Führung der CSSR sowie der Generale der sowjetischen Truppen, die im Land seit dem Vorjahr standen.

Etliche der Protagonisten, die in den »Prager Frühling« involviert waren, hatten das Land bereits verlassen. Alexander Dubcek war erst im Vormonat von Gustav Husak an der Spitze der KPTsch abgelöst worden und hatte nunmehr den Vorsitz in der Nationalversammlung inne. Er stand ebenfalls auf der Tribüne.

Zdenek Mlynár, 1968 noch Sekretär des ZK der KPTsch, meine ich nicht gesehen zu haben. Er sollte 1970 aus der Partei ausgeschlossen werden und gehörte später zu den Initiatoren der »Charta 77«. Er mußte das Land verlassen. Ich lernte ihn zu Beginn der 90er Jahre kennen. In der Tschechischen Republik hatte sich eine neue linke Partei, die Demokratischen Sozialisten, gebildet und ihn zum Ehrenvorsitzenden gewählt. Zum ersten Mal trafen wir uns 1992 in Moskau bei einer Veranstaltung der Gorbatschow-Stiftung zu Fragen der weiteren europäischen Entwicklung. Redner und Initiator der Veranstaltung war Michail Gorbatschow.

Bald stellten Mlynar und ich überrascht fest, daß Gorbatschow mit uns beiden etwas anzufangen wußte, und das, obgleich Zdenek Mlynár und Gorbatschow an der Juristischen Fakultät der Lomonossow-Universität in Moskau in der ersten Hälfte der 50er Jahre studiert hatten. Sie hatten unlängst schon einmal über den Sozialismus debattiert, wie mir Mlynár erzählte. Dabei habe er feststellen müssen, daß der ehemalige Generalsekretär der KPdSU weitaus stärker von der Idee des Kommunismus abgerückt war als er, der verstoßene Dissident und vermeintliche Konterrevolutionär.

Zwischen uns entwickelte sich ein feste Verbindung. 1998 schenkte er mir sein vor zwanzig Jahren erschienenes Buch »Nachtfrost« mit der hintersinnigen Widmung: »Für Genossen Hans Modrow, zur Vertiefung seiner Kenntnisse von Schwierigkeiten, die die Reformer mit Moskau schon immer gehabt hatten, mit freundlichen Grüßen«. Im Jahr 2006 hat Klaus Kukuk die Erinnerungen von Vasil Bilak, damals Erster Sekretär der KP der Slowakei und Präsidiumsmitglied der KPTsch, übersetzt. Sie erschienen unter dem

Titel »Wir riefen Moskau zu Hilfe«. Bilak und Mlynár waren maßgeblich an den 68er Ereignissen beteiligt – aber die Sichten darauf konnten unterschiedlicher nicht sein. Und meine ist wieder anders. Das zeigt, wie schwer es offenkundig ist, eine Position zu formulieren, die der Wahrheit angemessen ist.

Ein anderer Akteur war Ota Sik. Das Neue Ökonomische System in der DDR war von seinen damaligen Überlegungen nicht allzu weit entfernt. Im April 1968 war er von Dubcek zum stellvertretenden Ministerpräsidenten und Koordinator der Wirtschaftsreformen ernannt worden. Er ging in die Schweiz und wurde 1970 Professor für Wirtschafts- und Sozialwissenschaften an der Hochschule in St. Gallen. Und sagte das, was reichlich zwei Jahrzehnte später auch Gorbatschow erklärte: Man habe von vornherein den Sozialismus überwinden wollen. In einem Interview mit der *Mlada Fronta* erklärte er am 2. August 1990: »Sehen Sie, wir konnten damals nicht alle unsere Ziele voll präsentieren. [...] Also war auch der dritte Weg ein verschleierndes Manöver. Schon damals war ich davon überzeugt, daß die einzige Lösung für uns ein vollblütiger Markt kapitalistischer Art ist.« Seit 1992 malte Sik nur noch. In der Nacht zum 22. August 2004 erlag er einem Hirntumor.

Mlynár war offenkundig einer der wenigen jenes Auf- und Umbruchs, der seiner sozialistischen Grundüberzeugung verbunden blieb. Er analysierte die Entwicklung in der CSSR unter zwei Aspekten: Was war falsch am sowjetischen Modell, und welche Fragen hat der »Prager Frühling« unbeantwortet gelassen?

In diesem Herangehen stimmten wir beide überein. Wir konnten die Diskussion nicht bis zu Ende führen: Mlynár starb, keine 67 Jahre alt an 15. April 1997 in Wien.

Am 4. Dezember 1989 entschuldigten sich die Vertreter der Staaten des Warschauer Vertrages auf ihrer Beratung in Moskau bei den Tschechen und Slowaken für die militärische Intervention im August 1968. Die NVA war an der Operation nicht beteiligt. Walter Ulbricht wußte es zu verhindern, daß auch nur ein deutscher Soldat die Grenze überschritt. Angesichts der Erfahrungen von 1938/39 war das eine völlig richtige Entscheidung. Die DDR gab logistische Unterstützung, das ist richtig. Mehr aber nicht.

Eine Debatte zu diesem von Gorbatschow gestellten Antrag hat es nicht gegeben. Er wollte die leidige Sache abgehakt wissen, mehr nicht. Und wohl auch signalisieren, daß die in Olomouc (CSSR),

Wünsdorf (DDR) und Legnica (Polen) stationierten sowjetischen Kommandos sich künftig aus den innenpolitischen Entwicklungen in diesen Ländern raushalten würden.

Das war zwar prinzipiell richtig, es konnte auch nicht anders sein. Allerdings offenbarte Gorbatschow auch hier sein Unvermögen, vorauschauend zu überlegen und zu planen. Noch im Mai 1990 sprach er beispielsweise von Mitgliedschaften in NATO und Warschauer Vertrag, die er offenkundig als etwas Statistisches ansah. Doch das Thema Osterweiterung der NATO hätte *vor* dem Abzug von Moskaus Truppen aus den Stationierungsländer aufs internationale Tapet gehört, nicht erst danach, als alle Messen gesungen waren. Gorbatschows Gejammer über die Osterweiterung der NATO kam mithin reichlich spät.

Am 12. Dezember 1989 hatte ich ein Gespräch mit dem Außenminister der USA in Potsdam. James Baker spielte im Nachgang in seinen Erinnerungen die Rolle der Regierung der DDR im Vereinigungsprozeß sehr herunter, während Condoleezza Rice meiner Initiative für einen Drei-Stufen-Plan vom 1. Februar 1990 durchaus Bedeutung beimaß. Aber für mich war im Gespräch deutlich erkennbar gewesen, worauf die Amerikaner drängten.

Frankreichs Präsident Mitterrand kam am 20. und 21. Dezember nach Berlin. Er vertrat eine grundsätzlich andere Position. De-

Nach dem Gespräch mit US-Außenminister James Baker, 1989

Mit Frankreichs Senator Jean François-Poncet, 13. Dezember 1990

monstrativ sprach er mit dem amtierenden Vorsitzenden des Staatsrates, Manfred Gerlach, mit Gregor Gysi sowie mit Vertretern der Opposition. Auch mir gegenüber machte er deutlich, daß für Frankreich die Lösung der deutschen Frage nur im europäischen Kontext infrage käme.

Aus Großbritannien kam Mitte Januar 1990 der Außenminister Douglas Richard Hurd zu einem Gespräch mit mir nach Berlin.

Am 26. Januar 1990 knickte Gorbatschow dann vollends ein.

Wenn 1968 die Generalprobe für die Aufführung 1989/90 war, so trifft wohl zu, was man im Theater immer sagt: Eine vermasselte Generalprobe ist die beste Voraussetzung für eine glänzende Premiere. Die USA und der NATO dürften da kaum widersprechen: Sie haben alles erreicht, was sie von Anfang an wollten.

Der Bezirk Dresden pflegte partnerschaftliche Beziehungen zur Region Nordmähren, als ich 1973 mein Amt antrat. In dieser Verbindung, das sah ich rasch, steckte großes Potenzial für eine für beide Seiten nützliche Zusammenarbeit. Als in Zeithain ein neues Rohrwerk gebaut werden sollte, überzegte ich den zuständigen DDR-Minister, die wichtigsten Ausrüstungen vom Kombinat Vitkovice in Nordmähren zu beziehen und nicht von Mannesmann direkt: die Tschechen fertigten diese nämlich in Lizenz. Die tschechischen Monteure wurden bei uns in den innerbetrieblichen Wettstreit um Termintreue und Qualität einbezogen, die Gewerkschaften stifteten eine Wettbewerbsfahne und die Generaldirektoren, Erich Ansorge vom Rohrkombinat Riesa und Rudolf Peschka aus Vitkovice, übernahmen die Patenschaft über die beteiligten Brigaden und die Kontrolle über Qualität und Einhaltung des Zeitplanes.

So lernte ich Rudolf Peschka kennen. Wir wurden Freunde. Unsere Verbindung endete mit dem Tod von Rudek im Herbst 1996. Im Mai 1995 legten wir noch einmal gemeinsam Blumen in Ostrava nieder und gedachten der Soldaten, die bei der Befreiung seiner Heimat ihr Leben verloren hatte. Er selbst hatte als Leutnant in der Roten Armee gekämpft.

Ich neige mitunter rasch dazu, von Freunden und von Freundschaft zu sprechen, wird vielleicht mancher einwenden. Auch meine Lebensgefährtin Gabi ermahnt mich zuweilen, etwas zögerlicher und sorgsamer mit diesen Begriffen zu hantieren. Mag sein, daß bei einem wie mir, der in jungen Jahren mit »Freundschaft!« grüßte, diese Haltung nachwirkt. Trotzdem: Auch bei sehr, sehr kritischer Prüfung bleibe ich dabei – Rudolf Peschka war mein Vertrauter und darum Freund. Alles, was in Verträgen des Außenhandels festgeschrieben wurde, haben wir vorher ausgeheckt, die bürokratischen Fallen gewittert und sie ausgeschaltet. Wir handelten als Vertraute.

Wenn Marianne und ich nach 1990 ins Nachbarland fuhren, zur Kur oder auf Urlaub, gehörte ein Treffen mit Rudek immer zum Programm. In der Regel kam er nicht allein. Oft brachte er jemanden von der kommunistischen Partei mit, die sich in Mähren und Böhmen neu formierte. Gab es bei der Verständigung Schwierigkeiten, war er nicht nur Übersetzer, sondern auch der Vermittler. Gewiß, unsere Freundschaft litt unter einem Mangel: Wir hatten kaum Zeit für Privates. Die Politik überlagerte alle Begegnungen. Und es fehlte oft die Muße. Rudek war nach 1990 als Berater für westliche Stahlkonzerne tätig, von seinen Einnahmen ging vieles in die Traditionskasse seines ehemaligen Regimentes, mit der Kriegsveteranen der Roten Armee unterstützt wurden.

Auch in der Forstwirtschaft entwickelte sich eine Zusammenarbeit, speziell bei der Entwicklung moderner Technik für den Holztransport in bergigem Gelände. Die forstwirtschaftliche Fakultät der TU Dresden konstruierte Seilzüge, die schnell zu montieren waren, ganze Schluchten überspannten und einen raschen Beförderung ermöglichten. Ein Ausrüstungsbetrieb der Wismut AG baute sie für Nordmähren und unser Einsatzgebiet im Erzgebirge. Selbst staatliche Planvorgaben konnten unsere Bemühungen für eine sinnvolle Kooperation nicht verhindern.

Nun will ich auch noch verraten, daß ich als Bezirkssekretär gelegentlich auch privat zum Einkaufen in die CSSR fuhr. Richtig wohl war mir dabei nie, obwohl das unsinnig war. Wir nahmen weder den Tschechen etwas weg noch betrogen wir die DDR um Steuereinnahmen. Es gab mir allerdings einen Stich ins Herz, als eine junge Frau sich neben mich stellte. Ich stand vor einem Schaufenster, wartete auf Frau und Tochter und musterte die Auslagen. Da lag Zucker in Herz- und Kleeblattform. Das fand ich lustig, denn wenn man diese Stückchen in den Tee oder Kaffee warf, löste er sich auf wie jeder andere Würfelzucker auch. Aber naja, wem's gefiel, der sollte es sich kaufen. Die Frau kannte mich nicht, meinte aber mit einer nicht ganz unzutreffenden Bemerkung: »Die Deutschen kaufen hier jeden Mist.«

Nun, heute hat man »jeden Mist« vor der Haustür und muß nicht über die Grenze fahren.

Ich tue es hin und wieder dennoch, weil mich die Beziehungen zur KP Böhmen und Mähren interessieren, die sich aus der

Letzte gemeinsame Kranzniederlegung in Ostrava mit Rudolf »Rudek« Peschka, Mai 1995

KPTsch entwickelt hat. Es hatte zunächst auch dort eine Debatte gegeben, ob man die Bezeichnung »kommunistisch« im Namen führen sollte oder nicht. Es schien nicht mehr zeitgemäß, und lieber nannte manche Partei sich »sozialistisch«, das schien unverfänglich und weniger abschreckend angesichts des antikommunistischen Geheuls, das die bürgerlichen Medien und Meinungsmacher 1990 anstimmten. Die Tschechen behaupteten sich – im Unterschied zu den Slowaken, die sich umtauften – und nannten sich trotzig weiter KP Böhmens und Mährens. Inzwischen gibt es auch wieder eine KP in der benachbarten Slowakei.

Die KPBM ist inzwischen drittstärkste Partei des Landes.

Die Prager Genossen schickte auch die bald die ersten Emissäre nach Bonn. Die Abgeordneten der KP-Fraktion im tschechischen Parlament suchten Kontakt zu der PDS-Gruppe im Bundestag, doch die Zuneigung war sehr einseitig. Und wenn ich als einziger nicht mit ihnen gesprochen hätte, wären sie völlig umsonst an den Rhein gekommen. Doch parlamentarische Beziehungen lassen sich auf Dauer nicht als Ein-Mann-Unternehmen unterhalten. Voitej Phillip und die anderen merkten die kalte Schulter, die ihnen gezeigt wurde, und suchten bald andere Wege.

Auf Alexander Dubcek traf ich im Februar 1990 bei meinem offiziellen Besuch als Ministerpräsident in Prag. Er war wie 1969 Präsident der Nationalversammlung, meine Begegnung mit ihm gehörte zum Protokoll. Ich war dennoch gespannt auf ihn. Er wirkte bescheiden und zeigte mir gegenüber keinerlei Zurückhaltung oder gar Distanz. Mir schien aber, daß andere, die im Lande das Sagen hatten, ob nun Havel oder Calfa, ihn wenig in die Politik einbanden. Sie benutzten ihn als Aushängeschild. Er war gleichsam ein Denkmal seiner selbst.

Später trafen wir uns noch einmal in Bonn, als Dubcek Gast des Deutschen Bundestages war. Er führte Gespräche mit allen Fraktionsvorsitzenden und besuchte auch die PDS-Gruppe. Gregor Gysi wußte, daß ich Dubcek kannte, und bat mich hinzu. Möglich, daß ich Gregor dabei etwas verärgerte: Der offizielle Teil wurde gedolmetscht, im informellen Teil unterhielt ich mich mit Dubcek auf russisch. Als wenig später Jelzin kam, wurde ich jedenfalls von Gysi nicht mehr hinzugebeten.

Voitej Phillip führt seit 2004 als Vorsitzender die KPBM und ist in der dritten Wahlperiode Vizepräsident des Parlamentes in Prag.

Bei Alexander Dubcek auf der Prager Burg, 6. Februar 1990

Über mehr als ein Dutzend Jahre war Miroslav Grebenicek Vorsitzender der Partei. Bis heute verstehe ich nicht, weshalb es nicht möglich war, einen persönlichen Kontakt zu ihm aufzubauen. Ich habe mich immer gefragt, ob die Gründe bei mir liegen. Bei den beiden Begegnungen, die Lothar Bisky mit ihm in Prag und Berlin hatte, ging es zwar nett zu, aber doch äußerst förmlich. Das Problem hat mich Jahre beschäftigt und läßt mich noch immer nicht los. Wir sind doch keine Vertreter von Staaten, sondern Funktionäre in linken Parteien. Unterschiedliche Ansichten sollten nicht zu generellen Vorbehalten führen. Wir stehen schließlich in der Verantwortung der Mitglieder, unserer Wähler und, um es ganz pathetisch zu formulieren, in der Pflicht unserer Völker, um Brücken zu bauen.

Seit den frühen 90er Jahren arbeitete Miloslav Ransdorf, ein promovierter Philosoph der Karls-Universität, als Leiter des theoretischen-analytischen Ausschusses der Kommunistischen Partei. Von 1996 bis 2004 gehörte er der Abgeordnetenversammlung des Tschechischen Parlaments an, von 2002 bis 2004 war er Mitglied der europäischen Kommission für Integration. Jetzt ist er stellvertretender Vorsitzender der GUE/NGL-Fraktion im EU-Parlament. Der freundliche Tscheche vom Jahrgang 1953 spricht russisch, deutsch, englisch, französisch, spanisch und italie-

Shakehands mit Präsident Vaclav Havel, 1990

nisch. Auch seine spontanen Reden haben Substanz, und in den tschechischen Medien ist er ein gefragter Politiker – trotz der allgemeinen Ausgrenzung der Linken. Ein Energiebündel ohnegleichen. In Warschau fand 2003 irgendeine eine Debatte statt. Miloslav kam am Nachmittag mit dem Wagen aus Prag, hatte seinen Auftritt, kam dann in mein Hotelzimmer auf ein Bad und zu einem Meinungsaustausch. Kurz vor Mitternacht stieg er wieder ins Auto und fuhr nach Prag zurück. Am Vormittag hatte er im Parlament die nächste Rede zu halten. Was der Verstand hergab, machte das Herz nicht unbedingt mit: 2006 rutschte er knapp am Herzinfarkt vorbei.

Seine Offenheit für eine Vielzahl von Problemen führte zu einer gewissen Überforderung. Das wurde auf dem Parteitag der KPBM 2003 sichtbar. Seine Kandidatur zum Vorsitzenden fand geringe Zustimmung, er wollte dann auch nicht mehr Stellvertreter werden. Inzwischen gehört er wieder dem Präsidium unter dem neuen Vorsitzenden an.

Im Europäischen Parlament konnte ich meine Erfahrungen mit den tschechischen Nachbarn gut einbringen. Meine Fraktion nominierte mich als stellvertretenden Vorsitzenden der gemischten Kommission für den Beitritt der Tschechischen Republik zur EU. Ein CDU-Abgeordneter wollte mich mit dem Hinweis von dieser Funktion vertreiben, »der Dresdner« habe 1968 bei der Niederschlagung des Prager Frühlings eine üble Rolle gespielt und sei darum für diese Aufgabe untauglich. Und dann holte er auch noch die sogenannten Benes-Dekrete aus der untersten Schublade hervor, mit denen ich noch viel weniger zu tun hatte.

Der Kommissions-Vorsitzende, ein schwedischer Liberaler, stellte sich schützend vor mich. Später gestand mir Olsen, warum er das gemacht habe: Er sei doch ein »Blauer«. Auf meine Nachfrage offenbarte er mir, daß er als Jungliberaler oft Gast der Ostseewoche und der FDJ gewesen sei, und die hätten doch immer die Blauhemden getragen. Er wäre auch wie sie dafür gewesen, daß die Ostsee ein Meer des Friedens werde …

Die Verhandlungen mit den tschechischen Parlamentariern verliefen wie üblich. Die EU-Vertreter steckten den Rahmen ab. Der jeweils erreichte Stand der Übernahme von EU-Bestimmungen in die Gesetzgebung der CR wurde mit Lob oder mit Tadel bedacht.

Der EU-Kommissar für die Erweiterung, Günter Verheugen, setzte auf einen Wettbewerb zwischen den Beitrittsländern, was Wirkung entfaltete. Die CR galt lange Zeit als Musterknabe, der die größten Schritte bei der Anpassung unternahm. Die tschechischen Kollegen machten dabeil ihrem Nationalhelden Schwejk alle Ehre, zum Beispiel bei ihrem Hinweis, daß sie die Sache mit der

Erfahrungsaustausch mit tschechischen Partnern, 1979

Hochseeflotte und Hochseefischerei besonders schnell und konstruktiv regeln würden.

Schwieriger war schon die Roma-Frage. Als der Druck der EU-Kommission auf Tschechien zunahm, sprach ich mich gegenüber Verheugen nachdrücklich dafür aus, dieses Problem nicht mit einem Beitrittsland allein zu verhandeln, da auch andere Beitrittsstaaten davon betroffen seien. Verheugen, den ich schon aus der Zeit im Bundestag kannte, war solchen Überlegungen zugänglich.

Auch im Zusammenhang mit den Benes-Dekreten verhielt sich Verheugen konstruktiv. Die Bestrebungen der sudetendeutschen Landsmannschaften, die Entscheidung über den Beitritt der Tschechischen Republik vom Verhalten Prags zu den Benes-Dekreten abhängig zu machen, fanden keine Unterstützung.

Bei tschechischen Arbeitern, 1979

Als Benes-Dekrete werden jene 143 Präsidialdekrete bezeichnet, die von der tschechoslowakischen Exilregierung in London, während der Besetzung des Landes durch Hitlerdeutschland und in der unmittelbaren Nachkriegszeit bis zur Ernennung der vorläufigen Nationalversammlung am 21. Oktober 1945 erlassen und später nachträglich von der provisorischen tschechoslowakischen Nationalversammlung im März 1946 gebilligt wurden. Die Bezeichnung als »Benes-Dekrete« ist insofern irreführend, da die Dekrete von der tschechoslowakischen Exilregierung insgesamt vorbereitet und nicht von Edvard Benes (1884-1948) selbst erlassen wurden. Bis 1947 wurden auf dieser Basis etwa 2,9 Millionen Personen wegen ihrer Zugehörigkeit zur deutschen Bevölkerung pauschal zu Staatsfeinden erklärt und ausgebürgert. Die bis heute umstrittensten Erlässe sind die Dekrete Nr. 5/1945, Nr. 12/1945, Nr. 33/1945, Nr. 71/1945 und Nr. 108/1945, welche den Entzug der tschechoslowakischen Staatsbürgerschaft und die Enteignung des Vermögens der deutschen wie der ungarischen Minderheiten regelten.

Die Dekrete waren eine direkte Folge der deutschen Verbrechen während der Okkupation des Landes. Da es immer wieder Vorstöße aus der BRD gab, hatte Prag sich unter der Voraussetzung zur Aufhebung der Dekrete bereiterklärt, daß das Münchner Abkommen von 1938 *ex tunc,* also von Anfang an, für nichtig erklärt werden würde. Die DDR hatte dem sofort zugestimmt, die Bonner Regierung nicht. Und auch die Kohl-Regierung hatte das abgelehnt mit Hinweis auf beiderseits zu erhebende erhebliche Entschädigungsforderungen. Darum beließ man es beim Status quo. In den Beratungen zum Beitritt der CR habe ich stets darauf verwiesen, daß diese Dekrete nicht im Widerspruch zu Teheran und Jalta stünden. Völkerrechtlich seien sie durch das Potsdamer Abkommen gedeckt.

Galt ich anfänglich bei den tschechischen Parlamentariern als Postkommunist, zu dem man besser auf Distanz ging, so verstanden sie bald, daß es doch gemeinsame Positionen gab. Für die KPBM saß Jaromir Kohliczek in der Verhandlungsgruppe. Auf Russisch und Deutsch konnten wir uns gut verständigen und jeweils die Marschroute für unser Auftreten besprechen. Jaromir hat seine Zuneigung zur Europäischen Union bei dieser Arbeit entdeckt und ist heute Mitglied des Europäischen Parlamentes. Die KPBM ist dort mit sechs Abgeordneten vertreten und nach der PDS die zweitstärkste Landesvertretung in der Fraktion GUE/NGL.

Die CR ist noch immer für viele Bürgerinnen und Bürger Ostdeutschlands ein Kur-Land. Früher reiste ich zu diesem Zweck nach Karlovy Vary. Seit einigen Jahren fahre ich nach Franzensbad. Zu meinem Kur-Programm gehören die Kontakt zur KPBM in Cheb. In Franzensbad trifft man stets auf alte Bekannte – aus der Heimat oder eben aus Tschechien. So habe ich auch den letzten, wie es heute heißt »kommunistischen« Verteidigungsminister kennengelernt. Armeegeneral Miroslav Vacek diente noch unter Präsident Havel. Als von politischen Gegnern ein Prozeß gegen ihn angestrebt wurde, fragte er den Präsidenten, wie er sich verhielte, wenn ein von ihm bestätigte Minister vor ein Gericht gestellt werden würde.

Der Prozeß kam nicht zustande, Vanek saß schließlich als Abgeordneter für die KPBM in der Nationalversammlung. Im Mai 2007, inzwischen grassierte auch dort die Stasi-Enthüllungshysterie, wurde

Mit Walter Momper, Regierender Bürgrmeister von Berlin, 1989

er in den tschechischen Medien als IM der tschechischen Staatssicherheit angepöbelt. Auf einer Pressekonferenz erklärte er, daß er stolz auf seine Vergangenheit sei. Er habe in den verschiedenen Funktionen, die er bekleidete, mit der Spionageabwehr zusammengearbeitet und diese später als Verteidigungsminister auch geleitet. Punkt.

Als sich 2004 in Rom die Europäische Linke als Partei konstituierte, gab es einige Debatten über die Mitgliedschaft der KPBM, die noch immer nicht beendet sind. Die europäische Linke tut sich wie die deutsche schwer mit der Geschichte und ist nicht frei von Einflüssen und Einflüsterungen des bürgerlichen Mainstreams. Das spürt die KPBM, die zunächst als Beobachter dabei ist. Sie wird erst auf ihrem Parteitag im Mai 2008 entscheiden, ob sie Vollmitglied werden will. Die Führung der Partei hat immer wieder betont, die Partei sei nicht stalinistisch. Aber was die anderen unter »Stalinismus« verstünden, sei ihr nicht klar. Sie bevorzugt jedenfalls einen sehr differenzierten Blick. Alles unter diesem Etikett zu versammeln, was vor 1990 in den sozialistischen Staaten sich zutrug, lehnt sie ab.

Damit steht sie nicht allein. Selbst Walter Momper (SPD) meinte auf einer Podiumsdiskussion am 18. April 2007 laut *Tagesspiegel*, »daß der Begriff ›Stalinismus‹ inflationär gebraucht werde, in der Alltagssprache diffus und in der politischen Auseinandersetzung zur Diffamierung allen linken, sozialistischen Denkens. Momper erinnerte an den Marburger Soziologen Werner Hofmann, der bereits 1965 wissenschaftliche Analyse einforderte, denn sonst ›bleiben die Vorstellungen vom Stalinismus rein assoziativ, Sache des Gemüts, der Emotion‹.«

In dieser Hinsicht stimme ich ihm bei. Und die tschechischen Genossen gewiß auch.

Bulgarien

Im Juli 1950 war ich mit einer FDJ-Delegation in einem Zeltlager der skandinavischen Jugend im schwedischen Göteborg. Zu unserer Gruppe gehörte Annemarie Straubing. Obgleich ich »in festen Händen« war, verknallte ich mich in die hübsche und selbstbewußte Thüringerin. Vier Wochen später konnte ich im Rahmen eines Austauschprogramms der Jugendorganisationen Urlaub in Bulgarien machen. Ob es das Schicksal gut mit mir meinte oder eine gute Seele im Zentralrat der FDJ – Annemarie Straubing war wieder mit dabei. Schon im Dezember 1950 heirateten wir im Rathaus von Annemaries Geburtsort Arnstadt. Wie ich später erfuhr, hatte wirklich eine gute Seele im Zentralrat unseren gemeinsamen Bulgarienurlaub ermöglicht: Es war die Kaderleiterin Gerda Brasch.

Viele Ostdeutschen machten bis 1989 Ferien in Bulgarien. Oft waren es Familientreffen zwischen Ost und West. Ich reiste wiederholt an den Golden Strand des Schwarzen Meeres, hatte aber noch häufiger in politischen Angelegenheiten dort zu tun.

Ich war schon ein paar Jahre in Dresden, als der Generalsekretär des ZK der Bulgarischen KP, Todor Shiwkow, die DDR besuchte. Mit dem Sonderzug der Regierung absolvierte er eine Reise quer durch die DDR. In Karl-Marx-Stadt besuchte er das Kombinat »Fritz Heckert«, einen Schwerpunktbetrieb unseres Maschinenbaus. Auf seiner weiteren Fahrt sollte er im Bezirk Dresden eine Schweinemastanlage besichtigen, die nahe an einem Eisenbahngleis gelegen war, um den Weg kurz zu halten. Wir fanden sie im Kreis Meißen. Eine kleine Rampe wurde errichtet, damit er aussteigen konnte. Die Schweine-Anlage muß wohl auf den Gast Eindruck gemacht haben. Todor Shiwkow fragte mich jedenfalls, ob der Bezirk Dresden einen Partnerbezirk in Bulgarien habe. Als ich das verneinte, sagte er, er wolle in Berlin uns für eine Partnerschaft vorschlagen. Es wurde der bulgarische Bezirk Silistra.

Daß ich allerdings schon am Abschluß der Städtepartnerschaft zwischen Sofia und Berlin beteiligt war, wollte ich ihm nicht verraten. Damals war ich gerade Sekretär der Bezirksleitung Berlin geworden. Im Gästehaus an der Spree wurde die soeben geschlossene Partnerschaft begossen. Als Zeichen der Verbundenheit hatten die Sofioter ein großes Porträt von Georgi Dimitroff mitgebracht. Nach all den Toasts auf die Freundschaft fühlte ich mich verpflichtet, das Gastgeschenk unverzüglich an seinen Bestimmungsort, in die Bezirksleitung, zu tragen. So zog ich denn mit Dimitroff auf dem Kreuz durchs nächtliche Berlin …

Obwohl ich Bulgarien schon etwas kannte, mußte ich dieses Silistra erst auf der Karte suchen. Welche Logik hinter der Entscheidung stand, war mir klar: Wo Schweine gemästet werden, da ist die Landwirtschaft zu Hause. Also bot sich für Shiwkow Silistra, ein vorwiegend von Landwirtschaft geprägter Bezirk, als Partner für uns an. Vermutlich hatte er von der Infrastruktur unseres Bezirkes soviel Kenntnis wie ich bis dahin von der Existenz dieses Silistra. Dennoch waren wir erfreut, als der Beschluß bekannt wurde. Auf bulgarischer Seite sah das nicht anders aus. Sehr bald besuchte uns eine Delegation, die vom 1. Bezirkssekretär der KP, Georgi Kardashew, geleitet wurde. Er war ein ehrgeiziger Mann, was in Sofia wohl nicht unbekannt war.

Shiwkow hatte sich in der DDR ziemlich umfassend informiert, hatte etliche Industrie- und Landwirtschaftsbetriebe und auch das Zentralinstitut für sozialistische Wirtschaftsführung besucht. Bulgarien sollte nicht das Land der Tomaten, Gurken, des Tabaks und Weins bleiben. Er wollte es zu einem modernen Agrar-Industrie-Land umbauen. In Silistra war dieser Kurs sehr bald zu besichtigen. Der gesamte Bezirk mit seinen etwa 125.000 ha landwirtschaftlicher Nutzfläche wurde in rasantem Tempo umgebaut. Mir erschien die Sache ziemlich unheimlich. Im eigenen Bezirk hatten wir die Größe einer LPG immer unter 10.000 ha gehalten. Meist wurden bis zu 6.000 ha bewirtschaftet. Als die Agrar-Industrie-Vereinigung des Bezirkes gebildet wurde, legten wir größten Wert darauf, daß die Selbständigkeit der Landwirtschaftlichen Produktionsgenossenschaften bestehenblieb. Das gemeinsame Wirtschaften war organisiert als Kooperation auf der Basis entsprechender Beschlüsse der LPG-Versammlung.

In Silistra konzentrierten sich die zentral vorgegebenen Auflagen auf hohe Erträge bei Aprikosen und Getreide, besonders bei Mais. Verschiedene Gemüsearten und Wein wurden zwar angebaut, aber als zweitrangig behandelt.

Nach einigen Zusammenkünften mit Georgi Kardashew stellte ich fest, daß auch ihm der Zug zum Gigantischen nicht behagte. Wir suchten gemeinsam nach Wegen, wie sich gegensteuern ließ.

Das Landmaschinenkombinat »Fortschritt« lieferte Maschinen, besonders Mähdrescher, nach Bulgarien. So entstand gemeinsam mit dessen Generaldirektor, Bernhard Thieme, eine Idee. Das Kombinat stattete einen Brigadestützpunkt als Pilotprojekt aus. Der Großbetrieb sollte auf diese Weise untergliedert, also aufgeteilt werden. Die Sache funktionierte, sie half die Produktion zu steigern. Und nebenbei stärkte sie die freundschaftliche Verbundenheit.

Insgesamt hat der Kurs Shiwkows, der die Landwirtschaft ins zweite Glied wies, Bulgarien eher geschadet. In der Stadt Silistra gab es etwa ein Dutzend Klein- und mittelständische Betriebe, die landwirtschaftliche Produkte verarbeiteten, Molkereien und Schlachtbetriebe, auch Leichtmaschinenbau. Aber nun sollte hier ein Werk für Mikroelektronik aufgebaut werden. Aus Japan wurden tolle Ausrüstungen importiert. Zunächst beobachteten wir das ein wenig neidisch. Selbst Robotron war da hinterher. Doch ein einzelner, wie man heute sagt: Leuchtturm entwickelte kein ganzes Land.

Auf dem Weltwirtschaftsforum in Davos traf ich den neuen Ministerpräsidenten Bulgariens, Andrej Lukanow. Es war keineswegs Liebe auf den ersten Blick, er war mir zunächst unsympathisch. Aber im Gespräch fanden wir schnell Vertrauen zueinander. Von allen Ministerpräsidenten, die um die Jahreswende 1989/90 im Amt waren, blieb Lukanow die längste Zeit in dieser Funktion. Erst im Herbst 1990 schied er aus und blieb Abgeordneter im Parlament. Shiwkow hatte ihn einmal als Planungschef in Ungnade fallen lassen, von Februar bis Herbst 1990 war er nun der wichtigste Mann im Staat.

Als Mitglied des Bundestages wollte ich den Kontakt nach Ost- und Südosteuropa nicht abreißen lassen. Lukanow hatte sich bei unserer Begegnung im gleichen Sinne geäußert. Ein Zufall gab den Anstoß. Bei einem Heimflug aus Bonn war ich mit dem Chef der Fluggesellschaft »Germania«, Hinrich Bischoff, ins Gespräch gekommen. Er hatte besonderes Interesse an Bulgarien mit recht klaren Vorstellungen. Er wollte den bulgarischen Markt für sein Unternehmen im Dreierpack erschließen: mit Charterflügen, eigenem Reisebüro und Vertragshotels am Meer. Er beschäftigte in seinem Unternehmen den ehemaligen Chef der INTERFLUG, Generalmajor Klaus Henkes, und Wolfgang Nordwig, unseren Olympiasieger im Stabhochsprung von 1972. Das schien mir Referenz genug. Mit Nordwig flog ich im Herbst 1996 zu Lukanow. Doch der wurde an einem Nachmittag auf offener Straße vor seinem Haus erschossen. Der oder die Täter wurden nie gefunden. Das war's dann.

Aus der KP Bulgariens wurde die Sozialistische Partei. Einige ältere Spitzenfunktionäre wie Lilow waren noch einige Zeit aktiv. Aber wie andernorts auch ging die Parteiführung in jüngere Hände über und die Kontakte rissen endgültig ab.

Georgi Parwanow, Jahrgang 1957, seit 2002 bulgarischer Staatspräsident, lernte ich kennen, als er in der Leitung der Sozialistischen Partei war. Der promovierte Historiker wurde von der Absicht getrieben, seine Partei in den Hafen der Sozialistischen Internationale zu führen. Das bekam ich sehr direkt zu spüren, indem er mich demonstrativ schnitt. Ich besuchte als Mitglied des Europäischen Parlaments Bulgariens und hatte schon einen Termin bei ihm. Dann erhielt ich kurzfristig eine Absage – seine Mutter sei erkrankt. Einen neuen Termin bekam ich nicht.

1997 besuchte ich Todor Shiwkow, der im Haus seiner Enkelin in einem Vorort Sofias, unweit seines ehemaligen Präsidentensitzes, lebte. Anfänglich war Hausarrest über ihn verhängt. Aus der Sozialistischen Partei wurde mir dennoch bedeutet, daß ihm ein Besuch gut tun würde. Der 86jährige war hellwach, erzählte von der Arbeit an seinen Lebenserinnerungen und bat mich, in Deutschland für ihn einen Verleger zu suchen. Ich machte ihm keine große Hoffnung. Schließlich gehörte er nicht zu jenen Führern sozialistischer Staaten, die im Westen hohe Popularitätswerte besaßen.

Am 5. August 1998 verstarb er. Dem Trauerzug zum Grab in seinem Heimatdorf folgten mehr als 20.000 Menschen gefolgt. Die Teilnahme an der Trauerfeier hat dem Ansehen der bulgarischen Sozialisten im Lande keineswegs geschadet. Im Gegenteil.

Die Konservativen und die Sozialisten lösten nach 1991 sich mehrere Male an der Spitze des Staates ab. Das Land schien kaum regierbar. Da besann sich der Thronfolger des letzten Zaren, der mit sechs Jahren das Land verlassen hatte und in Spanien lebte, als »Retter seines Landes« heimzukehren. Sein Name wurde verbürgerlicht und bulgarisiert. Aus dem Vertreter derer von Sachsen-Coburg wurde Simeon Sakskoburggotski. Aus der Wahl im Jahre 2002 ging die Partei des Zaren als Wahlsieger hervor. Wie sich bald zeigte, lag dem neuen Herrscher das bulgarische Volk keineswegs so am Herzen, wie im Wahlkampf behauptet. Paläste, die in der Zeit des Sozialismus zu Erholungsheimen geworden waren, gingen wieder in den Besitz seiner Familie über. Der Zerfall der landwirtschaftlichen Betriebe wurde nicht gebremst, und die Armut großer Teile der Bevölkerung stieg weiter an.

Im Jahr 2006 erkannten die Sozialisten ihre Chance und traten bei der Wahl gegen die Partei des Zaren und seine Bündnispartner an. Sie stellten den jungen Parteivorsitzenden Sergei Stanischew, Jahrgang 1966, als Spitzenkandidaten auf. Der Name war in früheren Zeiten nicht ganz unbekannt. Sein Vater gehörte dem Politbüro der BKP an, was offenbar keinen bösen Schatten auf den Sohn geworfen hat. Ich lernte Stanischew sr. 1972 in Sofia kennen, als ich mit einer Studiendelegation des ZK der SED in Bulgarien war. Den Junior lernte ich als Parteivorsitzenden kennen, der sich um den Beitritt seines Landes in die Europäische Union bemühte.

Inzwischen wird im Ausland Bulgarien weniger zur Kenntnis genommen: Der Sozialist und der Zar sitzen heute gemeinsam in einer Regierung. Beide sind sich darin einig, daß für USA-Raketen auch in Bulgarien ein Platz gefunden werden sollte. Inzwischen streitet Sofia sich darum mit Rumänien.

Am 9. Januar 1990 tagte in Sofia die Exekutive des Rates für Gegenseitige Wirtschaftshilfe (RGW). Wäre es nach einigen Vertretern den Zentralen Runden Tisches in Berlin gegangen, hätte ich den Flug dorthin nicht antreten sollen. Als Sprecher des Neuen Forum forderte Reinhard Schult vor laufender Kamera den Ministerpräsidenten auf, sofort am Runden Tisch zu erscheinen, als ich mich gerade anschickte, in Schönefeld ins Flugzeug zu steigen. Natürlich war die Entscheidung klar: Wir fliegen nach Sofia. Welches Bild gab eine Regierung ab, die sich nicht mehr in der Lage zeigte, ihren internationalen Verpflichtungen nachzukommen?

In Sofia prallten die unterschiedlichen Positionen scharf aufeinander. Die sowjetische Seite trat mit einem wirtschaftlichen Konzept auf, das der Linie entsprach, die Ryshkow als Vorsitzender des Ministerrates vertrat. Calfa präsentierte ein politischen Konzept. Ryshkow forderte den raschen Übergang vom Transferrubel zum US-Dollar als Verrechnungsbasis und eine grundlegende Reform des RGW überhaupt. Calfa hingegen votierte für die Abschaffung des RGW und forderte Polen und Ungarn auf, eine eigene Struktur für die Zusammenarbeit zu entwickeln.

Die Beratung in Sofia war eigentlich das Ende des RGW. Die Kommission zur Ausarbeitung einer Reform konstituierte sich noch. Wir hatten Christa Luft als Vertreterin der DDR für die Arbeitsgruppe benannt, die Arbeit nahm die Kommission aber schon nicht mehr auf. Auch Ministerpräsident Calfa war schon Geschichte, als sich die Visegrad-Länder (Ungarn, Tschechien, Slowakei und Polen) zur Gruppe vereinten. Die Sowjetunion, die sich Vorteile aus einer Reform des RGW versprach, existierte ebenfalls bald nicht mehr.

Für mich war klar: Wenn der RGW als bisheriger Rahmen der DDR-Wirtschaft zerfiele, war auch die Existenz der DDR erledigt. Ministerpräsident Ryshkow hatte mit mir noch am 4. Dezember 1989 in Moskau über die wirtschaftliche Zusammenarbeit gesprochen – in Sofia präsentierte er jedoch eine Konzeption, die den RGW sprengen mußte. Damit war aus Moskau für uns nunmehr nichts mehr zu erwarten. Sofia war für mich letztlich der entscheidende Impuls, über einen Dreistufen-Plan zur Vereinigung mit der BRD nachzudenken.

Letztmalig besuchte ich Bulgarien im Jahr 2004. Ich machte Urlaub in Sosopol an der Schwarzmeerküste. Man bot Bus-Kurzreisen nach Istanbul an. Kurz entschlossen kauften Gabi und ich zwei Tickets. Als um Mitternacht die Reise losging, waren alle Bedenken wegen der sprachlichen Verständigung verflogen. Es wurde nur russisch gesprochen, und das nicht nur im Bus, sondern auch im Hotel in Istanbul und bei gemeinsamen Besichtigungsfahrten. Die »neuen Russen« waren überall.

Die zweite Urlaubsetappe verbrachten wir im Rila-Gebirge. In einem Restaurant in Borowetz fragte uns der Kellner in perfektem Deutsch, ob es in Eisenhüttenstadt die Gaststätte mit dem schönen Namen »Aktivist« noch gebe? Dort habe er seinen Beruf erlernt und die Zeit in der DDR in bester Erinnerung. Nostalgische Gefühle hat das nicht bei uns hervorgerufen. Aber wir freuten uns mit dem netten Ober über etwas wie eine gemeinsame Vergangenheit.

Nach einer Wanderung zum höchsten Berg des Balkan, dem Musala, überholten wir auf dem Rückweg eine kleine Gruppe. Es war der Zar mit Frau und seinen Bodyguards. Er bewegte sich recht volkstümlich. In einigem Abstand sinnierten ein paar Jugendliche vernehmlich, ob das »Zarlein« wohl auch sein »Scheinlein« an der Bergbahn bezahlt habe, oder ob für ihn die Fahrt unentgeltlich war.

Bulgarien steht zwar erst am Anfang seiner EU-Mitgliedschaft, aber große Armut und auf wenige Personen konzentrierter Reichtum werden noch lange dem Land zu schaffen machen. Korruption und Verbrechensbekämpfung bleiben unverändert eine Herausforderung. Mein Herz schlägt für dieses Volk auf dem Balkan, aber meine Sorgen um seinen Platz in einer sehr spannungsgeladenen Region bleiben groß.

In den Ländern Mittel- und Osteuropas erfolgt noch immer die »Transformation«. Ursprünglich wurde der Begriff in natur- und sprachwissenschaftlichem Zusammenhang gebraucht oder auf technische Vorgänge angewandt.Heute meint er die grundlegende Umgestaltung des politischen und gesellschaftlichen Systems in Osteuropa und der Sowjetunion. Im »Wörterbuch zur Politik« von M. G. Schmidt aus dem Jahre 1995 wird der Sachverhalt mit dem Begriff »Transition« beschrieben, als »Vorgänge eines Regime- oder Systemwechsels, die vom Zerfall des alten Systems bis zur Einrichtung der neuen Spielregeln reichen«.

Genau das ist geschehen. In den Ländern Mittel- und Osteuropas ist das System des Realsozialismus zerfallen und das kapitalistische System hat sich wieder etabliert. Die Spaltung Europas zwischen 1945 und 1990 hat einer neuen Teilung Platz gemacht: der zwischen oben und unten, zwischen arm und reich. Und diese Teilung ist schärfer, grausamer und brutaler als jene, die hinter uns liegt.

Der Kampf um soziale Gerechtigkeit wird in den westlichen Ländern der EU derzeit noch entschiedener geführt als im Osten: Die »Transformation« hat nicht nur einen neuen Kapitalismus hervorgebracht, sie hat auch den Zerfall der Gewerkschaften und eine Ohnmacht der sozialen Gegenkräfte zur Folge. Es bleibt noch viel zu tun, bis sich neue soziale Bewegungen formieren, die als politische Kraft gegen die soziale Zerstörung der Gesellschaften wirksam werden.

Die Volksrepublik China – was war, was ist noch sozialistisch an diesem Land?

Zum ersten Mal besuchte ich China im November/Dezember 1959. Als Sekretär des Zentralrats der FDJ leitete ich eine fünfköpfige Delegation, die im Austausches eine Studienreise unternahm. Rolf Lehnert, Journalist bei der *Jungen Welt*, später Chefredakteur der *Berliner Zeitung*, sollte über die Stationen unseres Aufenthaltes berichten.

Daß wir »in die Ferne« aufgebrochen waren, wurde uns schon bei der Anreise bewußt. Obwohl wir einen Teil der Strecke mit dem damals schnellsten Passagierflugzeug der Welt, der TU 104, zurücklegten, gab es auf dem Hinflug drei und zurück sogar fünf Zwischenlandungen. Die TU 104 war ein umgebautes Bombenflugzeug und lag bei Turbulenzen nicht sehr stabil in der Luft.

Unsere Flugroute führte von Berlin über Minsk nach Moskau, von dort nach Irkutsk und schließlich Bejing. Der Rückflug hatte einige Tücken. Wir starteten in Bejing und landeten nach etwa anderthalb Stunden wieder dort. Erst beim zweiten Anlauf durften wir in Irkutsk landen. Der Weiterflug mußte in Omsk unterbrochen werden. Der russische Winter erlebte einen Wärmeeinbruch mit Auswirkungen auf den Flugverkehr. In Moskau hatten wir zwei Tage planmäßigen Aufenthalt, bevor es mit einer IL 18 über Minsk nach Berlin weiterging. Bei späteren Nonstop-Flügen Berlin-Bejing erinnerte ich mich jener beschwerlichen Reise.

Der Besuch im Jahre 1959 hinterließ höchst widersprüchliche Eindrücke. Wir sollten die »ideologisch-politische Massenarbeit« des Kommunistischen Jugendverbandes und die »kulturelle und sportliche Massenbewegung« unter der chinesischen Jugend studieren. Innerhalb von vier Wochen wurden uns zwischen Charbin im Norden, wo die Temperatur etwa 20 Grad unter Null betrug, und Kanton im Süden mit etwa 25 Grad plus viele Möglichkeiten geboten. Sehr schnell begriffen wir, daß weder die Maßstäbe noch die Methoden auf DDR-Verhältnisse übertragbar waren. Auch wenn damals »nur« etwa 700 Millionen Menschen in China lebten (heute rund 1,3 Milliarden), waren die Dimensionen für einen Mitteleuropäer schwer zu erfassen. In Shanghai zum Beispiel nahmen an der Bewegung für das Lesen guter Bücher circa 700.000 Jugendliche teil. Die gesamte FDJ zählte damals etwas mehr als eine Millionen Mitglieder.

Wir sahen ungezählte Losungen und Aufrufe, die uns übersetzt und nicht selten erklärt werden mußten, weil wir ihren Sinn nicht verstanden. »Das Doppelspiel« bedeutete: Ein fortschrittlicher und

Erstmals Gast in China, 1959

ein rückständiger Arbeiter bilden ein Paar, und zwei Paare treten miteinander in einen Wettbewerb um bessere Arbeitsergebnisse. »Roter fähiger Fachmann« war ein Ehrentitel, der politisches Bekenntnis und Höchstleistungen bei der Arbeit – zum Beispiel doppelte Normerfüllung und zehn Neuerervorschläge im Monat (!) – honorierte.

Auch der Inhalt kultureller Massenarbeit war nicht unbedingt mit unseren Erfahrungen zu vergleichen. Zum Beispiel gehörte dazu die Überwindung des Analphabetentums, was bei uns längst erledigt war. Dazu gab es als motivierenden Impuls die Bewegung der »Drei Selbst«: selbst schreiben, dichten, komponieren, selbst spielen, singen, tanzen, selbst einstudieren und Regie führen.

Ein besonderes Erlebnis für uns war ein kurzer Arbeitseinsatz auf der Baustelle des Mi-Jün-Staudammes in der Nähe Bejings. Wir halfen Sand aufzuschütten, der in Körben transportiert wurde, die an einer über die Schulter gelegten Bambusstange hingen. Man mußte darauf achten, die natürliche Federung der Stange mit den eigenen Körperbewegungen so in Einklang zu bringen, daß die schweren Körbe nicht in einem anderen Rhythmus schwangen und sie damit noch schwerer machten, als sie ohnehin schon waren. Auf dieser Baustelle arbeiteten über 100.000 Menschen, davon 50.000 Jugendliche, von denen jeder Fünfte Mitglied des Kommunistischen Jugendverbandes war.

Wir ahnten nicht, daß wir die letzte FDJ-Gruppe sein würden, die im Rahmen des Erfahrungsaustausches der Jugendverbände China besuchte. Zwischen unserem Gespräch mit dem Generalsekretär des Kommunistischen Jugendverbandes, Hu Yaobang, und dem Treffen Erich Honeckers mit Hu Yaobang sollten 27 Jahre vergehen. Da standen beide inzwischen an der Spitze ihrer beiden Parteien.

Am Ende unserer Reise gab der DDR-Botschafter Paul Wandel in Peking einen Empfang, an dem führende Funktionäre des ZK und der Stadtleitung des kommunistischen Jugendverbandes teilnahmen. Davor hatten wir noch ein Gespräch mit dem Botschafter über unsere Eindrücke. Paul Wandel war uns allen kein Unbekannter, auch wenn wir bisher nicht persönlich mit ihm zu tun hatten. Der Antifaschist war während der Nazizeit in der Sowjetunion. Bei der Gründung der DDR wurde er Minister für Volksbildung, vom Juli 1953 bis Oktober 1957 war er als ZK-

Sekretär für Kultur und Erziehung zuständig. Nach einer »Strengen Rüge« wegen angeblich ungenügender Durchsetzung der kulturpolitischen Linie der Partei schickte man ihn als Botschafter nach China.

Wir berichteten ihm, das uns der ungeheure Enthusiasmus, den wir überall im Lande erlebt hatten, sehr beeindrucke. Allerdings äußerten wir auch Zweifel, ob mit den massenhaften und zum Teil sehr allgemeinen Losungen die angestrebten Ziele auch erreicht werden könnten. Vor allem beschäftigte uns die praktizierte Art von Gleichheit, die man auch Gleichmacherei nennen konnte. In den Betrieben erhielt der Hilfsarbeiter den gleichen Lohn wie ein Hochqualifizierter. Wir hatten zudem beobachtet, daß die »Häuser der Freundschaft«, in denen die sowjetischen Spezialisten lebten, sehr stiefmütterlich behandelt wurden. Und damit natürlich auch die Menschen, die dort untergebracht waren.

Uns beschäftigten die gewaltigen Unterschiede zwischen Städten wie Charbin, Nanjing und Shanghai, und wir fragten vorsichtig nach, wie der Konflikt um Tibet zu bewerten sei. Paul Wandel wich unseren kritischen Fragen keineswegs aus, doch er bemühte sich erkennbar darum, unsere positiven Eindrücke über China zu verstärken als sie zu zerreden.

1961 sollte Paul Wandel aus China abberufen werden, er wurde danach Stellvertretender Außenminister und schließlich Präsident der Liga für Völkerfreundschaft. Bei Treffen errinerten wir uns der Begegnung in Bejing. Er gestand mir, daß einige unserer Feststellungen von der veränderten Realität in China zutreffender waren als die von der Botschaft getroffenen Einschätzungen.

Bald nach unserer Reise begann die Eiszeit in den Beziehungen Chinas zur Sowjetunion und damit, von Moskau mehr gewünscht als von den anderen sozialistischen Ländern und ihren Parteien, der Abbruch aller Beziehungen. Hintergrund dieser Rivalität zwischen den beiden größten kommunistischen Parteien war der Streit um die Führerschaft in der internationalen kommunistischen Bewegung, der Maoismus wurde in China als eine mindestens so wichtige Lehre wie der Marxismus-Leninismus begriffen. Unmittelbarer Anlaß für den Zwist aber lieferte der XX. Parteitag der KPdSU und die Auseinandersetzung mit dem Stalinismus. In Bejing beurteilte man Stalin und seine historische Rolle anders als inzwischen in Moskau.

Ende der 50er Jahre waren die Beziehungen noch in Ordnung

Die ideologische Auseinandersetzung sollte bis zu einem Grenzkrieg am Ussuri 1969 führen. Erst Mitte der 80er Jahre taute das Eis und gab es eine Wiederannäherung. Erich Honecker machte sich Hoffnungen, als erster Parteiführer des Ostblocks in Peking empfangen zu werden, allerdings kam ihm Jaruzelski zuvor. Einen kleinen, aber feinen Unterschied gab es doch: Der Besuch des polnischen Staats- und Parteichef galt als Arbeitsbesuch, während Honecker zu einem Staatsbesuch in die VR China reiste und dort mit allen Ehren empfangen wurde. So bekam der polnische Besuch in den Medien der DDR nur eine Meldung, während Honeckers Visite ganze Zeitungen und Fernsehabende füllte. Deng Xiaoping bezeichnete den Besuch als Neubeginn nach dem bekannten Grundsatz, der beiden Seiten schmeichelte: Die Beziehungen seien nie abgebrochen worden, man setze sie lediglich mit neuer Intensität fort.

1987 bereits erfolgte der Gegenbesuch, der mit großen Erwartungen auf unserer Seite verbunden war. Eine Delegation unter Leitung des amtierenden Generalsekretärs Zhao Ziyang, zugleich Ministerpräsident, besuchte die DDR. Er stand bei Deng, der Grauen Eminenz und tatsächlicher Herrscher in Bejing, in hohem

Ansehen. Wohl mehr auf Wunsch der chinesischen Delegation als auf Vorschlag der SED-Führung besuchte Zhao auch Dresden. Beim Abendessen stellte er mir die Frage, ob ich schon einmal in China gewesen sei. Ich konnte darauf mit meinen Eindrücken von 1959 aufwarten und schwärmte wohl auch über die damalige Atmosphäre des allgemeinen Aufbruchs. Die Reaktion war eine förmliche Einladung. Ich sollte nach so vielen Jahren Gelegenheit haben, neue Eindrücke zu gewinnen und eine Vorstellung bekommen, wie sehr sich das Land inzwischen weiter verändert habe.

Meine vorsichtige Anfrage, wie sich die Beziehungen zur Sowjetunion aus chinesischer Sicht künftig entwickeln könnten, wurde von Zao mit einem Vergleich beantwortet. Wenn auf dem Meer ein kleines Schiff bei einem großen Schiff anlegt, sei das ein relativ einfaches Manöver. Wenn zwei gewaltig große Schiffe miteinander längsseits gehen wollten, wäre das ein sehr schwieriges und mit großer Vorsicht zu vollziehendes Unterfangen.

So lief die Sache auch ab. Nach dem Delegationsaustausch mit Polen und der DDR begann das große Manöver »auf hoher See« mit der Sowjetunion.

Mir schien die in Dresden ausgesprochene Einladung nicht mehr als eine höfliche Geste. Die chinesische Seite ließ jedoch bald Ernsthaftigkeit erkennen und übermittelte mir die Tickets. Im Mai 1988 flog ich nach 29 Jahren wieder nach Peking, um ein neues China zu erleben. Die Gastgeber hatten als Ziel der Reise die Provinz Guangdong mit der Hauptstadt Guangzhou, früher Kanton, ausgewählt. Diesmal ging der Flug von Berlin-Schönefeld mit einer IL 62 der INTERFLUG direkt nach Peking.

Die Stadt Guangzhou war ein Zentrum von Wirtschaft und Kultur mit beeindruckendem Flair. Das Besuchsprogramm sollte einen überwältigenden Eindruck des Wirtschaftwachstums vermitteln. So wurden wir in das Fernsehgerätewerk »Ostwind« geführt, das seit 1973 produzierte. Im Vorjahr war der Betrieb modernisiert worden und stellte nun 410.000 Geräte jährlich her. Die volle Kapazität von über 600.000 Geräten sollte im kommenden Jahr erreicht werden. Beim Gespräch mit der Werks- und Parteileitung hörten wir von den technischen und den ideologischen Anstrengungen. Man legte Wert auf Veränderung bei der Leitung und Planung, wobei vor allem dem Betriebsdirektor eine deutlich höhere Eigenverantwortung zugestanden wurde. Die Parteiorganisation reklamierte nach eigenen Aussagen für sich nicht mehr die führende Rolle im Betrieb. Sie war zuständig für das »Prinzip Garantie«. Gemeint war damit Überzeugungsarbeit zur Erhöhung der Leistungsbereitschaft der Arbeiter. Aber auch materielle Anreize wurden eingesetzt und Qualifizierungsmöglichkeiten geboten, die sich auf die individuellen Arbeitsergebnisse positiv auswirkten.

In der Qinghua-Universität in Bejing fanden wir das generelle Umdenken im Lande bestätigt. Die Beziehungen der Wissenschaftseinrichtungen zur Praxis wurden enger geknüpft und zielgerichtet ausgestaltet. Der Staat forcierte diese Entwicklung, indem er die Mittel für die Universität einschränkte und darauf orientierte, daß durch universitäre Leistungen Geld erwirtschaftet wurde. Das Problem beschäftigte uns auch in Dresden. Ich regte sofort einen Erfahrungsaustausch mit der TU an.

Im Jahr 1959 hatten wir den Sommerpalast besucht. Tempel und die »Verbotene Stadt« – der Kaiserpalast mit seinen 9.999 Zimmern – standen damals nicht auf unserem Programm. Wir besuchten vornehmlich Stätten des revolutionären Kampfes, zum Beispiel das Gebäude in Nanking, in welchem die Kommunistische Partei gegründet worden war. Jetzt, 1988, sollten wir die auffälligsten Ergebnisse der Entwicklung seit der von Deng verordnete »Öffnung« im Jahre 1978 erleben. Eben deshalb führte unsere Reise in die Küstenprovinz Guangdong mit der Wirtschaftsonderzone Shenzhen. 1959, so wurden wir unterrichtet, war Shenzhen noch ein kleines Dorf mit 4.500 Einwohnern. 1980 lebten dort bereits 30.000 Menschen. Inzwischen waren es mehr als zwanzigmal so viele. Gewachsen war die Stadt durch ausländische Investitionen, aber auch durch die Beteiligung einzelner chinesischer Provinzen. Nur etwa die Hälfte der Einwohner hatte einen festen Wohnsitz in Shenzhen. Jeder zweite kam mit befristeten Aufenthaltsgenehmigung aus den Provinzen, die sich am Aufbau der Wirtschaft in der Sonderzone beteiligten.

Als Hongkong im Jahre 1997 wieder an China zurückfiel, war das benachbarte Shenzhen ein eigenständiges Zentrum mit einigen Millionen Einwohnern. China hatte sich, wie zu erkennen war, langfristig auf die Rückgabe der britischen Kronkolonie vorbereitet. Shenzhen bot sich für Kapitalinvestitionen aus Hongkong an und erwies sich als verlängerte Werkbank für das produzierende Gewerbe in Hongkong. Die Stadt erstreckte sich bis unmittelbar an die Stadtgrenze von Hongkong, diese lief scheinbar mitten durch eine einzige Siedlung. Auch personell war das Land auf eine organische Anbindung der Kronkolonie an China eingestellt. So verließ uns unsere Dolmetscherin Luo für einige Tage, um ihren Ehemann in Hongkong zu besuchen, der dort in einer Bank arbeitete.

Der Grundsatz für die Zeit nach der Rückgabe Hongkongs an China lautete »Ein Land – zwei Systeme«. (Übrigens ein Bild, auf das ich 2007zurückkam, als ich im Streit der gespaltenen Dresdner Stadtfraktion der Linken schlichten sollte: Zwei Listen – eine Bundestagsfraktion, das wäre gegangen. Aber eine Partei und zwei Stadtparlamentsfraktionen – das gehe nicht, erklärte ich.)

Bejings Linie hat sich offenkundig bewährt, weshalb das Land bis heute daran festhält. Im Sommer 2007 begingen die Chinesen den 10. Jahrestag der Zugehörigkeit Hongkongs zur Volksrepublik mit einem Staatsakt. Shenzhen und Hongkong gilt inzwischen als die am stärksten besiedelte Region der Welt.

In den Jahren der Funkstille zwischen China und dem Moskauer Lager wurde von Expertengruppen die Entwicklung in Fernost aufmerksam analysiert, Moskau koordinierte die Untersuchungen. An der Akademie für Gesellschaftswissenschaften beim ZK der SED arbeitete eine Gruppe von Sinologen, deren Mitarbeiter das Land gut kannten. Die Internationale Abteilung des ZK tauschte sich mit der KPdSU ständig aus. Bruno Mahlow und Horst Siebeck plädierten als Fachberater der SED-Führung, dem Kurs der KPdSU *nicht* zu folgen, den Druck auf China fortgesetzt zu erhöhen. Die militärische Bedrohung des Weltfriedens durch China sahen sie nicht, wohl aber, daß Bejing über wirtschaftliche Reformen und einer Öffnung zu einer Großmacht aufsteigen werde. Aussagen über politische Reformen wurden nur mit großer Zurückhaltung getroffen, um nicht vorschnelle Urteile zu fällen. Mit dieser Prognose lagen unsere Fachleute absolut richtig.

Auch wenn die chinesische Führung die Entwicklung in der Sowjetunion unter Gorbatschow sehr kritisch beobachtete, ging sie ihren Weg der Normalisierung der Beziehungen weiter.

Ich war in meinem Urteil über China damals zweigeteilt. Auf der einen Seite profitierte das Land von der wirtschaftlichen Unterstützung, die es in den 50er Jahren von der Sowjetunion und ihren

Verbündeten erhalten hatte. Ohne diese Hilfe gäbe es in China kaum eine industrielle Basis. Selbst Ende der 70er Jahre stammte die Schwerindustrie noch zu großen Teilen aus der UdSSR.

Auf der anderen Seite war es das legitime Recht dieses Riesenlandes, seinen eigenen Weg zum Sozialismus zu suchen und zu gehen. Und anders als etwa europäische Staaten und Parteien waren die Chinesen nicht auf das Wohlwollen und die Zustimmung einer anderen Partei, selbst wenn diese die Führerschaft reklamierte, existentiell angewiesen. Sie konnten mit dem Rest der Welt kommunizieren, aber sie mußten es nicht. Sie konnten politisch und wirtschaftlich notfalls auch autark existieren. So, wie etwa Sowjetrußland zwischen 1917 und 1945.

Bei meiner Reise 1988 erfuhr ich viel Interessantes und Neues. Mit der Entwicklung der Sonderwirtschaftszonen verfolgte Bejing mehrere Ziele – Shenzhen war dabei nur eines von vier Pilotprojekten. Erstens ging es um den Aufbau einer Infrastruktur. Ein Viertel des notwendigen Investitionskapitals kam von ausländischen Firmen, 20 Prozent steuerten die chinesischen Provinzen bei, der Rest wurde durch Eigenmittel und Kredite aufgebracht. Zweitens wurde die Ausrüstung mit modernster Technologie angestrebt, die man aus dem Ausland, insbesondere aus Japan, bezog. Drittens wurden die Grundsätze bei der Planung und Leitung, bei der Finanzierung und Materialwirtschaft sowie bei Preisbildung und leistungsbezogener Vergütung von Arbeitsleistungen abhängig gemacht und die Wirkung getestet. Viertens schließlich wurde betont, daß die Sonderwirtschaftszonen dem Sozialismus und seiner weiteren Stärkung und nicht seiner Überwindung dienen sollten.

In Shenzhen erlebte ich auch das Litschi-Fest, welches zum ersten Mal gefeiert wurde. Das war ein riesiges Straßen- und Volksfest mit Umzug, aber die Besucher brauchten spezielle Dokumente, um daran teilzunehmen. Heute lockt das Fest Touristen in die Stadt und es geht unbürokratisch zu.

Wir wurden auf einem der Festwagen plaziert und fuhren quer durch die Stadt, in der überall getanzt und gesungen wurde. Litschi – auch Chinesische Haselnuß, Litschipflaume oder Liebesfrucht genannt – wird in subtropischen Regionen Chinas seit etwa 3.000 Jahren gezüchtet. Die immergrünen Bäume, die 15 bis 20 Meter groß werden können, tragen bis zu vier Zentner der roten

Früchte. Die sind pflaumengroß, haben einen Kern und weißes, saftig-süßes Fruchtfleisch. Sie sind in Europa inzwischen auch zu haben, frisch oder in Konserven.

Wir erlebten die Ernte und hörten viel über ihre Geschichte. Litschis galten früher als höfische Kost. Der chinesische Kaiserhof ließ die Früchte mit »rasender Post«, über viele Stationen für den Pferdewechsel, vom Süden bis Bejing schaffen.

Die Parteileitung der Provinz – größer als die ganze DDR und mit so vielen Einwohnern wie ganz Deutschland – schlug mir eine Partnerschaft mit dem Bezirk Dresden vor. Sie wurde bei einem Gegenbesuch in unserer Stadt auch formal vollzogen, doch zu einer Umsetzung in Einzelprojekten kam es nicht mehr. Der Bezirk Dresden war mit der ganzen DDR verschwunden.

Meine China-Reise von 1988 sollte zu Hause noch ein prinzipielles Nachspiel haben. Für die *Wochenpost* hatte ich wiederholt schon Reiseberichte geschrieben. Auch diesmal war zuvor ein Beitrag vereinbart worden. Da ich bereits zwei Tage nach meiner Rückkehr in den Sommerurlaub fahren wollte, mußte der Beitrag übers Wochenende entworfen werden. Ich übergab ihn meiner Sekretärin Bärbel Otto und meinem Mitarbeiter Werner Kaulfuß, der sich darum kümmern sollte. Werner zeigte den Text auch dem Chefredakteur der *Sächsischen Zeitung*, Johannes Schulz. Beide kamen überein, daß er noch vor Veröffentlichung in der überregionalen *Wochenpost* in der Bezirkszeitung erscheinen könnte. Die Redaktion der *Wochenpost* war damit einverstanden.

Der Text erschien am 15. Juli 1988 im Organ der Bezirksleitung der SED, während ich bereits im Urlaub war. Umgehend gab es im Kölner *Deutschlandfunk* und in der *Frankfurter Allgemeinen Zeitung* Interpretationen meines Reiseberichtes. Im *Deutschlandfunk* hieß es sinngemäß: Nachdem der Dresdner Parteichef schon Kritisches zur Wirtschaftspolitik der SED gesagt hat, nutzt er die Reformpolitik in China, ohne die Begriffe »Glasnost« und »Perestroika« zu verwenden, um seine Sympathie für eine reale Kostenrechnung, für Elemente echten Wettbewerbs und privater Initiative zu zeigen.

Die *FAZ* formulierte noch etwas schärfer: Modrow schreibe über China und wolle die Umgestaltung in der DDR.

Umgehend erging Weisung aus dem Großen Haus an die *Wochenpost*: Der China-Artikel von Hans Modrow ist nicht zu veröffentlichen! Hätte man von meinem Beitrag im Westen nicht

Notiz genommen, hätte auch im ZK niemand etwas Anstößiges im Text gefunden. So aber bekam er ein Gewicht, den er wirklich nicht besaß.

Das Echo in China hingegen war gänzlich anders. Im Herbst suchte mich ein Korrespondent der *Bejing-Rundschau* auf, um ein Interview mit mir über die Reise zu führen. Das Gespräch erschien am 20. Dezember in der deutschsprachigen *Zeitschrift für Politik und Zeitgeschehen* unter der Überschrift »Wir haben viele Berührungspunkte miteinander«. Die »heißen Eisen«, die mir die Medienreaktion in der Bundesrepublik und den Rüffel aus Berlin eingetragen hatten, berührte ich diesmal nicht. Ich berichtete stattdessen über die Probleme im Bezirk, zum Beispiel beim Wohnungsbau. Da gab es auch in China eine Menge ungelöster Fragen.

Jedenfalls galt ich inzwischen in Bejing als zuverlässiger Partner, und auf der chinesischen Führungsebene, in der die meisten SED-Bezirkssekretäre so bekannt waren wie hierzulande Häuptlinge auf Funavuti, war ich unverdient zu einer Adresse geworden.

1989 sah ich China erneut. Vier Familien von ZK-Mitgliedern hatte man eine Urlaubsreise ins Reich der Mitte angeboten, Annemarie und ich nahmen die Offerte gern an. Vor dieser Reise kam es jedoch am 4. Juni zu einem Zusammenstoß zwischen protestierenden Studenten und der Polizei auf dem Tian'anmen-Platz, bei der, wie es hieß, an die 3.000 Menschen das Leben verloren. Auch ohne Kenntnis der Hintergründe und von Details schien es uns kaum möglich, danach einen unbeschwerten Urlaub in diesem Lande zu verbringen. Die Chinesen selbst luden uns nicht aus, reagierten aber auch nicht, und wir sahen auch keinen Grund nachzufragen. Wir orientierten uns um und planten einen Urlaub in der DDR.

Plötzlich rief der chinesische Botschafter bei mir an. Er habe Order aus Bejing, mit mir zu reden, man bäte herzlich darum, daß wir die Reise machten. Ich würde China kennen und könne abschätzen, in welch schwieriger Lage man sich jetzt befinde – es wäre ein Zeichen der Verbundenheit, wenn wir trotzdem kämen.

Nun war ich in einer mißlichen Lage. Diese Bitte abzuschlagen hielt ich für unhöflich und ein wenig stillos. Auf der anderen Seite konnte eine Zusage als demonstrative Zustimmung zum harten Vorgehen mißverstanden werden. Diesen Eindruck wollte ich auf keinen Fall provozieren. Was also tun? Nach reiflicher Überlegung begründete ich meine Zusage mit der Absicht, mich vor Ort kundig machen zu wollen, was dort auf dem Platz des Himmlischen Friedens tatsächlich geschehen sei. Das heißt, ich beabsichtigte politische Gespräche zu führen. Diese sicherte man mir zu.

Die drei anderen ZK-Mitglieder traten von der Reise zurück. An ihrer Statt kamen drei Mitarbeiter des Apparates und deren Familien mit. Zwischen dem 28. Juni und 13. Juli 1989 bereisten wir Bejing, Xian, Nanjing und Xiamen.

Das bon mir erbetene Gespräch führte Wu Xuegian, Mitglied des Politbüros und Stellvertretender Ministerpräsident. Wie zu erwarten charakterisierte er die Ereignisse auf dem Platz des Himmlischen Friedens ausschließlich als konterrevolutionäre Provokation, auf die entsprechend reagiert werden mußte.

Zhao Ziyang jedoch wurde von ihm mit keinem Wort erwähnt. Zhao war zwischen 1980 und 1987 Ministerpräsident und danach an die Spitze der Partei gewechselt. Er hatte, wie ich inzwischen wußte, zu den Studenten gesprochen, um sie zum Abbruch ihres Protestes zu bewegen, bevor es zu spät sei. Inzwischen war er von all seinen Ämtern entfernt worden, es hieß sogar, er stünde unter Hausarrest.

Das traf zu, wie ich später erfuhr. Der Hausarrest währte bis zu seinem Tode 2005; selbst die Teilnahme an der Trauerfeier für Deng Xiaoping 1997 wurde ihm verweigert. Vielleicht fürchtete man eine Wiederholung der Ereignisse von 1989, denn dem Vernehmen nach hatten die Studentenunruhen ihren Ausgang im April 1989, als Hu Yaobang starb. In der Geschichte der Volksrepublik hatten Trauerkundgebungen für verstorbene populäre Politiker wiederholt zu Demonstrationen geführt. Hu stand von 1981 bis 1987 an der Spitze der Partei, verlor aber den Vorsitz, weil er sich angeblich zu nachsichtig gegenüber revoltierenden Studenten gezeigt hatte. Sein Tod löste jene Studentendemonstrationen aus, die am 4. Juni ihr gewaltsames Ende fanden.

Ich greife vor: Anläßlich seines 90. Geburtstages wurde Hu am 18. November 2005 mit einer Feierstunde geehrt, an der 300 ranghohe Parteifunktionäre teilnahmen. Dies war eine Art posthumer Rehabilitation und Beginn einer Neubewertung von Hus Rolle während der Reformperiode von 1978 bis 1987.

Wu Xuegian konnte und wollte mir aber nicht sagen, wer den

Einsatz des Militärs am 4. Juni entschieden hatte; das ist bis heute ein Geheimnis.

Es machte nach meiner Überzeugung wenig Sinn, auf die offizielle Darstellung der Ereignisse polemisch zu reagieren. Allerdings konnte ich sie auch nicht unwidersprochen zur Kenntnis nehmen. Ich wählte den indirekten Weg und fragte nach dem Verhältnis der Partei zur Jugend und den Folgen der wirtschaftlichen Öffnung Chinas für die innere politische Entwicklung, sprich für den Sozialismus. So konnte ich dann dazu meine Meinung äußern, ohne konfrontativ zu werden.

Den Kritikern der VR China und ihrer kommunistischen Partei ist das natürlich eine völlig unzureichende Reaktion. Doch wenn man im politischen Dialog steht, der einem wichtig ist, sollte man immer abwägen, ob ein provozierter Abbruch der Sache dient oder ihr schadet. Ein moralischer Rigorismus, wie man ihn aus unseren Breiten kennt und bisweilen selbstzerstörerisch pflegt, hilft dabei nicht.

Der Urlaub selbst war abwechslungsreich und angenehm. Anders als in der Hauptstadt, wo das Militär Präsenz zeigte, war davon in der Provinz nichts zu spüren. Wir besuchten insgesamt elf verschiedene Betriebe. Überall erklärte man uns, welche Bemühungen man um leistungsgerechte Entlohnung unternähme. Und warum die Unterschiede bei der Steuerbelastung für ausländische und inländische Unternehmen so groß wären. Politische Reformen in Richtung einer westlichen parlamentarischen Demokratie und eines Mehrparteiensystems kamen nicht zur Sprache.

Die Politik spielte lediglich als ideologische Arbeit eine Rolle, sie werde in und durch Partei, Jugendverband und Gewerkschaft ständig verbessert, hieß es. Vergessen wir nicht: Es war Sommer 1989 – von politischen Reformen in der DDR war ja auch nicht die Rede. Mich beschäftigte das Thema, aber meine Versuche, mit den Gastgebern darüber zu reden, liefen ins Leere. Die Chinesen hatten andere Probleme, und die DDR war neben dem Tanker China eben doch nur ein kleines Boot.

Wie üblich machte ich am Ende der Reise der DDR-Botschaft meine Aufwartung und hielt dort den traditionellen Vortrag über die Lage in der Heimat. Ich äußerte mich, wie mir schien, mit der gebotenen Offenheit, sprach über die lahmende Wirtschaft, die schlechte Stimmung und den Ausreise-Druck. Kaum zu Hause, kam auch schon die Abmahnung aus dem Zentralkomitee. Ich wäre ein weniges zu weit gegangen, hieß es. Aha, wenigstens die Nachrichtenkanäle zwischen Bejing und Berlin funktionierten also noch tadellos, lächelte ich grimmig.

Kurz vor unserer Abreise hatte ich noch unseren *ADN*-Korrespondenten aufgesucht, mich interessierte seine Lageeinschätzung. Otto Mann kannte ich seit meiner ersten Tokio-Reise. Wie sich zeigte, war es nicht so leicht, vom Hotel in seine Wohnung zu gelangen. Es herrschte unverändert Ausgangssperre.

Für ihn galt die Ausgangssperre nicht. Er holte mich mit dem PKW ab und brachte mich auch anschließend wieder zurück. Inzwischen suchte mich unser Botschafter, er erreichte mich telefonisch in der Wohnung der Manns. Er solle uns ein großzügiges Angebot übermitteln, kam es durch den Hörer. Der Genosse Günter Schabowski und sein Sohn kämen morgen mit einer Sondermaschine nach Bejing. Unsere Reisegruppe könne darum ihren Aufenthalt um 24 Stunden verlängern und mit dieser Maschine den Rückflug antreten.

Ohne mit der Gruppe zu sprechen, lehnte ich das Angebot ab. Wir hatten unsere regulären Tickets gebucht und würden auch wie geplant zurückfliegen. Mir schmeckte das Ganze nicht. Hier handelte es sich keineswegs um eine joviale Geste eines Politbüro-Mitglieds, sondern wir sollten das Feigenblatt für eine offenkundig auch private Spritztour abgeben. Er wollte später nicht allein die große Sondermaschine genutzt haben. Dafür aber gab ich mich nicht her.

Am nächsten Morgen informierte ich beim Frühstück die Gruppe über das Angebot und meine Entscheidung. Ich traf auf uneingeschränkte Zustimmung. Das freute mich.

Wie ich vom Parteisekretär hörte, hatte der Genosse Schabowski aber durchaus auch Politisches im Sinn. Er wurde selbst im Westen gelegentlich als möglicher Honecker-Nachfolger gehandelt, was ihm durchaus bewußt war. Nun suchte er demonstrativ Kontakt mit der anderen roten Großmacht, nachdem der bisherige Hauptverbündete wegzubrechen begann. Die Reise war aus Schabowskis Sicht strategischer Natur, und keineswegs uneigennützig.

Fünfzehn Monate später war ich Bundestagsabgeordneter und Schabowski funktions- und arbeitslos. Als außenpolitischer Sprecher der Gruppe PDS/Linke Liste erhielt ich eine Einladung zum

Abendessen in der chinesischen Botschaft. Die Vertretung Chinas in Bad Godesberg war durchaus beeindruckend, und auf gewisse Weise war es auch das Gespräch. Um mir sein Anliegen deutlich zu machen, mußte mich der Botschafter in den Stand seiner politischen Kontakte in Bonn einweihen. Und der war für ihn nicht sonderlich befriedigend. Die Botschaft wurde von der SPD völlig geschnitten. Nur wenige CSU-Abgeordnete waren zu Gesprächen bereit. Der Botschafter bat mich mitzuhelfen, daß sich die Tür zur SPD ein wenig öffnete. Ferner lud er mich ein, demnächst die VR China zu besuchen.

Karsten Voigt war SPD-Sprecher im Auswärtigen Ausschuß des Bundestages. Wir kannten uns aus DDR-Zeiten. Ich hielt ihn für einen geeigneten Ansprechpartner in der chinesischen Angelegenheit. Voigt wehrte ab und trug viele Bedenken vor. Der Schatten des Tian'anmen-Platzes lag wie Rauhreif auf den Beziehungen zu China. Sein Sinn für Realpolitik und sicher auch Beratungen innerhalb seiner Partei bewogen ihn schließlich zum Einlenken. Gemeinsam marschierten wir zu einem Abendessen in die chinesische Botschaft. Das Eis taute, ich hatte meine Mission erfüllt.

Noch bevor ich nach China flog, kam Außenminister Qian Qichen nach Bonn. Nicht ganz protokollgemäß übermittelte die chinesische Botschaft seine Bitte um ein Gespräch mit mir in seiner Residenz auf dem Petersberg. Er betonte, daß die Gespräche mit der Bundesregierung auf eine weitere Entwicklung der Beziehungen gerichtet seien, er sei an den Auffassungen der PDS zur weiteren Gestaltung dieses Prozesses interessiert. Auch über das Thema Menschenrechte könne man reden.

Der Außenminister war der Überzeugung, je mehr Abgeordnete und möglichst auch Minister die VR China besuchten, um so besser könne sich eine offene und gleichberechtigte Diskussion entwickeln. Mit »Inspektoren«, »Oberlehrern« und »Oberrichtern« könne und wolle man jedoch keinen Dialog führen. »China war und ist von keiner Großmacht abhängig und wird es auch in Zukunft nicht sein«, betonte er. Für meine China-Reise wünschte er gute Ergebnisse.

Die gab es. Zu unserer Gruppe im Bundestag gehörte Bernd Henn, ein geachteter linker Funktionär der IG Metall aus Salzgitter. In gewerkschaftlichen Angelegenheiten argumentierte er

Mit Bruno Mahlow und Bernd Henn in Bejing

radikal, er war nicht unbedingt das, was man pflegeleicht nannte. Gregor Gysi, Respekt, verstand es nicht schlecht, Konflikte in der Gruppe zu lösen. Mit Bernd Henn aber kam auch er nicht klar. Bernd verließ die Gruppe und blieb als unabhängiger Abgeordneter im Parlament. Zwischen ihm und mir hielt die insgesamt sehr schwach gewordene Verbindung noch immer am besten. Meine Einladung nach China galt für drei Personen. Ich fragte ihn, ob er mitkommen wolle. Der Dritte im Bunde wurde Bruno Mahlow, der als Diplomat in Moskau ausgebildet worden war, eine Zeitlang in der Botschaft in Bejing gearbeitet hatte und neben anderen Fremdsprachen auch chinesisch sprach.

Die Reise führte uns nach Shanghai und noch einmal bis in die Provinz Guandong. Von dort ging es weiter in Richtung Macao, das zu jener Zeit noch unter portugiesischer Verwaltung stand. Vergleichbar mit der Vorbereitung auf die Übernahme Hongkongs wurde in unmittelbarer Nähe zu Macao eine neue chinesische Stadt errichtet. Die rasante Entwicklung der Provinz insgesamt hielt offenkundig weiter an. Dafür sprach das gewaltige Wachstum der Stadt Guangzhou sowie der wirtschaftliche Aufschwung mit Wachstumsraten von stets mehr als 10 Prozent. Für die Landwirtschaft war das subtropische Klima von besonderem

Vorteil, aber daraus allein resultieren keine hohen Erträge. Wie kaum anderswo in China prägte das internationale Messegeschäft das Wirtschaftsleben und die Atmosphäre der Stadt. Und die Hotels entspachen inzwischen höchstem internationalen Standard, der Tourismus florierte.

Beim Gespräch in Bejing interessierte uns vor allem ein Problem. Die steuerlichen Vergünstigungen für ausländische Investoren und die gewaltigen Belastungen für die eigene, vor allem staatliche, Wirtschaft hatten tiefe Widersprüche aufgerissen. Traditionell waren Gesundheitsversorgung, Wohnungswirtschaft, Kinderbetreuung sowie der Unterhalt von Kulturstätten in erheblichem Umfang an Wirtschaftsunternehmen gebunden. Die sozialen Folgen aus dem Umbau in der chinesischen Wirtschaft und den unterschiedlichen Steuerforderungen gegenüber in- und ausländischen Unternehmen waren nicht zu übersehen. Diese Folgen begleiten China bis heute.

Bei jener Reise erlebte ich noch einen Nachhall zu den 1988 vereinbarten Partnerbeziehungen zwischen dem Bezirk Dresden und der Provinz Guandong. Meine Gesprächspartner erinnerten an die damals angedachte Kooperation und baten mich nun um Vermittlung eines Kontaktes zum Bundesland Sachsen.

Diese Bitte übermittelte ich nach meiner Rückkehr an Ministerpräsident Kurt Biedenkopf, verbunden mit dem Angebot, ihn über meine Eindrücke auch persönlich zu informieren. Die Reaktion war deutlich und kläglich zugleich. Die Kanzlei bedankte sich für den Brief, die Sache werde geprüft. Aber ein Gespräch zwischen dem Ministerpräsidenten und mir wäre dem Prozeß der Vereinigung Deutschlands nicht dienlich, hieß es.

Als ein Herr Prof. Biedenkopf mich, den Ministerpräsidenten der DDR, im Februar 1990 um ein Gespräch bat, habe ich es ihm gewährt. Kohls ehemaliger Generalsekretär machte sich anheischig, sein Wissen als Wirtschaftsfachmann in die anstehenden Reformen auf dem Gebiet der DDR einzubringen. Nach unserem Gespräch schied er recht zufrieden von mir. Er übernahm eine Professur für Volkswirtschaftslehre an der Universität Leipzig, ehe ihn die sächsische CDU für die Landtagswahl am 14. Oktober 1990 nominierte, die sie mit absoluter Mehrheit gewann. Nunmehr war er Ministerpräsident und »König Kurt« – ich hingegen lediglich einfacher Bundestagsabgeordneter und überdies Repräsentant eines untergegangen »Unrechtsstaates«, den er allerdings vor kurzen noch mit mir hatte reformieren wollen.

Nach unserer Reise kehrte der »verlorene Sohn« Bernd Henn in die Bundestagsgruppe der PDS zurück und beteiligte sich wieder an unserer parlamentarischen Arbeit.

Die Beziehungen der PDS zur KP Chinas entwickelten sich gut, sie können als stabil gelten und werden von der Linkspartei fortgeführt. Die Rosa-Luxemburg-Stiftung hat Partner in China und hält über verschiedene Projekte ebenfalls Kontakt.

Zuletzt besuchte ich China im Jahr 2003. Ich gehörte einer von Gabi Zimmer geleiteten PDS-Delegation an, der sich Petra Sitte und Helmut Ettinger anschlossen. Mir ging es dabei weniger um China, sondern mehr um meine Partei, denn Reisen bildet bekanntlich nicht nur – es ermöglicht auch die Chance, in fremder Umgebung auch mal über Dinge nachzudenken und diese auszusprechen, die daheim unausgesprochen bleiben oder verdrängt werden. Mich störten zunehmend Führungsschwäche, mangelnde Kommunikation zwischen den Leitungsgremien und der Parteibasis sowie die wachsende Beliebigkeit von politischen Aussagen, was zusammen zu wachsendem Vertrauensverlust sowohl bei Mitgliedern als auch bei den Wählern geführt hatte. Im Jahr zuvor war die PDS aus dem Bundestag geflogen und seither nur mit zwei Abgeordneten, die ein Direktmandat gewonnen hatten, im höchsten deutschen Parlament vertreten. Nüchtern betrachtet, steckte die Partei – wieder einmal oder vielleicht doch tiefer als sonst – in einer bedrohlichen Krise.

Und es gab noch ein Problem, was durchaus auch an meiner Person sichtbar wurde. Die Masse der Parteimitglieder war vorgerückten Alters, zwei Drittel bezogen Rente. Sie hatten die DDR aufgebaut, diesen Staat getragen. Sie verfügten über Erfahrungen in der politischen Arbeit, mehr noch: Sie verkörperten eine intellektuelle Substanz, um die man uns eigentlich nur beneiden konnte. Doch statt dies zu nutzen, wurden die Alten beiseite geschoben, sie waren Ballast und lästig. Ihre Stimme mochte man nur in der Wahlurne, nicht aber bei öffentlichen Diskussionen oder gar bei Entscheidungen. Als sogenannte Altlasten gingen sie den »Reformern« und »Realos« wie Mühlsteine am Halse, derer man sich zu entledigen trachtete. Seit 1990 beobachtete ich überdies mit Sorge die intellektuelle Auszehrung der Partei, viele Akademiker kehrten uns den Rücken, sie waren es leid, sich von naßforschen Jungpolitikern die Welt erklären zu lassen oder als Dogmatiker abgestempelt zu werden, die Ewiggestrigen, die nicht angekommen waren und auch nicht ankommen wollten in der neuen Zeit, die doch in unseren Augen die alte war: Kapitalismus eben, den wir bereits vor 1945 hatte erleben müssen. Zwar ein bißchen grausamer, ein wenig blutiger, aber im Wesen die selbe Soße. Hier prallten zunehmend zwei Kulturen, zwei Welten aufeinander.

Natürlich vollziehen sich in jeder Partei und in jedem Unternehmen Generationswechsel, ein Vorgang, den wir in der SED nie ordentlich hinbekamen, und wie sich zeigte, hatten wir daraus nichts gelernt. Es herrschte die gleiche Kulturlosigkeit des Abservierens und Herausdrängens. Statt organisch und gesittet sukzessive auf allen Ebenen die Positionen neu zu besetzen, kungelten Küchenkabinette Besetzungslisten aus, in denen es weniger um Qualifikation und Proporz ging, sondern um Zustimmung und Wohlverhalten gegenüber den Häuptlingen.

Ich will es kurz machen: In dieser Hinsicht war meine China-Reise 2003 erfolglos. Hingegen war, wie erwartet, der kritisch-konstruktive Dialog mit den chinesischen Kommunisten nützlich.

Man halte, wurde uns versichert, unverändert am Sozialismus fest. Allerdings stellte sich mir zunehmend die Frage: an was für einem Sozialismus? Was ist noch sozialistisch an dieser Gesellschaft?

Die Meinungen darüber gehen inzwischen weit auseinander.

Laut Prognosen wird China in zwanzig, dreißig Jahren mit etwa 1,5 Milliarden Menschen nicht nur der volkreichste, sondern auch der erfolgreichste Staat sein: Alle Voraussagen sehen China als künftig stärkste Wirtschaftsmacht der Welt.

Solche Prognosen unterstellen, daß es zwischen der heutigen Supermacht USA oder anderen Kräftegruppierungen und diesem Riesenreich keine militärischen Konlikte gibt, daß also Frieden bleibt. Man projeziert also alle gegenwärtigten Entwicklungen in die Zukunft.

Ich beziehe in diese Überlegungen die Aussagen der chinesischen Führung mit ein. Mit der KPCh sind alle seit Gründung der Volksrepublik 1949 gelaufenen Prozesse verbunden. Die Partei ist nach wie vor der entscheidende politische Machtfaktor im

Lande. Die vierte Führungsgeneration befindet sich im Amt, und bei allen Reformkonzepten gilt noch immer die Formel vom Festhalten am Sozialismus. Insofern ist es verständlich, wenn die Führungselite Chinas die Rolle Gorbatschows als Verrat am Sozialismus betrachtet. Er hatte Perestroika und Glasnost als notwendige Reform zur Weiterentwicklung des Sozialismus erklärt, das Ergebnis ist bekannt und Grund genug für die chinesische Führung, solches genau zu unterlassen. Die KP Chinas hat Fehler begangen, die man heute auch so beurteilt. Die sogenannte Kulturrevolution in den 60er Jahren hat das Land in seiner Entwicklung zurückgeworfen und Kulturschätze unwiederbringlich vernichtet. Der »Sprung nach vorn«, als jeder Bauer hinter seinem Lehmkaten Eisen schmolz, hat den Aufschwung so wenig gebracht wie das Rotationsprinzip in der Armee.

Als 1976 Mao Tse-tung starb und Ende 1978 Deng Xiaoping auf der 3. Sitzung des 11. Zentralkomitees der KPCh sein pragmatisches Programm unterbreitete, begann in der Tat ein neuer Abschnitt in der chinesischen Geschichte. Im Jahre 1962 hatte er als Generalsekretär der Partei noch verkündet: Es ist gleichgültig, ob eine Katze schwarz oder weiß ist. Wenn sie Mäuse fängt, ist sie eine gute Katze. Mao nahm ihm diese Kritik, denn um eine solche handelte es sich, sehr übel. 1967 schließlich aus all seinen Ämtern entlassen, spiegeln auch die folgenden zehn Jahre seines politischen Lebens die Machtkämpfe in der chinesischen Führung wieder. Danach nahm Deng die schon vor der Kulturrevolution versuchte pragmatische Orientierung wieder auf und faßte sie in zwei Parolen: Die Wahrheit ist in den Fakten zu suchen! Und: Praxis ist das einzige Kriterium der Wahrheit. Da war er wieder bei Karl Marx und seiner zweiten These über Feuerbach.

Die Wahrheit war auch: Am Ende von Maos Herrschaft waren viele Millionen Menschen Opfer der Kulturrevolution geworden, die Wirtschaft war auf den Stand von 1959 zurückgefallen und ein Fortschritt nicht in Sicht. Die Führungen der Sowjetunion und der europäischen sozialistischen Länder, Albanien ausgenommen, waren auch nach Beginn der Reformpolitik nicht davon überzeugt, daß China nunmehr seinen aus abendländischer Sicht bezeichneten Irrweg verließe. Für diese Annahme sprach, daß die schon unter Mao begonnene Annäherung an die Welt des Imperialismus scheinbar fortgesetzt wurde.

Die dann von den Wirtschaftsreformen ausgelöste gewaltige Entwicklung haben meines Wissens alle Expertengruppen nicht vorausgesehen. Die absoluten Zahlen sind beachtlich, relativieren sich allerdings, wenn man sie auf die Bevölkerung umlegt. Trotzdem muß man davor respektvoll den Hut ziehen und anerkennen, daß es zu wesentlichen Teilen das Verdienst der KP Chinas ist. Sie hat die Rahmenbedingungen organisiert und sorgt für politische Stabilität. Zugleich muß man die Frage nach dem Preis stellen, der für diesen rasanten Aufschwung gezahlt wird: von den Menschen, von der Umwelt, von der Welt allgemein. Wir erhalten Nachrichten, die uns an die Phase der ursprünglichen Akkumulation des Kapitals im 18./19. Jahrhundert etwa in Großbritannien erinnern – mit gnadenloser Ausbeutung, Unterdrückung und krimineller Bereicherungssucht. Da stellt sich zwangsläufig auch die Frage nach den Menschenrechten. Denn wo die Würde von Individuen auf derart brutale Weise verletzt wird, muß man nicht nur nach Recht und Gesetz rufen, sondern auch besorgt die Frage nach dem Charakter der Gesellschaftsordnung stellen.

Es spricht für die Um- und Weitsicht der chinesischen Führung, politische Reformen bedächtig anzugehen. Sie wissen: Wenn der Geist erst einmal aus der Flasche ist, kriegt man ihn schwer wieder hinein. Fehler in bezug auf die politische Ordnung unter heutigen Bedingungen sind irreparabel, zumindest dann, wenn man neben der global herrschenden kapitalistischen Ordnung eine Alternative behaupten und entwickeln will. Im Interesse von mehr als einer Milliarde Chinesen, und eigentlich im Interesse der ganzen Menschheit, kann sich Bejing darum keine Experimente leisten. Unsere Phantasie reicht aus, um uns vorzustellen, was geschähe, bräche im Reich der Mitte Chaos und Anarchie aus.

Dennoch ist die Frage offen, wohin die Reise geht. Hat die Führung der KP die Entwicklung tatsächlich noch im Griff, wie sie behauptet, oder hat die Wirtschaft inzwischen eine eigene Dynamik bekommen, die sich von keiner Macht der Welt mehr steuern läßt? Sind die Urkräfte des Kapitalismus inzwischen so mächtig geworden, daß sie letztlich alles zu Boden stampfen und nur noch ein Handlunsgmotiv kennen: Profit, Profit, Profit?

Nach Marx bestimmt das Eigentum an den Produktionsmitteln den Charakter der Produktionsverhältnisse. Wir wissen nicht, wie inzwischen die tatsächlichen Eigentumsverhältnisse sind. Ich kann sagen, wie sich die Verhältnisse in der DDR umkehrten, als die Treundhand das Fell verteilte: 85 Prozent des Volkseigentums gingen an westdeutsche Unternehmen, zehn Prozent an ausländische, und ganze fünf Prozent wurden von Ostdeutschen übernommen. Das Soziale an der Marktwirtschaft wird abgebaut, und der Kapitalismus wird immer nackter.

Die sozialistische Marktwirtschaft chinesischer Prägung bringt wie jede andere Marktwirtschaft Reichtum und Armut hervor, die soziale Kluft wird immer größer.

Natürlich gab es im feudalen China auch sehr reiche Leute, aber ihre Zahl war gering und die große Bevölkerungsmasse lebte in Gleichheit, in gleicher Armut. China strebt mit seinem Wandel nach einem »mittleren Reichtum«. Den erreicht eine wachsende Schicht, während die Not darunter ebenfalls zunimmt. Damit verlieren sich auch die tradierten Werte. Konfuzius war gestern, heute geben McDonalds und CocaCola das Weltbild vor. Mit allen Folgen und Bgeleiterscheinungen, die auch in anderen Teilen der Welt zu besichtigen sind. Die Gefahr sozialer Explosionen bei den Magersüchtigen wächst. Was aber dann?

Bei der heutigen Diskussion unter Linken über den Sozialismus im 21. Jahrhundert sollte man nicht nur Entwicklungen in Lateinamerika, sondern auch in China bedenken. Im Guten wie im Schlechten. Es ist notwendig, die uns erklärte Politik auch zu hinterfragen. Wohin Schönfärberei führt, haben wir in der DDR erfahren.

Was man uns in Bejing, Havanna oder Hanoi erzählt, sollten wir mit Sympathie, aber mit kritischem Blick zur Kenntnis nehmen. Auch im Interesse unserer Genossen und Freunde dort. Wir, die wir von draußen draufschauen, sind nicht unbedingt wissender und sollten auch jede Demonstration von Besserwisserei meiden. Aber wir können unsere Außensicht einbringen. Und die ist vermutlich hilfreicher und konstruktiver als die des politischen Gegners. Denn anders als der will ich, wollen wir ein sozialistisches China, ein sozialistisches Vietnam, ein sozialistisches Kuba …

Kenner chinesischer Politik wissen, daß manchmal aus der zweiten Reihe deutlichere Äußerungen kommen als aus der ersten. Das hat zwei Gründe: Erstens läßt sich damit die Resonanz testen, zweitens kann man sich notfalls davon distanzieren. Um einen solchen Test handelt es sich wohl auch bei jener Rede, die ein Funktionär der KP Chinas im April 2007 an der La Trobe University im australischen Melbourne hielt. Sie wurde anschließend intern in Bejing verbreitet.

Zunächst wird darin die weltweite Anerkennung der ökonomischen Reformen Chinas herausgestellt, als Kronzeuge wird US-Finanzministers Henry Paulson mit dem Satz zitiert, daß »China hinsichtlich der ökonomischen Gesamtgröße und seines Status auf dem Weltmarkt zum Führer in der Weltwirtschaft geworden ist«. Und: »Diese führende Position bringt Verantwortung mit sich, denn Chinas ökonomische Entscheidungen und seine Energie- und Umweltpolitik werden weltweit starke Einflüsse ausüben.« Dann geht der Referent ohne jegliche Beschönigung auf die gravierenden Disproportionen in Chinas Entwicklung ein, wobei etwa exportorientierte Verarbeitungsindustrie mit ihrer geringen Effizienz, da von Menschen betrieben, zunehmend ins Hintertreffen gerate und sich die Frage nach ihrer Zukunft stelle.

Der Redner thematisiert dann folgende Probleme:

- Die wachsende Kluft zwischen ökonomischer Entwicklung und Lebensstandard zwischen verschiedenen Regionen sowie zwischen Wirtschaftssektoren und Einkommen innerhalb derselben Region;
- daß sich der Lebensstandard der Bauern, die 70 Prozent der Bevölkerung ausmachen, nur langsam verbessere, was auch den traditionellen Methoden der landwirtschaftlichen Produktion geschuldet sei;
- daß die extensive ökonomische Entwicklung den Mangel an Ressourcen und Energie verschärfe, die Preise dafür stiegen und den Wettbewerb um diese Güter in der Welt zunähme;
- daß die verarbeitende Industrie zwar Arbeitslosigkeit vermeide, was für den nationalen Arbeitsmarkt gut sei, jedoch international zu Handelsstreitigkeiten führe, weil unter Weltmarktpreisen gehandelt werde.

Zukünftige Reformen seien vor allem auf Stabilisierung der ökonomischen und sozialen Entwicklung gerichtet. Dazu müsse stufenweise das hohe Wachstumstempo in qualitatives Wachstum überführt werden. Es müsse eine Balance zwischen ökonomischem Wachstum und sozialer Entwicklung ebenso angestrebt werden wie ökologische Stabilität. Und eine Dienstleistungsindustrie sei zu entwickeln, mit der die einheimischen Anforderungen befriedigt werden. Die Rolle der Regierung in der Ökonomie müsse reduziert und das private Eigentum stärker geschützt werden.

Kern eines erneuerten Modells des ökonomischen Wachstums müsse sein, die Unausgewogenheit der sozialen Entwicklung zu überwinden, die Ausweitung der Kluft zwischen arm und reich sowie das Entstehen dauerhaft großer sozialer Randgruppen zu verhindern. Dazu müßte der Staat ein System sozialer Sicherheit schaffen und ständig ausbauen. Mit der Förderung des privaten Sektors müssen nach wie vor Restrukturierung und Reform der großen staatliche Unternehmen einhergehen.

Der Referent aus Bejing führte weiter aus: Die Exportabhängigkeit Chinas sei von 23 Prozent im Jahre 1996 auf 43 Prozent in 2006 angewachsen. Für ein anhaltendes und stabiles Wirtschaftswachstum müsse eine verbrauchsorientierte Gesellschaft entstehen. Der private Konsum macht nur 35 Prozent des Bruttoinlandproduktes aus, die Sparquote hingegen betrage 47 Prozent. Eine riesige Vermögenslücke komplettiere die Unausgewogenheit dieser Indikatoren. Nächste Reformschritte müßten also vor allem zur Erhöhung der massenhaften niedrigen Einkommen und zu staatlichen sozialen Sicherungssystemen führen …

Viele meiner Eindrücke und Schlüsse, die ich in den letzten Jahren zog, fand ich in diesem Vortrag bestätigt. Sie weisen auf ein ausgeprägtes Problembewußtsein in der chinesischen Führung und sprechen eher für als gegen die Behauptung, man halte am Sozialismus fest. Aber nüchtern muß man auch feststellen, daß der Weg zu einer neuen Qualität im sozialen System noch sehr weit sein wird. China wird künftig viel umfassender in die weltweite Ökonomie und die Ressourcen eingreifen als die USA und die EU. Auf welche Weise das konkret geschehen wird, ist noch nicht absehbar. Daß dabei Harmonie und Balance angestrebt werden, dürfte eine Illusion sein. Der Kampf um die Rohstoffe und Märkte dieser Welt wird aggressiv geführt werden, wie es immer geschah. In der ersten Hälfte des 20. Jahrhunderts wurden darum zwei Weltkriege geführt, in der zweiten Hälfte tobte ein globaler Kalter Krieg zwischen zwei Bündnissystemen. Wie wird es in diesem Jahrhundert sein?

Wir galuben die Antwort zu wissen und fürchten sie.

Vietnam und sein Festhalten am Sozialismus

Was ich im Mai 1972 in Japan bei einer Magazinsendung auf eine Frage nach den drei geteilten Ländern – Deutschland, Vietnam und Korea – geantwortet habe, weiß ich nicht mehr. 1972 tobte in Vietnam noch der Befreiungskrieg. Die DDR stand vor ihrer internationalen Anerkennung, für Deutschland schien sich das Thema Teilung damit zu erledigen: Es gab kein »Deutschland« mehr, sondern zwei selbständige Völkerrechtssubjekte.

Und Korea? Kim Il Sung, der auch in der DDR zunächst mit der russischen Variante seines Namens Kim Ir Sen hieß, besuchte 1984 die Sowjetunion, Polen, die DDR, CSSR, Ungarn, Jugoslawien, Bulgarien und Rumänien. Er reiste mit der Bahn. Die offizielle Begründung für die seine ungewöhnliche Art des Reisens lautete, die Ärzte hätten ihm das Flugzeug untersagt. Weniger offiziell hieß es, er benötige eben ständig den gesamten Hofstaat um sich. Und hinter vorgehaltener Hand hieß es noch: Wenn er alle Mächtigen mit auf Reisen nimmt, findet im Lande auch kein Umsturz statt.

Da die Reise mit dem Zug sehr lange dauerte und auch ein wenig beschwerlich war, wurde von koreanischer Seite eine Pause in der DDR gewünscht. Der Zug sollte anschließend über Bad Schandau in die CSSR weiterfahren. Aus diesem Grunde bot sich das Regierungsgästehaus in Gohrisch, nahe der Grenze, für die Reiseunterbrechung an. Drei Tage Ruhe waren geplant mit einem Tagesausflug auf dem gründlich geputzten Elbdampfer »Dresden« durch die Sächsische Schweiz. Von dieser Tour mit dem Raddampfer war Kim Il Sung besonders begeistert. In dieser Stimmung lud er mich spontan ein, ich solle nach Korea kommen und dort das Diamantgebirge besuchen, welches ähnliche Schönheiten aufweise wie die Elblandschaft bei Dresden.

Die Fahrt mit der »Dresden« hatte noch eine weitere Nachwirkung. Auf Anregung des Präsidenten wurden Bauunterlagen

Protokollbild mit Kim Il Sung, 1985

des Schiffes übergeben. In der KVDR wurden dann wirklich gleiche Raddampfer gebaut und sogar für den Export angeboten, wie ich später Werbeinformationen entnahm. Ehrenbegleiter der Delegation war in der DDR der Volkskammerpräsident Horst Sindermann, mir fiel gemäß dem in der DDR geltenden Protokoll die Rolle des Gastgebers in der Region zu. Kim Il Sungs Einladung an mich bekam so einen gewissen Stellenwert. Bald nach seiner Heimkehr wurde sie noch einmal offiziell ausgesprochen, und nach einigem Drängen der koreanischen Seite ein Jahr später auch realisiert. Der zuständige Sektorleiter im ZK der SED, Jürgen von Zwoll, und der Leiter des VEG Obstbau des Bezirkes begleiteten mich.

Wir wanderten durchs Diamantgebirge, flogen mit einer Sondermaschine nach Hamhung, einer Stadt, über die die DDR die

Patenschaft übernommen hatte, und besichtigten einen im Bau befindlichen Staudamm in der Nähe der Hauptstadt. Der übliche Stadtrundgang, Besuche in Betrieben und Landwirtschaftsunternehmen gehörten ebenfalls zum Besuchsprogramm. Wir begegneten vielen Menschen, die fleißig arbeiteten, viel improvisierten und uns gegenüber sehr freundlich und aufgeschlossen waren. Eine Person aber begegnete uns immer und überall: Sie war in Bronze gegossen und in Stein gehauen.

Politischer Höhepunkt war das Treffen mit dem lebendige- Modell dieser Denkmale. Kim Il Sung empfing uns in einem der vielen Gästehäuser des Landes. Im Gespräch äußerte er Vorstellungen über die Vereinigung beider Teile Koreas, worauf ich überhaupt nicht eingestellt war. Er sprach sehr offen über diese Möglichkeit, auch über die Hindernisse. Nach dem Krieg1950-53 sei die Situation einige Jahre für den Norden günstig gewesen. Die Sowjetunion habe sehr viel geholfen, China und die Staaten Osteuropas unterstützten das Aufbauwerk ebenfalls. Die wirtschaftliche Entwicklung sei unter diesen Umständen gut verlaufen. Diese Situation habe sich inzwischen verschlechtert. Ausweg könne nur die Vereinigung sein, aber niemals durch Krieg. Sie müßte per Vertrag zwischen zwei souveränen Staaten eingeleitet werden.

Ich habe das lange zurückliegende Gespräch wegen dieses Themas in Erinnerung behalten und auch wegen des Realitätssinnes, den Kim Il Sung dabei offenbarte.

Ortsbesichtigung

Auf Wanderschaft im koreanischen Diamantgebirge, 1985

Das Thema der Vereinigung geteilter Länder schien damals nur noch Korea zu beschäftigen, denn Vietnam hatte sich 1975 erledigt, als die USA militärisch geschlagen Südvietnam verlassen mußten. Und in der DDR wie auch in der BRD stand die Zweistaatlichkeit nicht zur Disposition, wie auf beiden Seiten immer wieder bekräftigt wurde. Erst unlängst hatten Bundeskanzler Kohl und Honecker am Rande der Trauerfeierlichkeiten in Moskau – Tschernenko war gestorben – dies sich wechselseitig versichert.

Trotz aller politischen Nähe zu Vietnam habe ich es nicht geschafft, zu DDR-Zeiten nach Südostasien zu reisen. Der Kontakt kam erst später zustande. Im November 1992 besuchte Dao Duy Tung, Mitglied des Politbüros des ZK der KP Vietnams, die Bundesrepublik Deutschland. Als Ehrenvorsitzender der PDS und Mitglied des Bundestages führte ich in Bonn ein Gespräch mit der Delegation. Gregor Gysi ließ herzliche Grüße übermitteln, somit lag die Verantwortung auch für künftige Kontakte bei mir.

Der Gast sprach umfassend über die Lage in seinem Land. Für mich enthielten seine Informationen eine Menge Neues. Was sich seit 1986 in Vietnam abgespielt hatte, war in der DDR-Öffentlichkeit weitgehend unbekannt geblieben. Die militärischen Konflikte an der Grenze zwischen China und Vietnam Ende der 70er Jahre waren bekannt. Ich wußte auch von der schwierigen wirtschaftlichen Lage nach dem Kriege, doch das ging nicht über jenes hinaus, was in den Zeitungen stand. Jetzt hörte ich, daß es eine schlimme Hungersnot gegeben hatte und als Ausweg aus der prekären Situation ein Erneuerungskurs konzipiert worden war, mit dem der Sozialismus aber als Ziel nicht aufgegeben werden sollte. Dao wies auf vier Komplexe hin, bei denen Veränderungen notwendig seien. Es sollte eine Mehrsektorenwirtschaft geschaffen werden, wobei der staatliche Sektor seinen führenden Platz behalten sollte. Man wolle persönlichen Anreizen gebührenden Raum geben und kollektive Interessen besser mit den individuellen verbinden. Plan und staatliche Steuerung sollten nicht völlig ausgeschaltet werden, aber man wollte die Gesetze des Marktes künftig nicht mehr ignorieren.

Dao bekräftigte die Absicht, daß Vietnam eine Politik der Unabhängigkeit und des Friedens verfolgen und Freund der ganzen Welt sein wolle. Daraus würden sich neue Prinzipien für die Außenwirtschaft ergeben, mit denen sich das Land die Möglichkeit der Teilnahme an der Weltwirtschaft erschließe. Die Zeit des Importes von Getreide sei zum Beispiel schon beendet, Vietnam beginne bereits Reis zu exportieren.

Wichtig erschien mir seine Mitteilung, daß sich die Beziehungen zu China völlig normalisiert hätten.

Dao Duy Tung gab sich realistisch, nicht übertrieben optimistisch. Deshalb betonte er, daß man noch viel Geduld und Zeit brauche, auch wenn die grundsätzliche Markierung eines sozialistischen Weges gefunden sei. Mit der PDS als Nachfolgerin der SED wolle man die traditionell engen Kontakte fortsetzen. Deshalb wäre es gut, wenn ich bald einmal nach Vietnam käme.

Bald hieß Ende August 1993. Gemeinsam mit Helmut Ettinger flog ich gemäß Einladung von Ministerpräsident Vo Van Kiet nach Hanoi. Ich sprach auch mit Do Muoi, dem Generalsekretär des Zentralkomitees der KP Vietnams, und dem Außenminister Ngyuyen Manh Cam. Danach fuhren wir bis an die Grenze zu China und in den Süden nach Long Ank im Mekong-Delta. Sicher stehen bei einer politischen Mission die offiziellen Gespräche im Mittelpunkt. Die Erinnerung an meinen ersten Besuch in Vietnam ist jedoch mit anderen Erlebnissen weitaus stärker verbunden. Do Muoi und Ngyuyen Manh Cam mögen es mir nachsehen.

Die Ha Long-Bucht hatte ich zuvor schon auf vielen Bildern gesehen, sie aber nun mit einem Boot selbst zu durchqueren und eine Insel mit bizarren Höhlen zu betreten, war etwas anderes. Hier hatte der militärische Konflikt mit China 1979 viele Schäden hinterlassen. Vierzehn Jahre später war auch das schon Geschichte, der Grenzhandel blühte. Bei aufmerksamer Beobachtung war erkennbar, daß es nicht nur um Textilien und Konsumgüter ging. Besonders gefragt waren Bootsmotoren und kleine Stromaggregate. Sie wurden für die Fischerei benötigt sowie für die Verbesserung der Energieversorgung und des Transportes.

Der Parteisekretär Tran Nyoe Thu nahm sich viel Zeit für uns. Es war nicht nur der Stolz auf die bisher erreichten Ergebnisse, der ihn antrieb. Er wollte uns für die Schönheiten der Natur in seiner Heimat begeistern und schwärmte vom künftigen Touri-

Begrüßung durch Generalsekretär Do Muoi in Hanoi, 1993

stenstrom. Wie ich heute weiß: Er baute keine Luftschlösser. Wer die Ha Long-Bucht heute besucht, erlebt einen hohen Standard touristischer Betreuung.

Wir sprachen über dieses und jenes und auch über ein Thema, was man in Westeuropa besonders gern im Munde führt, wenn es um Staaten geht, wo die Kommunisten regieren. Tran reagierte auf meine Frage nach den Menschenrechten mit einem Zitat von von Ho Chi Minh: Freiheit für das Land und Wohlstand für die Bürger. Die Partei, so Tran Nyoe Thu, habe daraus die Losung abgeleitet: Wohlstand für das Volk, Verteidigung des Vaterlandes, Zivilisation für die Gesellschaft.

Und nicht mehr ganz so freundlich schob er nach: »Die Franzosen und die Amerikaner, die uns kolonisiert und Krieg gegen uns geführte haben, sollten uns gegenüber nicht von Menschenrechten sprechen.« Im Jahr 1945 seien zwei Millionen Menschen verhungert, woran die Kolonialmacht schuld hatte, und die USA hätten über eine Millionen Tonnen Bomben abgeworfen und über eine Million Menschen getötet. Nicht zu reden von dem Gift, daß sie über dem Urwald versprühten. Laut Angaben des Vietnamesischen Roten Kreuzes leiden etwa 500.000 Menschen an den Spätfolgen von Agent Orange, dem amerikanischen Nervengift. Diese sind Mißbildungen (insbesondere Lippen-, Kiefer-, Gaumenspalten), Immunschwächen und nachhaltige Erbgutveränderungen. Andere Schätzungen sprechen von rund 4 Millionen Opfern. Da viele vietnamesische Neugeborene der dritten Generation noch mit Mißbildungen zur Welt kommen, dürfte diese Zahl der Wahrheit nahekommen. – Dieser Erwiderung war nichts hinzuzufügen.

Per Flugzeug ging es von Hanoi nach Ho Chi Minh-Stadt, dem vormaligen Saigon. Der Generalkonsul der Bundesrepublik, Erhard Zander, dem wir unsere Aufwartung machten, war aufmerksam und sehr freundlich. Wir nahmen seine Hilfe gern in Anspruch. Uns war bekannt, daß deutsche Firmen mehr Vertretungen in Saigon unterhielten als in Hanoi, und die vietnamesischen Freunde drängten auf unsere Unterstützung zum Ausbau der Wirtschaftsbeziehungen mit der BRD. So baten wir Erhard Zander, ein Treffen mit Vertretern der deutschen Wirtschaft zu arrangieren. Er lud zu einem kleinen Empfang in seine Residenz, bei dem die Möglichkeit zum Gespräch mit einem Bundestagsabgeordneten der PDS angeboten wurde, welcher über gute Beziehungen zur in Vietnam herrschenden Partei verfüge, wie es in der Einladung hieß. Sie wurde von vielen angenommen.

Früher war es üblich, die Landsleute in der Auslandsvertretung über aktuelle Probleme in der Heimat zu informieren und ihre Fragen zu beantworten. Hier erklärte ich, daß es mir um die Interessen meiner vietnamesischen Freunde und Genossen gehe. Ich wüßte darum gern, welche Probleme der Erweiterung der Wirtschaftsbeziehungen im Wege stünden und was eventuell auch in Deutschland getan werden müßte. Das Gespräch kam rasch in Gang und war sehr lebendig. Es wurden bürokratische Hemmnisse genannt, die auf vietnamesischer Seite bestünden. Gleichzeitig betonten die Wirtschaftleute, es gäbe noch viele Nachwirkungen der guten Beziehungen zwischen Vietnam und der DDR. Wo diese existierten, ließe sich erfolgreich arbeiten. Da etwa eine halbe Millionen Vietnamesen in der DDR ausgebildet worden waren, gäbe es in der Regel auch keine sprachlichen Probleme. Am Ende wurde uns bescheinigt, keine Propaganda betrieben, sondern ein sachliches Gespräch geführt zu haben, wofür man uns dankte. In Hanoi haben wir die uns vorgetragenen Probleme zur Sprache gebracht.

In Ho Chi Minh-Stadt wurden wir von Kriegsveteranen zu einem Abendessen eingeladen. Sie sagten von sich, sie seien zweimal geboren worden. Sie wären mit sehr schweren Verwundungen in einem Lazarettflugzeug nach Leipzig gebracht worden. Es ging bei ihnen um Leben oder Tod. Die Ärzte und Schwestern aus der DDR hätten schon im Flugzeug alles getan, um sie zu retten. Sie wollten sich dafür heute bei der DDR bedanken, die für sie nie untergehen würde.

Die andere Gruppe, etwa ein halbes Hundert Personen, die mich und Helmut einluden, nannte sich »Moritzburger«. Sie hatten in Moritzburg bei Dresden Kinder- und Jugendjahre verbracht. Die DDR hatte sie als Kriegswaisen aufgenommen, und viele sind bis zur Hochschulausbildung geblieben. Sie waren nun in Wirtschaft, Wissenschaft und Politik tätig. Auch sie hatten konkrete Anliegen. Nach der Liquidierung der DDR-Industrie blieben die Ersatzteillieferungen aus, klagten einige. Jedenfalls konnten wir behilflich sein, daß mancher W50 aus Ludwigsfelde noch ein paar Jahre länger fahren konnte.

Auch wenn es die DDR seit drei Jahren nicht mehr gab: Bei diesem Besuch in Vietnam hat sie uns jeden Tag begleitet.

Im Mekong-Delta besuchten wir ein Kriegs-Museum. Über viele Kilometer führen Gänge unter der Erde entlang, die die verschiedenen Stützpunkte miteinander verbanden. Man bekam ein Gespür dafür, was Dschungelkrieg bedeutete. Da gab es das Fahrrad als »Kraftwerk«, das für Beleuchtung sorgt, und ausgebaute Höhlen, in denen über längere Zeit gelebt wurde. Es waren in der Tat Helden, die hier für die Befreiung ihrer Heimat gegen die hochtechnisierte und mit unglaublicher Brutalität operierende US-Armee und ihre südvietnamesischen Verbündeten gekämpft haben.

Ich dachte darüber nach, was mir Generalsekretär Do Muoi erzählt hatte. Nach dem Krieg, in den 70er und 80er Jahren, versuchten über 1,6 Millionen Vietnamesen per Boot über das Südchinesische Meer in eine bessere Welt zu gelangen. Man nannte diese Leute »Boat People«. Viele, die den Verlockungen der westlichen Welt folgten, verloren dabei ihr Leben. Oder: Im Süden mußten über eine Million Staatsdiener des amerikanischen Marionettenregimes und etwa 700.000 Militärs in die neue Ordnung integriert werden. Die meisten waren Antikommunisten – und nun sollten sie sogar am Aufbau des Sozialismus teilnehmen.

Im Tunnelsystem im Mekong-Delta

Die Sowjetunion und ihre Verbündeten haben Vietnam während des Befreiungskrieges und danach jährlich mit etwa einer Milliarde Dollar unterstützt. Das meiste betraf natürlich Rüstungsgüter. Aber es gab auch Warenlieferungen und Fabrikausrüstungen. 1993 sprach ich mit Botschafter Klaus-Christian Kraemer, welche DDR-Projekte fortgesetzt werden sollten. Einiges davon ist realisiert worden. Auch Motoren für E-Loks aus DDR-Produktion konnten aufgetrieben und geliefert werden. Die deutsche SODI, die Organisation für internationale Solidarität, ist noch immer in Vietnam tätig, genießt dort hohe Achtung und trifft auf große Erwartungen.

Etwas, das einmal zu gegenseitigem Vorteil in Zusammenarbeit mit der DDR begonnen wurde, hat heute in der Landwirtschaft einen gewichtigen Platz. Die Versorgung mit Kaffee war bei uns in der DDR ein politisches Problem von erstrangiger Bedeutung. Der Import verschlang von Jahr zu Jahr bei steigenden Weltmarktpreisen mehr und mehr Devisen, obgleich ein erheblicher Teil über viele Millionen »Westpakete« in die DDR-Haushalte kam. Hätte man auch noch diese Menge einführen müssen, wäre unser Defizit noch mehr gewachsen. Wir suchten nach Alternativen. In Kuba erwies sich der Kaffeeanbau als nicht machbar, wir probierten in Äthiopien. Schließlich fragten wir in Vietnam an, wo man traditionell Tee anbaute. Wir schickten in den 80er Jahren unsere Agrarexperten und diese legten Plantagen um Buon Me Thuot im südlichen zentralen Hochland in der Provinz Dac Lacan an. Die Kaffeepflanze trägt erst nach drei Jahren. Die erste Kaffeernte wurde 1990 eingebracht, die DDR hatte nichts mehr davon. Wohl aber Vietnam. Es ist heute – nach Brasilien – der größte Exporteur von Rohkaffee.

Im März 1996 besuchten Helmut Ettinger und ich Vietnam zum zweiten Male, diesmal folgten wir einer Einladung des ZK der KP. Neben Hanoi und Ho Chi Minh-Stadt sahen wir auch die Stadt Vinh. Dort hatte die DDR ein Plattenwerk errichtet und als Solidaritätsleistung ein ganzes Wohnviertel dazu.

Allerdings war diese Reise erheblich politischer als jene drei Jahre zuvor. Deutscher Botschafter war noch immer Klaus-Christian Kraemer. Bereitwillig erläuterte er uns seine Sicht auf die Lage im Land. Allerdings, so gab er uns auch zu verstehen, mochte er nicht wieder in unser politisches Programm eingebunden werden. 1993 hatte er an den Gesprächen mit dem Außenminister und im Parlament teilgenommen. Vielleicht lag's auch am Protokoll: Damals war ich noch Bundestagsabgeordneter, jetzt nur noch Ehrenvorsitzender der PDS und damit ohne offizielles Mandat der BRD.

Generalsekretär Do Muoi gab ein Abendessen für uns. Einen ganzen Tag Zeit für uns nahm sich der Leiter des Sekretariats des ZK und Mitglied des Politbüros, Dao Thuy Tung. Da wir uns schon 1992 in Bonn getroffen hatten, war der Einstieg ins Gespräch schnell gefunden. Die KP Vietnams bereitete ihren VIII. Parteitag im Juni vor.

Ich nahm aus beiden Begegnungen den Eindruck mit, daß wir die positive Bilanz ihres ganz eigenen Weges der Erneuerung seit 1986 verstehen sollten. Beide Politiker versuchten uns begreiflich zu machen, wie dringend notwendig der weitere Ausbau dieses Kurses durch den VIII. Parteitag für das Land sei. Besonders Generalsekretär Do Muoi kam nach einem langen Exkurs zur jüngeren Geschichte Vietnams mit dem Kampf gegen Japan, Frankreich, die USA, China und schließlich Pol Pot zu der Kernthese, daß für das Land erst mit dem Abschluß der Kambodscha-Abkommen von 1993 die jahrzehntelange Geschichte von Kriegen zu Ende gegangen sei. Das Modell des Sozialismus, dem man in Nordvietnam gefolgt sei, habe sich im Krieg bewährt. Nunmehr aber erwies es sich als untauglich. Für den Wiederaufbau und eine rasche Entwicklung in Friedenszeiten mußten neue Überlegungen angestellt werden. Das Land geriet daraufhin in eine tiefe Krise. Es folgten der Zusammenbruch des Sozialismus in Osteuropa und der Sowjetunion gerade zu jener Zeit, als das US-Embargo gegen Vietnam voll in Kraft und die Beziehungen zum größten Nachbarn China noch nicht normalisiert waren. Vietnam sah sich plötzlich in einer feindlichen Umgebung völlig auf sich allein gestellt. Es ging um Überle-

Ehrung für die Opfer des Vietnamkrieges, 1993

ben oder Untergang. Nicht wenige hatten schwere Zweifel, ob die sozialistische Ordnung unter diesen Bedingungen würde überstehen können.

Dao Thuy Tung bezog in seine Darlegungen die Debatten ein, die er regelmäßig mit Provinzfunktionären führte. In ihnen spielte die schmerzliche Einsicht eine Rolle, daß der in Nordvietnam im Verlaufe von zwei Jahren praktizierte vollständige Umbruch der Eigentumsverhältnisse ein Fehler gewesen war. Unter Berufung auf den Marxismus-Leninismus und die Ideen Ho Chi Minhs griff man nunmehr Lenins Neue Ökonomische Politik der 20er Jahre auf, die in Sowjetrußland damals nicht konsequent realisiert worden wäre. Für die sozialistische Umgestaltung von Wirtschaft und Gesellschaft hielt Dao lange Zeiträume und zahlreiche Zwischenschritte für notwendig. Er sprach nach wie vor von einer »sozialistischen Orientierung«. Seiner Überzeugung nach weise die angestrebte sozialistische Gesellschaft folgende Hauptmerkmale auf:

- Machtausübung durch das Volk
- eine Wirtschaft mit modernen Produktivkräften, in der das gesellschaftliche Eigentum an Produktionsmitteln überwiegt
- eine fortschrittliche Kultur, die die nationale Identität verkörpert
- ein Leben der Menschen in Wohlstand, frei von Ausbeutung, freie Entfaltung der Persönlichkeit
- einträchtiges Zusammenleben und gleiche Entwicklungschancen für alle Nationalitäten Vietnams (eine Lehre aus der Entwicklung in der Sowjetunion)
- friedliche Zusammenarbeit mit allen Völkern und Staaten.

Inzwischen sind wieder über zehn Jahre vergangen. In Vietnam haben sich erneut viele Veränderungen vollzogen. PDS-Vertreter nahmen an Parteitagen teil, führten Gespräche und halten Kontakt mit der Botschaft. Jedoch: Vietnam scheint nicht mehr im Zentrum besonderer Aufmerksamkeit zu stehen. Was ich angesichts auch der vielen in Deutschland lebenden Vietnamesen für bedauerlich und politisch falsch halte.

Ich halte überdies die laufende Analyse vietnamesischer Vorgänge auch schon deshalb für wichtig, weil Vorstellungen und Anregungen über einen künftigen Sozialismus generell nicht nur aus begrenzten eigenen Erfahrungen gewonnen werden sollten.

Lateinamerika und der Sozialismus im 21. Jahrhundert

Die DDR und die SED unterhielten vielgestaltige Beziehungen zu Staaten Lateinamerikas, diese waren wirtschaftlicher, kultureller und solidarischer Natur. Daran erinnert man sich dort heute noch, wie auch hierzulande diese Verbindungen keineswegs vergessen sind. Aus lateinamerika kommen auch wichtige Impulse, die für die Diskussion über den Sozialismus im 21. Jahrhundert außerordentlich anregend sind.

Zuerst müssen wir über Kuba reden, wo in den 50er Jahren bärtige Revolutionäre das reaktionäre Batista-Regime stürzten. Im einstigen Hinterhof der USA entstand ein sozialistischer Staat, an dessen Spitze Fidel Castro stand.

Die DDR und Kuba tauschten 1963 Botschafter aus, obgleich es bereits seit 1959 politische und wirtschaftliche Kontakte zwischen Berlin und Havanna gab. Die Führung der SED legte größten Wert darauf, daß die Jugend der DDR mit dem revolutionären Geist in Kuba vertraut gemacht wurde. Fidel Castro und Che Guevara wurden zu Vorbildern für eine ganze Generation.

Es mangelte nicht an Versuchen, auf der Insel in der Karibik die alten Macht- und Herrschaftsverhältnisse wieder herzustellen. 1961 scheiterte der Versuch von Exilkubanern, mit Hilfe der USA in der Schweinebucht zu landen. Im Jahr darauf begann die Sowjetunion auf Wunsch der Kubaner Mittelstreckenraketen zu installieren. Die USA fühlten sich daraufhin existentiell bedroht und drohten mit Gegenschlägen. Im Herbst 1962 bewegte sich die Welt am Rande eines Atomkrieges. Die Falken in Washington drängten darauf. Am Ende siegte die Vernunft. Chruschtschow und Kennedy verständigten sich. Die Blockade um Kuba wurde aufgehoben, die USA zogen ihre Mittelstreckenraketen aus der Türkei und die Sowjetunion die ihren von Kuba ab. Washington hatte zugesichert, die Sicherheit Kubas zu garantieren. Und nebenbei: Zwischen Moskau und Washington wurde der »heiße Draht«

installiert, damit in künftigen Krisensituationen eine bessere Kommunikation zwischen den Führungen im Kreml und im Weißen Haus hergestellt werden konnte. In der Folgezeit begann eine gewisse Entspannung zwischen den Großmächten und den Blöcken.

Bereits 1960 reiste eine Gruppe kubanischer Fachleute für die Industrialisierung in die Sowjetunion und studierte den Sozialismus vor Ort. Nach ihrer Rückkehr informierten sie Minister Che Guevara über ihre Eindrücke. Sie verglichen die Führung kubanischer privatwirtschaftlicher Unternehmen mit der in sowjetischen Staatsbetrieben und kamen zu recht kritischen Bewertungen. Rechnungswesen, Kostenkalkulation, Bestandskontrolle und andere Faktoren seien wenig entwickelt und die Leitungstechniken und -technologien sehr rückständig. Selbst in einem Betrieb mit 5.000 Beschäftigten steuere man mit Abakus und Rechenschieber die Logistik. Für Che war das ein Signal, sich nicht nur ideologisch zu orientieren, sondern sich in der Welt nach anderen Erfahrungen umzuschauen.

So kam man auch in die DDR. Zwischen der SED und der KP Kubas entwickelte sich eine enge, produktive Partnerschaft. Zu den Revolutionsfeierlichkeiten in Havanna reiste eine Partei- und Staatsdelegation im Sommer 1970 nach Kuba. Der in der Internationalen Abteilung des ZK für Lateinamerika zuständige Mitarbeiter sagte mir zuvor, daß man mich gern vorschlagen würde, allerdings hätte man das schon mehrmals getan, ich sei aber immer abgelehnt worden. Ich solle doch mal direkt bei Hermann Axen nachfragen, ob es auch diesmal Einwände gegen meine Teilnahme gäbe. Ich überrumpelte also Axen, der erteilte mir seinen Segen. So kam ich zum ersten Mal nach Kuba.

Werner Jarowinsky blieb nur am Wochenende bei der Delegation, der neben mir ein stellvertretender Landwirtschaftsminister und ein Mitarbeiter der Internationalen Abteilung angehörte, dann verabschiedete sich der Kandidat des Politbüros mit seiner Familie in den Urlaub.

An der Demonstration und Kundgebung in Havanna nahmen wohl mehr als eine Million Menschen teil. Fidel Castro redete mehrere Stunden. Die Bemühungen einer Dolmetscherin, uns synchron zu übersetzen, scheiterten. Sie konnte dem Temperament des Redners nicht folgen, und auch wir kapitulierten bald in der heißen Sonne auf der Tribüne. Da wir von zu Hause wußten, daß es anderentags die Rede gedruckt gäbe, vertrösteten wir uns auf morgen. Der Botschafter der DDR hatte noch nicht viele Erfahrungen mit aus der Heimat anreisenden Politbüromitgliedern. Während in der Stadt ein buntes Veranstaltungsprogramm ablief, hatte er für alle Mitarbeiter Bereitschaft angeordnet. Das heißt, sie mußten am Wochenende zu Hause neben dem Telefon warten, falls der Genosse Kandidat des Politbüros sie riefe.

Ich hörte davon vom Parteisekretär der Botschaft, nachdem sich Jarowinsky davongemacht hatte, und bekam nunmehr die gleiche miese Laune wie die Mitarbeiter, denen das ganze Wochenende vermasselt worden war.

Ich hatte dann als amtierender Delegationsleiter ein Gespräch mit Kubas Präsidenten Osvaldo Dorticós Torrado und einige Verhandlungen, bei denen es besonders um Aspekte der Landwirtschaft ging. Die DDR brauchte Südfrüchte, aber Kuba war noch nicht so weit.

Danach fuhren wir nach Santa Clara, Cienfuegos, in die Schweinebucht und zum Angeln in den Lagunen von Guama, wo sich auch eine Krokodilfarm befand. Ein etwa 70 cm langes präpariertes Krokodil befindet sich noch heute in meinem Arbeitszimmer. Als ich es nach meiner Heimkehr aus der Tasche holte, bekam unsere Tochter Irina einen großen Schreck.

Während der gesamten Reise wurden wir von Olympia begleitet, die schon als Konsulin in Berlin gearbeitet hatte und der unsere Lebensweise nicht fremd war. Sie wußte recht genau, auf welche Gewohnheiten in ihrer Heimat sie uns besonders aufmerksam machen mußte.

In Kuba lernte ich viel kennen: unbändige Lebensfreude, große Gastfreundschaft, Toleranz gegenüber Andersfarbigen und eine riesige Verbundenheit zur Revolution, zu Fidel, zum Sozialismus. Die spürbare Zuneigung zu Castro hatte nichts von Personkult an sich. Auch andere aus der revolutionären Garde, Che und Cienfuegos zum Beispiel, wurden verehrt. Aber Fidel war die Verkörperung der Revolution, der man Wohlergehen und langen Atem wünschte. Auch bei späteren Besuchen fand ich diesen Eindruck bestätigt. Bei jeglichem Personenkult ist sowieso immer zu fragen, in welchem Maße er von der Kultfigur ausgeht oder vom Umfeld inszeniert wird.

Zum ersten Male auf Kuba, 1970

1970 lebte Che Guevara schon nicht mehr. Er war vier Jahre zuvor nach Bolivien gegangen und wollte mit seinen Erfahrungen die Revolution auf den Subkontinent tragen. Während in Kuba der revolutionäre Umsturz von großen Teilen des Volkes unterstützt wurde, kämpften er und seine Getreuen auf verlorenem Posten. Der Versuch, die Revolution zu exportieren, scheiterte. Im Oktober 1967 wurde Che mit seiner Gruppe gefangen genommen und auf Weisung der CIA erschossen. Es gibt keine zweite revolutionäre Persönlichkeit, die noch heute in Lateinamerika und darüber hinaus derart geachtet und gewürdigt wird wie Che Guevara. Seine Feinde machten ihn zum Märtyrer, zur Ikone der Revolution, nach heutigen Begriffen: zum Popstar. Noch immer hängen in Studentenbuden Poster mit seinem Bild, junge Leute, die lange nach ihm geboren wurden, tragen T-Shirts mit jenem verträumt-romatischen Gesicht, das auf einer Tribüne in Havanna zufällig fotografiert worden war. Unbeschadet aller modischen Verwertung: Che ist unverändert ein populäres Symbol für den Aufbruch in eine bessere Welt.

Im Jahr 1979 lernte ich ein weiteres lateinamerikanisches Land kennen. Die KP Perus hatte zu ihrem Parteitag auch die SED eingeladen. Edgar Fries, der bereits als Botschafter in Peru tätig gewesen war und jetzt als Sektorleiter im ZK arbeitete, begleitete mich. Er war ein hervorragender Kenner der Probleme des Landes. Und in Irmingart Lemke hatten wir eine Dolmetscherin, die alle Feinheiten der spanischen Sprache beherrschte. In jener Zeit hatte die SED in Peru zwei Partner. Neben der kommunistischen Partei, die uns eingeladen hatte, gab es noch die Sozialistische Revolutionäre Partei. Sie hatte ihre Basis bei progressiven Militärs, in bürgerlichen Kreisen und unter Intellektuellen. Mit der KP schloß sie sich bald zur »Vereinigte Linken« zusammen. Sie stellte zwischen 1984 und 1986 mit Alfonso Barrantes Lingan den Oberbürgermeister in der Hauptstadt Lima. Die PSR ist heute Mitglied des Forum Sao Paulo und gehört der Vereinigung der linkssozialistischen Parteien in Lateinamerika an.

Schon damals existierte für die linken Parteien ein Problem, das sich über viele Jahre destabilisierend auf das Land auswirken sollte. Es gab neben ihnen Gruppen, die in den Bergen einen bewaffneten Kampf führten. Bekannt ist der »Leuchtende Pfad«, eine maostische Vereinigung, die in den frühen 70er Jahren als Reaktion auf die Gewalt der Großgrundbesitzer und des Staates entstand. Schließlich terrorisierten diese Gruppen auch die Landbevölkerung, zahlreiche Aktivisten und Bürgermeister der Linken fielen ihnen zum Opfer. Die KP hielt sich auf Distanz zu dieser Form des Kampfes. Ich hatte den Eindruck, daß es auch an der Basis kein Zusammenwirken von KP-Mitgliedern mit diesen Guilleros gab.

Innerparteilich war ein anderes Problem spürbar: ein starker Druck für einen personellen Wechsel in den Führungsgremien. Junge Funktionäre ließen im Gespräch merken, wie sehr es sie nach vorn drängte. Bis dahin hatte ich geglaubt, die Schwierigkeiten eines kontinuierlichen Generationswechsels seien eine Besonderheit von machtausübenden Parteien. Das war offenkundig nicht der Fall. Die Folgen sind sicher jeweils anders, aber in jedem Fall unerfreulich. Die KP, die schon damals wenig Mitglieder und nur eine geringe politische Wirkung hatte, verlor in den 80er und 90er Jahren immer mehr an Einfluß.

Die revolutionäre Frühphase ist vergessene Geschichte: In Peru hatte Juan Velasco Alvarado als Divisionsgeneral gegen die Guerilla zu kämpfen. Wie andere Militärs verstand er bald, daß es genügend Gründe für deren Kampf gab. 1968 wurde er nach einem

Militärputsch, inzwischen Oberkommandierender der Streitkräfte, mit Unterstützung der Chefs der Teilstreitkräfte Präsident des Landes. Unter seiner Regierung wurden nordamerikanische Erdölgesellschaften sowie große Tageszeitungen enteignet, außerdem Teile der Industrie, Landwirtschaft und ausländischer Banken verstaatlicht. Es versteht sich von selbst, daß Politiker, die sich mit derartiger Radikalität der sozialen Nöte in ihrem Land anzunehmen versuchen, starke Feinde haben. Unabhängig davon läßt sich aber beobachten, daß das Urteil über sie eine große Bandbreite abdeckt. Das gilt heute für Chavez in Venezuela und galt damals für Velasco Alvarado. Er wurde als verrückt oder auch als tollkühn bezeichnet. Für Ultralinke war er ein Staatskapitalist, für Vertreter des Kapitals ein verkappter Marxist. Er wurde 1975 durch einen Putsch gestürzt, die von ihm eingeleiteten Veränderungen weitgehend zurückgenommen. Das wirkte damals noch nach, als wir vier Jahre später in Lima waren.

Zum gemeinsamen Programm der Parteitagsgäste gehörte der Besuch des Museums der Inquisition. Mein Begleiter dort hieß Rodney Arismendi, Generalsekretär des ZK der KP Uruguays. Wiederholt machte er angesichts der grausamen Foltermethoden darauf aufmerksam, daß die Militärdiktatoren in Lateinamerika nicht weniger Schreckliches, zum Teil nur mit »moderneren« Instrumenten, betrieben. In den Prozessen der Inquisition blieben die Zeugen unsichtbar und sagten hinter Vorhängen aus, in den Diktaturen brauchte man sie nicht. Die Urteile wurden auch ohne Anhörung von Zeugen gefällt und vollstreckt.

Ich habe Rodney Arismendi später einige Male in der DDR getroffen, auf Parteitagen der SED und als Gast in Dresden. Er war ein sehr feinfühliger und offener Mensch, was der SED-Führung nicht immer gefiel. Ihm wurde in der DDR die Ehrendoktorwürde verliehen. Ende der 80er Jahre hielt er einen Vortrag an der Parteihochschule, der nicht frei von kritischen Gedanken zum realen Sozialismus war. Er brachte aus der seit 1971 bestehenden uruguayischen Frente Amplio (Breite Front), der von Beginn an auch Vertreter der KP angehörten, Erfahrungen eines politischen Bündnisses aus sehr unterschiedlichen politischen Strömungen mit. Das entsprach so gar nicht dem Verständnis, das in der SED über ihr Verhältnis zu den Blockparteien herrschte. Dem Rektor der Parteihochschule gefielen solche Töne auch nicht. Einer in der internationalen kommunistischen Arbeiterbewegung anerkannten Persönlichkeit konnte er sein Mißfallen nicht direkt zeigen. Also erhielt die Internationale Abteilung des ZK einen entsprechenden Hinweis, auf daß sich die nächsten Gesprächspartner von Arismendi gegen ketzerische Gedanken zu Demokratiedefiziten in der Nationalen Front der DDR prinzipienfest wappneten. Auch bei mir in Dresden hielt er mit kritischen Fragen nicht hinter dem Berg. Sie schienen mir überlegt und berechtigt. In solchen Momenten wurde ich mir meiner eigenen Hilflosigkeit bewußt. Die Frage: Wie kann was geändert werden? ließ sich nicht ohne Weiteres beantworten.

Arismendi, der die KP in Uruquay von 1955 bis 1987 geführt hatte, verstarb 1989. Nicht nur auf der Internationalen Karl-Marx-Konferenz 1983 im Palast der Republik hatte er in Europa deutlich gemacht, daß er einer der klügsten theoretischen und politischen Köpfe der kommunistischen Weltbewegung war.

Da die Einladung zum KP-Parteitag auch mit einem Besuch an der Parteibasis außerhalb Limas verbunden war, konnten wir entscheiden, ob wir in die Berge oder ins nördliche Urwaldgebiet am Amazonas reisen wollten. Edgar Fries gab den richtigen Rat, nämlich in die Berge nach Cuzco, in die alte Hauptstadt, zu fliegen und von hier aus Machu Picchu zu besuchen. Selbstverständlich war das ein touristisch reizvolles Angebot. Auf den Kontakt zur Parteibasis war ich aber auch gespannt, weil ich hier Mitgliedern indigener Herkunft begegnen sollte.

Bei der Reise in die Berge erlebte ich zum ersten Mal die Folgen größerer Höhenunterschiede für den menschlichen Organismus. Von Lima am Meer ging es in nur einer guten Flugstunde nach Cuzco auf knapp 3.400 m Höhe. »Soroche« nennen die Indianer eine Bergkrankheit, die einen da oben erwischen kann. Im Hotel erhielten wir gleich Hinweise, wie man dem entgehen könne: mit einer Tasse Kokatee und einem Stündchen Schlaf. Obwohl ich gern den widerstandfähigen Sportler spielte, befolgte ich den Rat und blieb vom Soroche verschont. Die Frau des DDR-Botschafters hatte den Tee abgelehnt, weil ihr das Getränk wohl nicht ganz geheuer vorkam. Als wir dann durch die Stadt wanderten, meinte sie, ihr Kopf würde gleich platzen.

War Cuzco mit seinen gewaltigen Quaderbauten schon ein einmaliges Erlebnis, so wurde das durch die Fahrt nach und den

Besuch von Machu Picchu noch übertroffen. Die Bahnfahrt faszinierte. Der Zugbegleiter kündigte bei der Abfahrt an, daß wir im Zickzack fahren würden, um die Hochebene zu erreichen. Wie das ablaufen würde, erlebten wir bald. Der Zug fuhr etliche Male, in wechselnder Richtung und nach jeweils kurzem Halt eine schräg nach oben steigende Strecke. Der Blick aus dem Fenster bestätigte, wie schnell wir auf diese Weise an Höhe gewannen. Die Projektanten dieser Bahnlinie hatten eine imponierende Lösung gefunden, mit der ein viel längerer Schienenweg über Serpentinen vermieden wurde. Vielleicht hätte die Landschaft eine solche Bahnlinie auch gar nicht erlaubt.

Wir durchfuhren dann ohne Halt eine Hochebene mit landwirtschaftlicher Bebauung und kleinen Ortschaften. Der Zug rollte schließlich an der Haltestelle unterhalb der Ruinenstadt ein. Heute ist Machu Picchu weltbekannt. Seit 1983 gehört die Stadt der Inka auf einer Bergspitze in den Anden zum Weltkulturerbe. Die spanischen Kolonisatoren hatten den Ort nicht entdeckt, das war vielleicht sein Glück. Der US-amerikanische Archäologe Bingham suchte Anfang des 20. Jahrhunderts am Fluß Urubamba nach einer Siedlung. Im Jahre 1911 hat er sie dann durch Hinweise von zwei Indianerfamilien gefunden. Sie waren bei der Suche nach ihrem in den Urwald entlaufenen Vieh darauf gestoßen.

Bis zur Rückfahrt blieben uns nur wenige Stunden, und niemand wollte auch nur eine Minute der Besichtigungszeit verlieren. Obwohl wir uns beeilten, das Tempo zu halten, mit dem eine japanische Reisegruppe auf den Berg eilte, erreichten wir diese nicht. Mir schien die Eile auch bald weniger sinnvoll. Die Bilder, die sich uns boten, wollte ich nicht nur schnell mit dem Fotoapparat festhalten, sondern auch im Kopf speichern. Man konnte ins Grübeln kommen, weshalb sich die Menschen auf dieser Höhe angesiedelt und die gewaltigen Hänge für den Bau ihrer Stadt genutzt hatten. Der Touristenführer machte uns auf die Wege aufmerksam, die auf noch höhere Berge führten und erklärte uns, wie damals Posten Meldungen über weite Entfernungen übermittelten. Die Stadt war abgelegen, aber nicht isoliert von der Außenwelt. Die Straßen und die auch als Ruinen noch immer eindrucksvollen Paläste zeugten von großer handwerklicher Kunst und hohem geistigen Vermögen. Immer wieder aber ging mein Blick in die beeindruckende Natur. Ich kann mir vorstellen, daß deren Schönheit auf die Erbauer

Machu Picchus ähnlich wirkte wie auf mich. Für »große Politik« blieb in Cuzco wenig Zeit. Für Kontakte auf staatlicher Ebene reichte der Einfluß sowieso nicht. Um so interessanter war der Besuch bei einer Basisorganisation der KP mit etwa zwei Dutzend Mitgliedern. Sie kamen in der traditionellen Bekleidung der Indianer. Es waren nur wenig Frauen darunter, doch deren steif auf dem Kopf thronenden Hüte zogen meinen Blick immer wieder an. Sie schienen einen besonderen Dialekt zu sprechen, denn Irmi mußte beim Übersetzen höllisch aufpassen, um alles zu verstehen. Obwohl nur Gäste, waren wir die Ersten, die sie nach Verlauf und Inhalt des Parteitages befragen konnten. Dann aber wollten sie möglichst viel über die DDR wissen. So gaben wir also damals auf den Höhen der Anden Auskunft über alltägliches Leben in unserem irdischen sozialistischen Niederungen, über Schulbildung und Arbeit, über Wohnsituation und Freizeitangebote.

Mit der *Wochenpost* hatte ich, wieder einmal, schon vorab einen Bericht über die Peru-Reise vereinbart. Als ich meine Erlebnisse für mich selbst noch einmal Revue passieren ließ, wurde mir bewußt, daß die Geschichte Perus und seine Kultur bei mir den stärksten Eindruck hinterlassen hatten. Er überlagerte fast alle politischen Probleme. Für mich stellte sich nur die Frage, auf welche Weise wir unsere Solidarität zum Ausdruck bringen konnten. Die SED bildete in den 70er und 80er Jahren internationale Kader vor allem für Politik und Wirtschaft aus. Auch linke Kräfte aus Peru gehörten bald in wachsender Zahl dazu.

Zur Geschichte der Solidarität mit Lateinamerika gehört der Beitrag, den die DDR in Chile geleistet hat. Bereits in den 60er Jahren unterstützten wir die KP, zwischen 1970 und 1973 waren wir im Chile der Unidad Popular präsent, und nach dem Sturz der Allende-Regierung nahmen wir Tausende Emigranten auf. Unter diesen war auch eine Michelle Bachelet, die in Leipzig und Potsdam Medizin studierte und Kinderärztin wurde. Ihr Vater, ein Militär, war von Pinochets Verbrecherbande ermordet worden. Sie wurde 2006 als erste Präsidentin in der Geschichte Chiles gewählt. Vor der Wahl suchte sie Wahl Margot Honecker, die seit Beginn der 90er Jahre in Santiago lebt, in deren Haus auf und dankte ihr stellvertretend für die Unterstützung und Hilfe, die Chile durch die DDR erfahren hatte.

Auch in Uruguay ist die Solidarität der DDR nicht vergessen. Tausende lebten bei uns während der Militärdiktatur im Exil.

An der Sonderschule des ZK der SED in Kleinmachnow wurden vor allem junge Funktionäre vieler linker Parteien ausgebildet, darunter Menschen aus allen Teilen Lateinamerikas. Lektoren der SED waren in verschiedenen Ländern auf dem Subkontinent unterwegs. Die SED setzte mit ihren Möglichkeiten andere politische Akzente als etwa Friedrich-Ebert- oder Konrad-Andauer-Stiftung. Wir halfen jenen, die nach Wegen für eine sozialistische Entwicklung suchten. Die Kursteilnehmer kamen aus Zusammenhängen, die nicht vergleichbar mit denen der DDR waren. Sozialismusmodell-Vorgaben verboten sich da von selbst. Interessant waren zum Beispiel die aufgeworfenen Fragen zur Bündnispolitik

Das alles ist inzwischen Teil einer internationalistischen Geschichte, die nicht vergessen werden darf.

Kuba und Chile – Begegnungen in den 90er Jahren

Ich war im Bundestag Außenpolitischer Sprecher unserer Gruppe. Eines Tages meldeten sich die kubanischen Freunde und mahnten uns, die Beziehungen zwischen Kuba und der DDR nicht einfach zu vergessen. Ihr Anliegen war berechtigt, ich stand der Aufforderung zu einem Kuba-Besuch aufgeschlossen gegenüber. Mein Mitarbeiter Ralph Hartmann hatte sich nach seinem Studium in Moskau zudem erste Sporen als Diplomat in Kuba verdient. Obwohl später viele Jahre als Botschafter in Jugoslawien tätig, hatte er das Land nicht vergessen und die spanische Sprache auch nicht.

Der Bericht über unsere Reise vom 9. bis 16. Oktober 1993 beginnt wie folgt: »Der Besuch erfolgte auf Einladung des ZK der KP Kuba. Er diente dem Informations- und Meinungsaustausch über die aktuelle Lage Kubas unter den Bedingungen der verstärkten USA-Blockade, die Entwicklung in der Bundesrepublik Deutschland, einige Aspekte der internationalen Situation und über die weitere Gestaltung der Beziehungen zwischen beiden Parteien.«

Das klingt vielleicht etwas trocken oder sehr prinzipiell. Doch der Bericht sollte nicht intern bleiben, in einer Presseerklärung wollten wir die imperialistische Politik der USA gegenüber Kuba verurteilen und die Bundesrepublik auffordern, ihre Politik gegenüber Kuba zu überprüfen.

Leider besitzen weder Ralph noch ich persönliche Notizen über die interessanteste Begegnung dieser Reise – das Zusammentreffen mit Fidel Castro. Vermutlich haben wir auch keine gemacht, da diese Begegnung nicht geplant war und wir den Inhalt der Unterredung nicht unbedingt in den offiziell verteilten Bericht aufnehmen wollten. An einige Kernpunkte des Gesprächs erinnere ich mich noch gut.

Die Begegnung mit Fidel Castro wurde uns etwa in der Mitte unseres Aufenthaltes angekündigt. Es sollte an einem späten Abend stattfinden, unser geplantes Tagesprogramm also nicht beeinflussen. Nach zwei Abenden, in denen wir uns in Bereitschaft hielten, klappte die Sache am dritten Tag, kurz vor unserer Abreise. Es hatte, wie wir später hörten, ernstzunehmende Hinweise auf einen Anschlag auf Fidel gegeben, weshalb man die Begegnung sehr konspirativ einfädelte. In einem Rover und in bewaffneter Begleitung, die vorm Gästehaus aufzog, kam es zu einer freundschaftlichen Begegnung. Fidel verbreitete eine Atmosphäre herzlicher Vertrautheit, obwohl wir zum ersten Mal miteinander redeten. Castro war schließlich nicht jene Protokollebene gewesen, auf der ich seinerzeit verkehrte. Lediglich seinen Umgangsstil hatte ich schon einmal bei einem Empfang Anfang der 70er Jahre in der kubanischen Botschaft aus der Ferne studieren können. Nun war ich für ihn ein Rest der DDR. Der Untergang der Sowjetunion und das neue Rußland war sein erstes Thema. Die beiden Putsche – der vom August 1991 und der 1993 gegen das »Weiße Haus« in Moskau – bewegten ihn sehr. Über 1991 konnte ich aus persönlichem Erleben berichten, über die Ereignisse im »Weißen Haus« erfuhr ich später in Moskau von Alexander Ruzkoj weitere Details. Dieser war Vizepräsident Rußlands und gehörte zu den Gegnern Jelzins, die sich im Parlamentsgebäude, dem »Weißen Haus«, verbarrikadiert hatten. Bei der Erörterung beider Ereignisse waren wir uns schnell einig, daß es jeweils den selben Sieger gab: Boris Jelzin. 1991 stand er auf einem Panzer in Moskau, den andere dorthin beordert hatten. Und 1993 hatte er die Befehle zum Auffahren der Panzer und zum Beschuß des Parlamentssitzes erteilt.

Die Ursachen für das Ende des realen Sozialismus beschäftigten Fidel verständlicherweise sehr. Ich hatte aber den Eindruck, daß ihn die inneren Umbrüche, Machtkämpfe und sogar der Einsatz von Gewalt in der Sowjetunion und in Rußland noch mehr bewegten. Die innenpolitische Lage in Kuba bezeichnete er als »Spezialperiode in Friedenszeiten«. Er sprach von einer »Doppelblockade« seitens der USA und der ehemaligen sozialistischen Länder. Fidel Castro ging jedoch davon aus, daß trotz aller Belastungen die Revolution in Kuba weiter bestehen werde. Die nachfolgenden Jahre bestätigten ihn in seiner Prognose.

Wir sprachen über die Haltung der Bundesrepublik Deutschland und waren uns einig, daß von konservativen Politikern mehr Realismus in dieser Angelegenheit zu erwarten sei als von der Sozialdemokratie. Der Vizepräsident des Deutschen Bundestages, Hans Klein, hatte Havanna besucht – aber kein sozialdemokratischer Abgeordneter. Als Jusos waren einige von ihnen noch zu den Weltfestspielen im Jahre 1978 gekommen. Jetzt, da ein schärferer Wind gegen Kuba blies, kamen sie nicht mehr.

Fidel fragte nach der juristischen Verfolgung von Amtsträgern der DDR in der Bundesrepublik und wußte auch vom Prozeß,

Treffen mit Fidel in Havanna, 1993

der gegen mich in Dresden geführt worden war. Wir verständigten uns darüber, daß die Beziehungen zwischen den Parteien wieder aufgenommen werden sollten.

Auch wenn Ralph und ich uns eine ganze Woche in Kuba aufhielten, kamen wir nicht aus Havanna heraus. Die Liste der Gesprächspartner war lang: Ricardo Alarcón, Präsident der Nationalversammlung, José Balaguer, Sekretär des ZK und Mitglied des Politbüros, O. Cienfuegos, Stellvertretender Vorsitzender des Ministerrates, der Außen- und der Finanzminister, der Direktor des Instituts für europäische Studien und weitere Persönlichkeiten. Auch ein Gespräch mit dem Generalstabschef fand statt. Er klagte uns sein Leid, daß die Nachrichtentechnik aus der DDR zwar von hervorragender Qualität sei, inzwischen aber doch das eine oder andere Ersatzteil nötig wäre.

Unser Aufenthalt fiel in eine für Kuba besonders schwierige Phase. Von 1989 bis 1992 war die Produktion Kubas um 25 Prozent gesunken, und der Rückgang setzte sich fort, es fehlte an Zulieferungen, an Material, an Ersatzteilen, an Treib- und Schmierstoffen. Im Jahr 1988 hatten die Lieferungen der RGW-Staaten noch 51 Prozent des produktiven und konsumtiven Verbrauchs im Lande gesichert. 1992 waren die Importe um 73 Prozent zurückgegangen. Die ökonomische Krise werde nicht zu einer politischen Krise führen, das politische Klima trotz aller Widrigkeiten stabil bleiben, lautete die Einschätzung Castros und anderer Gesprächspartner.

Inzwischen haben in Kuba etliche Reformen stattgefunden, und weitere werden folgen. Begonnen wurde damit Anfang der 90er Jahre. Zum Kernstück eines Ernährungsprogramms gehörte die Auflösung großer Staatsgüter und die Bildung von Genossenschaften. Der Boden blieb in staatlichem Besitz und wurde den Mitgliedern der Genossenschaft zur Pacht übergeben. Die Beziehungen zwischen Produzenten und Staat sollten nun über den Markt, über Abgaben, Steuern und Kredite reguliert werden. Auch Entscheidungen über die Förderung kleiner privater Wirtschaftsbetriebe waren bereits in Vorbereitung. Das staatliche Außenhandelsmonopol nach sowjetischem Muster wurde bereits 1992 aufgehoben. Den Um- und Ausbau des Tourismus übernahmen schon damals gemischte kubanisch-ausländische Unternehmen. Selbst der Papst kam nach Kuba.

Wir wurden auf ein weiteres Problem aufmerksam gemacht, bei dem ich ein persönliches Schuldgefühl empfand. Die DDR hatte mit Kuba Verträge geschlossen, um deren Realisierung sich die BRD nicht kümmerte. Zwar war im 2+4-Vertrag festgelegt worden, daß alle Verträge der DDR ihre Gültigkeit behielten, doch das verlangte auch entsprechenden politischen Willen. Der war im Falle Kubas nicht vorhanden. Das hielt die Bundesrepublik jedoch nicht davon ab, die Rückzahlung von Verbindlichkeiten gegenüber der DDR einzufordern. Inzwischen überschritten die Verluste, die Kuba aufgrund der Nichteinhaltung der Verträge durch die BRD erfuhr, bei weitem seine Verpflichtungen. Man hätte also mindestens Havanna entschulden können.

Zurück aus Kuba gab ich als Außenpolitischer Sprecher der PDS-Gruppe am 19. Oktober 1993 eine Erklärung ab. Da Debatten über Kuba bis in jüngste Zeit auch in der PDS stattfanden, besonders unter ihren Abgeordneten im Europäischen Parlament, seien hier ein paar Zitate aus dieser Erklärung gestattet.

»Die Solidarität mit Kuba bleibt ein Gebot für alle, die sich der Unabhängigkeit der Völker und Staaten, politischer Gerechtigkeit und dem Humanismus verpflichtet fühlen.«

Ich halte das auch nach 15 Jahren noch für gültig. Und aktuell ist für mich auch die folgende Aussage: »Die Zeit ist überreif, daß die Bundesregierung ihre Kuba-Politik überprüft, ihre Unterordnung unter die USA-Embargopolitik beendet und den Weg zu einer Normalisierung der ökonomischen Beziehungen beschreitet. Die Bundesrepublik muß endlich den Mut und den Willen zur Bereitschaft finden, ihre Beziehungen zu Kuba, die Beziehungen zwischen zwei souveränen Staaten, nicht länger den Interessen eines dritten Staates unterzuordnen, sondern vor allem an den Interessen beider Völker zu orientieren.«

Den Bericht über diesen Besuch habe ich damals dem Vorsitzenden des Auswärtigen Ausschusses, Dr. Stercken, und dem Staatsminister im Auswärtigen Amt, Schäfer, übergeben. Schäfer bedankte sich, versicherte der ökonomischen Seite Aufmerksamkeit zu schenken und betonte natürlich die unterschiedlichen politischen Sichten.

Im August 1994 erreichte der Druck der USA auf Kuba neue Dimensionen. Daher noch ein Zitat aus einer Erklärung vom 10. August 1994: »Zweifellos kann man das Herangehen der kubanischen Führung unter Fidel Castro, den Stand der sozialen Entwicklung und den Grad der Gewährleistung bürgerlicher Freiheiten auf Kuba unterschiedlich bewerten. Doch das, was die USA und einige ihrer engsten Partner gegenwärtig betreiben, ist nichts anderes als die Fortsetzung eines heuchlerischen Doppelspiels mit dem Ziel, das politische und gesellschaftliche System auf Kuba zu destabilisieren, einen neuen akuten internationalen Konfliktherd zu schaffen und den im Ergebnis der kubanischen Revolution verlorengegangenen Einfluß wiederherzustellen. Sie bedienen sich dabei einer Politik, die an Tücke und Doppelzüngigkeit schwerlich übertroffen werden kann und die ein Lehrstück menschenverachtenden hegemonialen Vorgehens ist, das in nicht wenigen Elementen daran erinnert, mit welchen Mitteln und Methoden die USA jahrzehntelang die Ost-West-Konfrontation und den Kalten Krieg betrieben haben.«

Man kann getrost behaupten, daß die Solidarität mit Kuba in der DDR-Bevölkerung großen Rückhalt besaß. Über die zwischenstaatlichen Beziehungen wurden Leistungen erbracht, die auf die besonderen Bedürfnisse des Inselstaates ausgerichtet waren. Dazu gehörte speziell für Kuba entwickelte Trockenmilch zur Versorgung der kubanischen Kinder. Was in der DDR begonnen hatte, setzte sich nach ihrem Ende in den Bemühungen der Bewegung »Cuba Si« fort. Nun ging es nicht mehr um Lieferungen *nach* Kuba, sondern um Milchproduktion *in* Kuba. Noch heute läuft die Kampagne »Milch für Kubas Kinder«. Durch Spenden wurden unter anderem Farmen mit Milchkühen gefördert.

Im Jahr 1997 erlebte ich eine große Überraschung. An den Weltfestspielen der Jugend hatte ich 1959 in Wien zum letzten Mal teilgenommen. 1973 in Berlin gehörte ich zum Stab der SED. Zur Tradition der Weltfestspiele gehörte die Einladung von Ehrengästen. Ich habe mich schlicht und einfach über diese Einladung gefreut.

Wie sich Jugendliche in Deutschland zu dem Ereignis in Havanna verhalten würden, welcheOrganisationen Verbindung nach Kuba oder zumindest Interesse daran hatten, war für mich nicht absehbar. Inwiefern sich »politische Kreise« für dieses Geschehen in Kuba interessierten, wußte ich auch nicht. Die SDAJ jedenfalls, der Jugendverband bei der DKP, rief zur Teilnahme auf und organisierte die Reise. Auch meine ehemalige Kollegin im

Bundestag Ulla Jelpke buchte einen Flug nach Havanna. Im Umfeld der PDS, in der AG »Junge GenossInnen«, waren sowohl Distanz zu spüren und offene Ablehnung zu hören, als auch der Wunsch zu vernehmen, dort dabei zu sein.

Ich zögerte jedenfalls nicht und traf die notwendigen Vorbereitungen. Natürlich stellte ich mir nicht vor, mich als Opa noch einmal wie ein Jugendlicher zu fühlen. Aber die Begegnungen in angenehmer Atmosphäre versprachen interessant zu werden. Untergebracht wurden wir in einem modernen Hotel am Rande des neuerbauten Kongreßzentrums. So ergaben sich Möglichkeiten für politische Gespräche fast von selbst. Viele Veranstaltungen fanden im nahegelegenen Club der Marine statt. Alles war zu Fuß zu erreichen.

Fidel Castro erlebte ich in gewohnter Form auf einer Jugendkundgebung auf dem Gelände der Universität und bei einem Empfang mit dem üblichen Händeschütteln und kurzem Austausch von ein paar Floskeln.

In alter Gewohnheit ging ich in der Regel am frühen Morgen auf einen Sportplatz ganz in der Nähe des Hotels und drehte dort meine Runden über 3.000 bis 4.000 m. Um diese Zeit stand mir die Sportanlage ganz allein zur Verfügung. Anschließend steuerte ich das Schwimmbad des Hotels an, um dort noch etwas auszutrudeln. Da war ich dann nicht mehr allein. Neben anderen Weltfestspielteilnehmern traf ich häufig auch Gladys Marin. Wir waren uns bis dahin noch nie begegnet, aber ich wußte natürlich, wer sie war. In der Allende-Zeit führte sie als Generalsekretärin den Kommunistischen Jugendverband, sie war mit Pablo Neruda, mit Allende, Corvalan und Victor Jara befreundet. Nach dem Putsch kam sie nach Europa, 1978 ging sie zurück und arbeitete im Untergrund, nun war sie Generalsekretärin der KP Chiles.

Kubanische Freunde machten uns miteinander bekannt, und es kam zu einem ersten Gespräch. Zunächst haben wir uns über die Lage in Chile und in der BRD ausgetauscht. Die Parteibeziehungen zwischen der KP Chiles und der PDS standen dabei sehr am Rande. Der Generalsekretärin schien die PDS, was ich gut nachvollziehen konnte, ein Buch mit sieben Siegeln. Das bezog sich auch auf meine Person. Denn nach diesem ersten Kontakt hat sich Gladis nicht nur über die PDS, sondern auch über mich bei den kubanischen Genossen informiert. Ein guter Freund unterrichtete mich darüber. Er deutete mir an, daß ich bei ihnen einen guten Ruf besäße, was man ihr nicht verheimlicht habe. Außerdem hatte man Gladis geraten, gegenüber der PDS keinen Vorbehalt zu haben. Sie suchte nun erneut den Kontakt und lud mich zu einem Besuch nach Chile ein. Ein gutes Jahr später sollten wir uns in Santiago de Chile wiedersehn.

Im Jugendzentrum am Meer traf ich den Chef der kubanischen Marine, einen Admiral, der die Akademie in Leningrad absolviert hatte. Da wir keinen Dolmetscher brauchten, war auch unser Meinungsaustausch recht offen. Wir hatten manch gemeinsamen Bekannten, Menschen, auf die er während seines Studiums getroffen war oder die zur Führung der Volksmarine der DDR gehörten. Theo Hoffmann, Verteidigungsminister in meiner Regierung, zählte auch dazu. Die DDR und ihr gewaltloses Ende kamen zur Sprache. Er bewertete das nicht, machte mir zum Beispiel nicht solche Vorwürfe, wie ich sie bis heute von einigen politischen Funktionären der DDR höre: Wir hätten die Konterrevolution mit den Waffen der Kampfgruppen und der Armee bekämpfen müssen.

Der Admiral ging vielmehr von den Lehren aus, die sich aus dem Versuch der Invasion in der Schweinebucht ziehen ließen. Damals wie heute, also 1997, seien die Verhältnisse in Kuba bei allen Schwierigkeiten völlig anders, als sie am Ende in der DDR waren. Der Admiral betonte, daß es keine Anzeichen für einen Zusammenbruch Kubas gäbe. Die Angreifer in der Schweinebucht kamen aus den USA, und von dort gehe bis heute die entscheidende Gefahr für Kuba aus. Seine Schlußfolgerung war eindeutig. Ein Angriff gegen Kuba käme als militärische Aktion von außen und würde mit gleichen Mitteln bekämpft werden.

Ich konnte nicht widersprechen. Und dennoch bleibt die Frage, ob begründet scheinender repressiver Umgang mit oppositionellen Meinungen langfristig nicht destabilisierender auf den Staat wirkte als deren Tolerierung.

Im selben Hotel wie ich wohnten Ulla Jelpke und der Liedermacher Dieter Dehm. Auch der SPD-Abgeordnete Beuchert war hier anzutreffen. Wir plauderten mitunter in der Lobby miteinander, ansonsten ging jeder seinen eigenen Interessen nach. Auch die Jusos waren, wie schon bei den Weltfestspielen 1978 in Havanna, wieder angereist. Ihr Sprecher Annen, heute für die SPD im Bundestag, suchte einen Ansprechpartner bei der PDS-Jugend. Die war aber, wie gesagt, nicht als Organisation, sondern in Gestalt von Einzelpersonen angereist. So stellte ich mich als »Ersatzjugendlicher« wenigstens für ein Gespräch zur Verfügung. Ich hatte den Eindruck, daß Annen bereits auf dem Weg zum Berufspolitiker war und schon den linken Flügel der SPD hinter sich gelassen hatte.

Im Jahr darauf hörte ich wieder Spanisch. Ich reiste auf Einladung der KP Chiles nach Santiago. In Dresden lebte während der Pinochet-Diktatur eine Gruppe chilenischer Genossen. Auch sie hoffte ich zu treffen.

Bei dieser Reise kam mir sehr zugute, daß die PDS wieder Irmingart Lemke als Dolmetscherin gewonnen hatte. Sie und Gladys Marin kannten sich schon lange. Und auch mit anderen Partnern hatte sie bereits zu tun gehabt. Mit der Generalsekretärin trafen wir zu einem offiziellen Gespräch zusammen, bei dem auch Absprachen über weitere Kontakte getroffen wurden.

Die beiden Alten, Volodia und Luis, empfingen mich zu einem Meinungsaustausch bei einer Tasse Tee in sehr persönlicher Atmosphäre. Inzwischen waren sie hochbetagt und noch immer geistig rege. Die Verbindung zu Volodia blieb. Zu seinem 90. Geburtstag 2006 gratulierte ich ihm herzlich. Ich war sehr gerührt, als ich sein Dankschreiben las. »Niemals werde ich unsere Gespräche in der DDR vergessen. Ich bemühe mich, Deinen Rat zu befolgen und über den Sozialismus nachzudenken, der gegangen ist und eines Tages weiser zurückkehren wird. Ich danke Dir für Dein nicht nachlassendes Interesse für Lateinamerika, wo ein Erwachen zu spüren ist, das Anlaß zur Hoffnung gibt.«

In Chile erinnerte ich mich erstaunlich oft an meinen Vater. Das lag gar nicht so fern, denn meine Kindheits- und Jugenderinnerungen sind eng mit seinen Erzählungen aus seiner Seemannszeit verbunden. Dazu gehörten Berichte über die Salpetergewinnung in Chile. Als ganz junger Seemann, Vater war Jahrgang 1886, ist er bei schweren Stürmen um Kap Horn nach Valparaiso gesegelt, um von dort Salpeter nach Deutschland zu holen. Die Seemannsgeschichten haben meinen Bruder und mich ungemein gefesselt. Ich gelangte auf dem Landweg nach Valparaiso. Der Jugendverband der dortigen Universität hatte eine poli-

Mit Volodia Teitelboim (links) und Luis Corvalan in Santiago de Chile, 1998

tische Veranstaltung vorbereitet, und der Rektor der Universität empfing mich zu einem Gespräch. Der Tag war so ausgefüllt, daß ein Gang zum Hafen und der Blick auf das Panorama den Abendstunden vorbehalten blieb. Vaters Erzählungen waren mir wieder ganz gegenwärtig.

Und auch ein Ausspruch meines Bruders Franz kam mir in den Sinn, der stolz war, nie bei der Kriegsmarine gedient zu haben, sondern immer auf Handelsschiffen gefahren war. Nach dem Krieg haben wir uns erst im Jahr 1991 wiedergesehen. Bei der Betrachtung unserer sehr unterschiedlichen Lebenswege meinte er: »Du bist Kommunist geworden, und ich bin immer Seemann geblieben. Wir Seeleute sind jedoch die wahren Kommunisten. Wenn ein Schiff in Not gerät, fragen wir nicht, ob dort Weiße, Schwarze oder Gelbe an Bord sind. Wir setzen einfach unser Leben zur Rettung der anderen Seeleute ein.« Ich habe nicht widersprochen und über sein unbedingtes Bekenntnis zur Solidarität im Zusammenhang mit der Geschichte der internationalen Arbeiterbewegung nachgedacht.

Die Zahl der chilenischen Emigranten, die in der DDR ihr Glück fürs Leben gefunden haben, ist nicht gering. Als die Partei in Santiago zu einer Begegnung mit mir einlud, waren mehr als hundert Teilnehmer erschienen, darunter nicht wenige chilenisch-(DDR-)deutsche Ehepaare. Sie alle wollten etwas über die DDR, ihr Ende und die gegenwärtige Situation wissen. Einige Teilnehmer hatten auch als Emigranten in der Bundesrepublik gelebt und dort Verbindung zur DKP gehabt.

Wir wohnten in Santiago bei einer Familie, die während der Militärdiktatur nach Schweden emigriert war. Ich dachte wieder an Bruder Franz und seine Worte über die Solidarität.

In Santiago aber wurde mir auch ein anderes, in der Linken sehr bekanntes Problem wieder bewußt: die schwierige Kooperation zwischen unterschiedlichen Gruppierungen. Ich hatte ein offizielles Gespräch im Vorstand der Sozialistischen Partei. Wir sprachen über die Jahre in der DDR und waren uns einig, daß Kontakte mit der PDS nicht auszuschließen seien. Mein Betreuer von der KP, Jorge Insunza, durfte mich dorthin nicht begleiten. Beide Parteien hatten während der Emigration ihre Zentren. Die Führung der KP saß in Moskau, die der Sozialisten in Berlin. Als ich am nächsten Tag mit Jorge in einem Supermarkt war, ging ein Mann mit kurzem Kopfnicken an uns vorüber. Jorge sagte mir, daß sich beide aus der Berliner Zeit kannten, sie auch nach der Heimkehr noch Kontakt gepflegt hatten, sie inzwischen aber wieder getrennte Wege gingen.

Mir erschien es als eine Selbstverständlichkeit, meine Gastgeber zu bitten, mir ein Gespräch mit Margot Honecker zu vermitteln. Wir kennen uns seit 1949, aus unserer Arbeit in der FDJ. Es gab Jahre, in denen wir uns nicht nur gut verstanden, sondern uns gemeinsam für die Lösung schwieriger Probleme einsetzten. Das gab es schon im Jugendverband und setzte sich zum Beispiel bei der Entwicklung von Tagesschulen Anfang der 1960er Jahre in Berlin-Köpenick fort. In späteren Jahren hatten wir unterschiedliche Ansichten, unter anderem zur Förderung von Begabten, auch zum Profil des Polytechnischen Unterrichts. Die Entscheidung im ZK, mich der Volkskammer als Ministerpräsident vorzuschlagen, fand Margots Zustimmung nicht. Ihre Gegenstimme gefiel mir zwar nicht, aber ich habe ihre Ehrlichkeit geschätzt. Es gab mit Sicherheit noch andere, deren Favorit ich nicht unbedingt war, die mir das aber nicht so offen zeigten.

Unser Gespräch in Santiago war recht offen. Ihre Verbundenheit mit der DDR war ungebrochen, und in diesem Zusammenhang klang auch ein Vorwurf zu meiner Tätigkeit an. Die damit verbundenen Fragen haben wir auch bei einer späteren Begegnung nicht weiter berührt. Wir wissen beide, daß unsere Sicht darauf sehr unterschiedlich ist. Mir war und bleibt wichtig, daß solche Unterschiede Solidarität und Achtung nicht aufheben sollten.

Neue Perspektiven für die Linke in Lateinamerika

Während meiner Abgeordnetentätigkeit im Europäischen Parlament kam ich auf neue Weise mit Lateinamerika in Berührung. Vom demokratischen Aufbruch auf diesem Kontinent war damals noch wenig zu spüren. Der Entwicklungsausschuß, dem ich fünf Jahre angehörte, richtete seinen Blick vor allem auf Afrika, und wenn es um Lateinamerika ging allenfalls auf die Karibik. Wir hörten auch vom Forum Sao Paulo.

Ich wurde von meinem spanischen Kollegen Martínez aus der Sozialdemokratischen Fraktion gebeten, im Kuba-Ausschuß mitzuarbeiten. Er tat das als Erinnerung an frühere Tagen. Unter Franco hatte er in Spanien gegen den Faschismus gekämpft und der Jugendbewegung angehört. Er erzählte mir, daß er im Rahmen seines Engagements in der Weltkinderbewegung die DDR besucht und die Pionierrepublik kennengelernt habe. Noch heute schätze er sehr die Zusammenarbeit mit der FDJ. Wir hatten keine politischen und wegen seiner guten Deutschkenntnisse auch keine sprachlichen Probleme.

Im Rahmen unserer Fraktion war Petro Masset aus Spanien besonders aktiv, wenn es um die Belange Lateinamerikas ging. Er hatte von meiner Verbindung zu Kuba erfahren, und als es im Frühjahr 2000 darum ging, Kontakt zum Forum Sao Paulo aufzunehmenn, forderte er mich zur Mitarbeit auf. Das nächste Treffen des Forums sollte in Guatemala stattfinden, und die *Unidad Revolucionaria Nacional Guatemaltec*a (UNRG) war gastgebende Partei. In Wien hatte sie einen Europa-Beauftragten, Juan Ramón Ruiz, der den Kontakt zu unserer Fraktion suchte. Mit einer Österreicherin verheiratet, war er schon fast ein Wiener geworden. Es war für ihn ohne Belang, ob er mit einem spanischen oder einem deutschen Abgeordneten der Linksfraktion in Kontakt kam. Er förderte gleichsam von außen die Zusammenarbeit zwischen Petro Masset und mir innerhalb der Fraktion. Gemeinsam haben wir im Sommer 2000 die Initiative für ein Treffen der GUE/NGL mit der Arbeitsgruppe des Forum Sao Paulo in Brüssel ergriffen.

Das Forum Sao Paulo war im Sommer 1990 auf Initiative der brasilianischen Partei der Arbeit (PT) von 48 Parteien und Linksbündnissen ins Leben gerufen worden. Die neoliberale Offensive war dabei, die Linke in Lateinamerika zu überrollen, der Realsozialismus in Europa war zusammengebrochen, die Sowjetunion stand vor der Auflösung. Das politische Kräftezentrum, das ihren Kampf gegen den US-Imperialimus unterstützte, existierte nicht mehr.

Auf dem ersten Treffen wurde beschlossen, eine eigenständige Politikkonzeption zu entwickeln, die keinen fremden Modellen folgt. Das Forum selbst verstand und versteht sich als Diskussionsraum und hat dafür feste Arbeitsstrukturen entwickelt. Es hat aber

Mit Pedro Masset (links) in Rom, 2004.

stets abgelehnt, eine Art lateinamerikanische Internationale zu sein oder zu werden. Angestrebt wurden jährliche Treffen, die in den 90er Jahren auch stattfanden, mit Beginn des neuen Jahrhunderts jedoch schwieriger geworden sind. Die unterschiedlichen Entwicklungen in den lateinamerikanischen Ländern wirken sich auch dort aus. Die Organisation bezieht ihre Stabilität aber gerade daraus, daß keineswegs alle Mitglieder an jedem Treffen teilnehmen müssen. Das läßt auch Raum für bilaterale Klärungsprozesse.

Die entscheidende Gruppe im Forum bilden die stimmberechtigten Mitgliederparteien. Eine zweite Gruppe besteht aus den je nach Thema und Problemen eingeladenen Persönlichkeiten, und drittens nehmen Beobachter aus verschiedenen Regionen, auch von anderen Kontinenten, daran teil. Die Anzahl von Beobachtern ist ständig gewachsen. Immer mehr europäische Parteien nehmen teil, nicht nur aus den EU-Staaten. Die kommunistischen Parteien Chinas und Vietnams waren bei den letzten Treffen stets vertreten.

Der Arbeitskreis Lateinamerika beim Parteivorstand der PDS richtete schon frühzeitig seine Aufmerksamkeit auf das Forum und wurde dabei von der Rosa-Luxemburg-Stiftung unterstützt. Sie öffnete ihr erstes Auslandsbüro in Sao Paulo. Ein zweites in Lateinamerika nahm inzwischen seine Tätigkeit in Mexiko auf.

Noch vor der Sommerpause 2000 fand ein Treffen unserer Fraktion mit der Arbeitsgruppe des Forums statt. Das Angebot gab es schon länger, wurde aber zunächst von der Forum-Gruppe nicht angenommen. Noch immer bestand bei ihr die Hoffnung, die stärkere Sozialdemokratische Fraktion als Partner in der EU zu gewinnen. Nur erfüllte sich diese Hoffnung nicht. Die meisten Forum-Mitglieder sind sozialdemokratischer oder sozialistischer Herkunft und gehören der Sozialistischen Internationale an. Der europäischen Sozialdemokratie sind die politischen Positionen im Forum, wie es scheint, zu links, d. h. zu antikapitalistisch und zu eindeutig gegen die imperialistische Politik der USA gerichtet.

Als wir das Treffen vorbereiteten, gehörten der Arbeitsgruppe des Forums Vertreter der PT (Brasilien), der FMLN (El Salvador), der URNG (Guatemala), der Revolutionären Organisationen Kolumbiens, der KP Kubas, der PRD (Mexiko), der FSLN (Nikaragua), der Frente Amplio (Uruguay) und Vertreter Puerto Ricos an. Zum aktiven Kern der Arbeitsgruppe gehörte Lula da Silva, später Präsident Brasiliens. Die Auswahl an Themen war groß, zu der eine Verständigung sinnvoll war. Also ging es zunächst darum wichtige Schwerpunkte zu bestimmen. Wir einigten uns auf die Komplexe

- Integration innerhalb Lateinamerikas und innerhalb Europas
- Sicherung des Friedens und Stärkung von Demokratie
- Umwelt und Konzepte nachhaltiger Ressourcennutzung
- Gleichberechtigte Einbeziehung Kubas in die Lateinamerika-Politik der EU sowie Solidarität mit Kuba.

Die Europäische Union hatte mit dem 1. Gipfeltreffen der Staats- und Regierungschefs der EU, Lateinamerikas und der Karibik im Juni 1999 in Rio de Janeiro Aufmerksamkeit und Sympathie gewonnen. Selbst unseren Partnern erschien die EU als eine Form der Integration, aus der sich übereinstimmende Interessen mit den lateinamerikanischen Staaten bei ihrem Widerstand gegen die von den USA angestrebte Freihandelszone ergeben könnten. Den Prozeß der EU-Erweiterung allerdings betrachteten sie kritisch. Sie befürchteten, daß EU-Mittel, die bisher der Wirtschaftsförderung in Lateinamerika zugute gekommen waren, nun stärker nach Mittel- und Osteuropa fließen würden.

Mir fiel die Aufgabe zu, die Haltung der Fraktion zur Erweiterung der Europäischen Union darzulegen und dabei die politischen Ziele kritisch zu erläutern. Die EU konnte kein Modell für Lateinamerika sein.

Bei unserem Brüsseler Treffen galt noch die Entscheidung, das nächste Treffen des Forum Sao Paulo in Guatemala zu veranstalten. Doch die Schwierigkeiten auf dem Weg dahin erwiesen sich bald als unüberwindlich. Hatten wir in Brüssel noch über Möglichkeiten für die Solidarität mit Kuba beraten, so trat nun Kuba solidarisch für Guatemala ein. Die KP Kubas gestaltete das zehnte Treffen. Im Dezember 2001 trafen sich die Mitglieder, Gäste und Beobachter zur Jubiläumsveranstaltung. Ich gehörte in doppelter Mission zu den Teilnehmern. Die Fraktion GUE/NGL war mit einer Delegation unter Leitung ihres Vorsitzenden Francis Wurtz vertreten, der ich angehörte. Und für die PDS nahm ich als Ehrenvorsitzender und Beobachter teil. In dieser Funktion wurde ich um ein Grußwort in der Vollversammlung gebeten. Nach meinem Auftritt ging ich wie die anderen Redner zu Castro, der im Präsidium saß. Es bewegte mich schon, als er zu mir als gutem Freund Kubas sprach und sich für die Solidarität der DDR und von »Cuba Si« bedankte.

Jeder Redner des Forums betonte die Solidarität mit Kuba.

Unsere Delegation führte Gespräche mit kubanischen Politikern und besuchte die Botschaften Belgiens und Spaniens. Die Gespräche dort konnten gegensätzlicher nicht sein. Sie machten deutlich, daß es mit der Gemeinsamkeit in der europäischen Außenpolitik wirklich nicht weit her ist, was sich hier speziell im Verhältnis zu Kuba zeigte. Belgiens EU-Präsidentschaft ging dem Ende zu, in dieser Zeit gab es eine Annäherung an Kuba. Der Botschafter nahm sich Zeit für uns und bat um Unterstützung im Europäischen Parlament bei der Fortsetzung des begonnenen Dialogs. In der spanischen Botschaft führte uns der Protokollchef in einen Raum, man bot uns ein Wasser an, dann trat der Herr Botschafter ein. Wir warben für den Dialog mit Kuba. Aber der Botschafter trug fast verächtlich Vorbehalte vor. Petro Masset, der immer freundliche Professor der Medizin, schämte sich für den Vertreter seines Landes, der seine direkte Aufforderung, den von der belgischen Präsidentschaft eingeschlagenen Weg fortzusetzen, mit deutlichen Worten abwies.

Ein wichtiges Thema der nächtlichen Ausführungen von Fidel Castro war die Entscheidung Argentiniens, seine Schulden beim Internationalen Währungsfonds nicht zurückzuzahlen. Er wertete das als ein Signal, sich gegen neokoloniale Abhängigkeit zu wehren. Fidel Castro appellierte an alle Mitglieder des Forums, den Kampf gegen den USA-Imperialismus gemeinsam verstärkt fortzusetzen. Er hob die Fortschritte Kubas im Bildungs- und Gesundheitswesen hervor und betonte gleichzeitig die großen Anstrengungen, die in der Wirtschaft des Landes erforderlich wären. Als Mitternacht längst vorüber war, schaute Fidel in den Saal und meinte scherzhaft: »Wie ich sehe, seid ihr noch aufmerksam, da kann ich meine Rede ja noch fortsetzen!«

Am übernächsten Tag gab es in der *Granma* eine Zusammenfassung der Castro-Rede. Aus über fünf Stunden war eine Zeitungsseite geworden, auf der die Kerngedanken seiner Ausführungen zusammengefaßt waren. Ich erinnerte mich daran, daß die Berichte des Politbüros auf ZK-Tagungen anderntags etwa acht Zeitungsseiten füllten. Hier war aus einer langen Rede mit einigem Unterhaltungswert eine konzentrierte Information geworden.

Aus Uruguay nahm Marina Arismendis, Generalsekretärin der Kommunistischen Partei, am Forum teil. Sie hatte einige Jahre der

Fidel Castro beim Sao Paulo-Forum, Havanna 2001

Emigration in der DDR verbracht und als Übersetzerin gearbeitet. Jetzt traf sie mit unserer Dolmetscherin Irmingart Lemke eine Freundin aus gemeinsamer Arbeit. Michael Brie, Chef der Rosa-Luxemburg-Stiftung, knüpfte neue Kontakte. Wir vertraten bei inhaltlichen Debatten zwar hin und wieder unterschiedliche Positionen, aber zu persönlicher Distanz führte das nie.

Unser Rückflug führte über Mexiko. Mit Unterstützung der deutschen Botschaft war dort ein Gespräch im Außenministerium vereinbart worden. Wir konferierten mit einen Stellvertretenden Außenminister – zunächst über die Beziehungen zwischen der DDR und Mexiko, dann über das politische Treffen in Havanna und schließlich über die Rolle der USA. Der Vizeminister benutzte nicht ein einziges Mal das Kürzel, sondern sprach stets nur von »unserem nördlichen Nachbarn«. Ein distanzierender Unterton war nicht zu überhören. Mexiko wünsche sich engere Kontakte zur EU und hoffe dabei auf die Unterstützung der GUE/NGL im Parlament, sagte er.

In Havanna war das nächste Treffen nach Guatemala für den Dezember 2002 einberufen worden. Aus einer lockeren Bekanntschaft mit dem Europa-Vertreter des Forum Sao Paulo, Juan Ramón Ruiz, wurde bald eine intensive Zusammenarbeit. Mit Petro Masset sprachen wir über den inhaltlichen Rahmen, den die GUE/NGL ausfüllen könnte. Der Dritte im Bunde wurde Stefano Squarzina aus dem geschäftsführenden Bereich der Fraktion. Seine Unterstützung war unter anderem notwendig, damit wir die Vorschriften des EU-Parlaments für die Beteiligung an Veranstaltungen anderer Organisationen korrekt einhielten. So wäre eine Mitfinanzierung des Treffens gegen die Bestimmungen gewesen. Es war aber nicht nur erlaubt, sondern sogar erwünscht, die europäische Idee auch in anderen Teilen der Welt zu erläutern. Wir boten darum als Fraktion zwei Begleitveranstaltungen zum Forum an, ein Seminar zur politischen und wirtschaftlichen Integration in Europa und ein zweites über Frauenpolitik und Feminismus. Die Gruppe der Nordisch-Grünen war nicht immer leicht in die Fraktion zu integrieren. Marianne Eriksson, eine Kollegin aus Schweden und Vorsitzende im Ausschuß für die Rechte der Frauen und Chancengleichheit, war jedoch bereit, das zweite Projekt zu nehmen. Die Leitung nach Guatemala war über Wien geschaltet. Ob kurzfristige Anfragen oder längerfristige Absprachen: Juan Ramón erwies sich als zuverlässiger Partner. Und seine österreichische Frau, die ich häufig am Telefon erreichte, hat ihn engagiert unterstützt.

Als Petro Masset und ich nach Absprache mit Marianne die Konzeption für die Seminare der Fraktion vorlegten, waren noch organisatorische Details zu entscheiden: Teilnehmer, Sprecher,

Mit Irmingart Lemke, Juan Ramón Ruiz und Michael Brie (r.), Havanna 2001

Finanzierung. Die Gruppe der KP Griechenlands hatte zunächst Vorbehalte gegen den, wie sie meinte, großen Aufwand. Schließlich stimmten auch sie zu und ein Vertreter reiste mit. Es bestätigte sich wieder einmal, daß nichts so sehr überzeugen kann wie eigenes Erleben. Jedenfalls hatte ich nach Guatemala bei allen Initiativen, die Lateinamerika betrafen, die Unterstützung der kommunistischen Gruppe aus Griechenland.

Die Seminare wirkten als vertrauensbildende Maßnahme auch zwischen den Gruppierungen innerhalb der Fraktion. So gewannen wir im April 2004 Marianne Eriksson für die Teilnahme an Veranstaltungen in Lettland, um den wachsenden antikommunistischen Tendenzen in diesem Beitrittsland entgegenzutreten.

In dieser Form hat sich die neue Fraktion der Linken nach 2004 leider nicht wieder engagiert. Im Sommer 2006 initiierte die Gruppe der griechischen Kommunisten ein Projekt der Fraktion gegen den Antikommunismus in den baltischen Republiken. Bald galt die Veranstaltung nur noch als ein Vorhaben der Gruppe der KP Griechenlands, nicht der Fraktion, und es gab den vertraulichen Hinweis, daran nicht unbedingt teilzunehmen. Das Anliegen war mir aber zu wichtig. Ich nahm teil – als Ex-Abgeordneter neben den griechischen Kollegen.

Selten haben sich gemeinsame Bemühungen im Europäischen Parlament so ausgezahlt wie bei der Teilnahme am 11. Treffen des Forum Sao Paulo in Guatemala. Die Fraktion bestätigte einmütig die Konzeption und alle dafür notwendigen materiellen Aufwendungen. Unter der Leitung von Joachim Miranda reisten zwölf EU-Parlamentarier an. Wir fanden bei allen Unterschieden zwischen den Gruppen in grundsätzlichen Fragen für unser Auftreten immer einen Konsens.

Unmittelbar vor dem Forum besuchte ich Venezuela. Bereits zwei Jahre davor hatte ich einen Zwischenaufenthalt in Caracas und ein Treffen mit dem Vertreter der Bewegung zum Sozialismus (MAS) und Vorsitzenden ihrer Stiftung, Andres Mujica, gehabt. Er sprach über anstehende Veränderungen im Lande, die der Linken neue Chancen bieten würden. Die Wahl von Chavez sei ein Sieg des Volkes und ein neues Phänomen für ganz Lateinamerika. Das bisherige Parteiensystem habe sich als völlig überholt erwiesen und müßte durch neue Formen der Interessenvertretung ergänzt werden. Jetzt bestünden reale Chancen für einen demokratischen

Prozeß und einen wirklichen Politikwechsel. Ein Besuch Fidel Castros würde Gemeinsamkeiten mit Kuba unterstreichen und die gegenseitige Solidarität stärken, sagte mir Mujica.

Seine Einschätzung fand ich bei meinem Besuch Ende 2002 bestätigt. Meine neuerliche Visite hatte – Dank der Unterstützung Carolus Wimmers – einen anderen Charakter. Carolus ist ein bayerischer Kommunist, der vor 30 Jahren nach Venezuela ging und eine Venezolanerin heiratete. Er hat die dortige Staatsbürgerschaft und lebt in Caracas. Als ich ihn kennenlernte, arbeitete er als Direktor der Internationalen Abteilung bei der Nationalversammlung. Heute ist er Abgeordneter Venezuelas im Lateinamerikanischen Parlament. Ganz förmlich baten Helmut Ettinger und ich um seine Unterstützung, um Kontakt zur Linken in Venezuela zu bekommen. Darauf erhielten wir eine Einladung vom Präsidenten der Nationalversammlung, William Lara.

Mit Präsident Lara hatten wir dann auch einen umfassenden Meinungsaustausch. Er sprach sehr offen über die Lage. Mit Chavez sei ein demokratischer Aufbruch verbunden, den große Teile des Volkes unterstützten, gegen den aber eine gut organisierte Minderheit mit allen Mitteln und ausländischer Unterstützung kämpfe. Die Opposition spiele ein gefährliches Spiel, bei dem die sozialen Probleme eine Zuspitzung erführen. Chavez würde das Land spalten, riefen sie. Aber die Spaltung hat andere Ursachen. Der Reichtum aus den Exporterlösen von Erdöl und Erdgas kam immer einer kleinen Schicht von etwa vier Prozent der Bevölkerung zugute. *Das* spaltete das Land. Chavez habe begonnen, diesen Zustand zu verändern. Er setze die Erlöse aus dem Verkauf von Erdöl für eine soziale Politik ein. Das widerspricht den Interessen der inneren Reaktion, und ist auch den USA ein Dorn im Auge.

Nicht alle Gesprächspartner hatten ein gleiches Bild von der Lage im Land. Das galt selbst innerhalb der »Bewegung fünfte Republik«, auf die sich Chavez stützte. Oscar Figuera, Generalsekretär der KP Venezuelas, sprach von einer guten Entwicklung seiner Partei in den letzten Jahren, benannte aber die Probleme im Land sehr nachdrücklich. Dazu gehörte, daß die Wirkung der speziellen, von Chavez angestrebten Basisdemokratie durch den alten Staatsapparat sichtbar gebremst würde. Und seine Anstrengungen fänden im Parlament durch die traditionellen Parteien keine durchgängige Unterstützung. Figuera sah ein Problem darin, daß die Volksmassen Chavez zwar trügen, aber keine homogene soziale Schicht oder starke Partei als politische Kraft hinter ihm stünde. Die KP Venezuelas unterstütze besonders die basisdemokratischen Bemühungen von Chavez.

Das sahen wir bei einem Treffen mit Vertretern von sogenannten Bolivarischen Zirkeln in Caracas. Chavez hatte sie als Organisationsform für gegenseitige Hilfe in den städtischen Armutsvierteln und auf dem Lande ins Leben gerufen. Ihre Strukturen sind aber nicht stabil.

Sehr aufschlußreich war ein Gespräch mit dem Minister für Planung und Entwicklung. Perez sah für sein Ministerium zwei Hauptaufgaben, die nicht ganz einfach miteinander zu verbinden wären: die Versorgung der Bevölkerung und ihre Einbeziehung in Entscheidungen zur Wirtschaftsentwicklung. Er nannte das partizipative Demokratie. Er deutete an, daß dabei Erfahrungen der DDR mit dem Genossenschaftswesen in der Landwirtschaft nützlich seien, eine schematische Übernahme des kubanischen Entwicklungsweges hielt er aber für nicht angebrach.

Ähnliche Auffassungen vertrat Professor auch Jesús Peña von der Simon-Bolivar-Universität in Caracas. Ohne gesellschaftswissenschaftliche Arbeit gäbe es keinen sozialen und politischen Fortschritt. Auch hier wurde ich gefragt, ob Wissensträger aus der DDR ihre Erkenntnisse und Erfahrungen in Vorlesungen an seiner Universität vortragen könnten.

Manche Erwartungen hat die Rosa-Luxemburg-Stiftung bisher in Lateinamerika erfüllen können, vieles bleibt noch zu tun, wenn es um den Dialog über die Geschichte in der zweiten Hälfte des 20. und Wege zum Sozialismus im 21. Jahrhundert geht.

Aktuell in Venezuela schienen mir Forderungen sehr berechtigt, daß neben Chavez mehr Persönlichkeiten aus Politik und Wirtschaft, die hinter ihm stehen, auch öffentlich auftreten sollten.

Von Caracas ging die Reise nach Guatemala. Das 11. Forum-Treffen fand in einem ehemaligen Kloster statt, das zu einem Hotel umgebaut worden war. Unsere Begleitseminare zum Treffen fanden viel Aufmerksamkeit und zeigten, wie notwendig ein politisch-theoretischer Dialog über Länder und Kontinente hinweg ist.

An einem der Abende hatte ich ein längeres Treffen mit Daniel Ortega. Während der DDR-Zeit, als er das Amt des Staatspräsidenten Nikaraguas inne hatte, hatten wir uns nicht getroffen. Im Gespräch kamen wir auf einen seiner guten Bekannten zu sprechen: den Präsidenten Bishop von Guayana, der mit USA-Hilfe gestürzt und ermordet worden war. Daniel interessierte sich für die Situation in Deutschland, stellte viele Fragen zum Untergang der DDR und erkundigte sich nach alten Freunden. Über einen möglichen Wahlerfolg im Jahre 2006 haben wir nicht gesprochen, wohl aber über dringend notwendige Veränderungen der sozialen Verhältnisse in Nikaragua.

Die kubanische Delegation wurde vom Mitglied des Politbüros Balanguer geleitet. Er lud mich zu einem Abendessen ein. Wir hatten uns schon wiederholt getroffen. Es war zu spüren, daß die hiesige Atmosphäre ihn ein wenig lockerer machte. Das Themenspektrum war groß. Es ging um die EU und die Möglichkeiten eines stärkeren Engagements der Linksfraktion im Europäischen Parlament für Kuba. Wenn auch mit Zurückhaltung, aber nicht zu überhören, ließ Balanguer erkennen, daß unterschiedliche Positionen in der Führung der PDS zur kubanischen Revolution in Havanna aufmerksam zur Kenntnis genommen werden. Das würde aber, so meinte er, die hohe Wertschätzung für die solidarischen Leistungen von »Cuba Si« und das Bekenntnis der übergroßen Mehrheit der PDS-Mitglieder zu Kuba nicht schmälern. Ich habe dem damals nicht widersprochen.

Wenn heute in Debatten über Sozialismus im 21. Jahrhundert Lateinamerika eine so große Beachtung findet, dann hat eine Konferenz im Jahr 2003 einen äußerst wichtigen Anstoß dafür gegeben. Aus Anlaß des 30. Jahrestages des Militärputsches und der Ermordung Salvador Allendes fand sie vom 7. bis 10. September in Santiago de Chile statt. Veranstaltet wurde sie auf Initiative des Wissenschaftlichen Instituts »Alejandro Lipschütz«.

Für mich war diese Konferenz, wie auch die Tage in Chile, Ekuador und Kuba, sehr ermutigend. Noch immer war es schwer, in Deutschland über sozialistische Perspektiven zu sprechen. Eine Konferenz zum »Nachdenken über Sozialismus«, im Jahr 2000 von einer Arbeitsgruppe veranstaltet, die in Vorbereitung darauf auch einen Sammelband und abschließend einen Protokollband veröffentlichte, nahm die PDS-Führung nicht zur Kenntnis. Die Rosa-Luxemburg-Stiftung blieb lange stille Beobachterin dessen, was sich zu diesem Thema tat. Nun erlebte ich, wie sich die Linke in Lateinamerika von sehr unterschiedlichen Ansätzen diesem Thema näherte. Auch in Santiago de Chile war es ein Herantasten an die Problematik. Die Rolle Allendes als eines revolutionären Demokraten wurde hoch gewürdigt. Versuche, ihn zum Marxisten zu erklären, der in Chile den Sozialismus aufbauen wollte, gab es nicht.

Etwa 500 Interessierte aus Lateinamerika und eine Gruppe Europäer war gekommen. Viele von ihnen kannten sich von den Treffen des Forum Sao Paulo. Dort geht es vorrangig um Gemeinsamkeiten in politischen Kämpfen. Hier wurden theoretische Ansichten diskutiert, unter anderem wie aus den sozialen Bewegungen sozialistische Perspektiven erwachsen können.

Meine Rückreise war mit Zwischenaufenthalten in Ekuador und Kuba verbunden. Die Flüge waren auch rechtzeitig gebucht, aber planmäßig nach Ekuador gelangte ich nicht. Die Fluggesellschaft hatte inzwischen Konkurs angemeldet. Wegen der Verzögerung beim Abflug mußte mein Auftreten im Parlament in Quito ausfallen. Drei der vier geplanten Gespräche mit Partnern aus Mitgliedsparteien des Forum Sao Paulo konnten jedoch noch stattfinden. Sie sollten der nächste Gastgeber des Treffens sein. Leider erledigte sich das. Das politische Klima in Ekuador verän-

In der »Casa Bertolt Brecht« in Montevideo, April 2007

derte sich. Der Präsident näherte sich immer stärker US-amerikanischen Positionen, die verschiedenen linken Parteien fanden zu wenig Gemeinsamkeiten.

Inzwischen gab es Treffen in Brasilien und El Salvador. Ekuador war noch immer nicht Gastgeber.

Mein Kurzaufenthalt führte mich immerhin direkt zum Äquator, ein obligatorischer Akt in diesem Land. Daß man mit dem einen Fuß auf der nördlichen und dem anderen auf der südlichen Halbkugel der Erde steht, läßt sich theoretisch wunderbar erklären und vor Ort auf der Erde auch eindeutig markieren. Mit unseren fünf Sinnen können wir es – wie so vieles – dennoch nicht wahrnehmen.

Einen schönen Abschluß meiner politischen Kontakte nach Lateinamerika bildete die Teilnahme an der Konferenz »Sozialismus im 21. Jahrhundert« im April 2007, veranstaltet von der Rosa-Luxemburg-Stiftung und der aus der Freundschaftsgesellschaft Uruguay-DDR hervorgegangenen »Casa Bertolt Brecht« in Montevideo. Anlaß war der 90. Geburtstag von Ernesto Kroch, eines deutschen Sozialisten, der als junger jüdischer Emigrant nach Uruguay kam. Sein Leben ist Teil der Geschichte antifaschistischen Widerstandes in Deutschland, gewerkschaftlichen Kampfes in Uruguay, des Widerstandes gegen die Militärdiktatur und massenhaft erzwungener Emigration. Er ist bis heute unermüdlich engagiert in der linken Frente Amplio, die mittlerweile die Regierung übernommen hat. Auf der Konferenz wurde er zum Ehrenbürger Montevideos ernannt.

Schon im November 2006 hatte die Stiftung zum gleichen Thema in Berlin eine Konferenz durchgeführt, mit vorwiegend deutschen Teilnehmern und wenigen ausländischen Gästen. Jetzt waren wir Gäste auf der von Problemen lateinamerikanischer Länder bestimmten Konferenz. Das Thema verband uns, und Ernesto Kroch verband in seiner Person und Biografie viele Aspekte, die dazu gehören sowie Erfahrungen sozialistischen Engagements auf zwei Kontinenten.

Zypern

Anfang der 80er Jahre besuchte Zyperns Präsident Spyros Kyprianoú die DDR. Der Protokollchef im Außenministerium, Franz Jahsnowski, hatte offenbar Gefallen an der »Waldschänke« in der Nähe des Jagdschlosses Moritzburg gefunden. Dort war er schon zuvor mit UNO-Generalsekretär Kurt Waldheim eingekehrt. Bei Ankunft des Gastes erklangen Jagdhörner. Am Tisch hörten die Gäste etwas über die Geschichte des Hauses, nach einem Toast gab es offene Gespräche. Bei hohen Staatsgästen, auch wenn sie aus dem Westen kamen, mußte der 1. Sekretär der Bezirksleitung dabei sein. Gegenüber von Waldheim saß der Vorsitzende des Rates des Bezirkes, ich mußte neben UNO-General Platz nehmen. Mit Bitte um Entschuldigung für seine Offenheit fragte er mich: »Sind Sie oder ist er der erste Mann im Bezirk?« Ich hielt einen Vortrag über die führende Rolle der Partei für unangebracht und zeigte auf unser Gegenüber. So hielt er sich denn an mich. Es war ein angenehmer Abend. Am Ende lobte er den Meißner Wein über alle Maßen. Ich würde ihm ein paar Flaschen schicken, wenn er wolle, er nickte. »Aber bitte nicht per Nachnahme.« Ich gab sie später unserem Außenminister mit nach New York, worauf sich Waldheim anschließend herzlich bei mir bedankte.

Das Abendessen mit Zyperns Präsidenten verlief nicht ganz so entspannt. Woran es lag, vermag ich nicht zu beurteilen. Es war einfach sehr förmlich. Im Februar 1990 traf ich auf seinen Nachfolger Georges Vassiliou, der zwei Jahre zuvor das Amt übernommen hatte. In jener Zeit begann ich mich zunehmend für Menschen zu interessieren, die zeitweise in der DDR gelebt oder ihre Ausbildung erfahren hatten. Es war so, als suchte ich nach Haötepunkten, an oder in denen die DDR überlebte, die Existenz unseres Staates überdauerte. Solche Personen waren für mich gleichsam lebendige Erinnerungen, die ich mit anderen teilte. Ich wußte von etlichen Zyprioten, die bei uns zeitweilig lebten. Die Tochter des Malers Walter Womacka etwa hatte einen bei uns ausgebildeten Mediziner geheiratet und war in den 70er Jahren mit ihm in seine Heimat zurückkehrt. Dort leben sie mit ihren Kindern und Enkeln noch immer und führen eine Klinik. Dimitri Papapetrous Bruder leitete einen fortschrittlichen Jugendverband und war 1973 zu den Weltfestspielen in Berlin, der Vater war Präsident der Freundschaftsgesellschaft Zypern-DDR. So gab es etliche Verbindungen zwischen uns und der Insel im Mittelmeer.

1991 luden mich Absolventen von DDR-Bildungseinrichtungen nach Zypern ein. Die Initiative ging von Dr. Lenin Iosif aus. Er hatte die Jugendhochschule der FDJ am Bogensee besucht und danach ein Studium an der Hochschule für Ökonomie absolviert, anschließend dort promoviert.

Ich reiste nach Limassol und mußte viele Fragen zum Ende der DDR beantworten. Dem Treffen in der zweitgrößten Stadt, am Südstrand im griechischen Teil gelegen, schlossen sich viele weitere an: Ich fuhr von Ort zu Ort und »arbeitete« alle Einladungen ab. Jedes Gespräch wärmte mir das Herz.

Ich traf auch Spyros Kyprianoú und Georges Vassiliou wieder. Der parteilose Vassiliou war noch bis 1993 im Amte, er sollte danach in die Wirtschaft wechseln. Sein Vorgänger war noch einige Zeit Parlamentspräsident. Sein Sohn Marcos sollte nach

Mit Dr. Lenin Iosif auf Zypern, 1991

dem Beitritt Zyperns zur EU im Jahre 2004 nach Brüssel gehen gehen: Dort ist er heute Kommissar für Gesundheit und Verbraucherschutz.

Kyprianoú und Vassiliou bestätigten mir, daß die Stimmen der sozialistischen Länder in den Vereinten Nationen für Zypern immer sehr wichtig waren. Insbesondere die Diplomaten der DDR hätten sich als gute Partner und manchmal auch Ratgeber erwiesen. Sie gaben mir Grüße an Oskar Fischer mit auf den Weg.

Fünf Jahre später, 1996, erhielt ich eine Einladung der kommunistischen *Fortschrittspartei des Werktätigen Volkes von Zypern* (A.K.E.L.). Am 3. April landete ich in Larnaka und hielt mich eine Woche auf der Insel auf. Die letzten Präsidentenwahlen hatte der Konservative Glávkos Ioánnou Kliridis gewonnen. Die Wahlen brachten die politische Landschaft durcheinander. Der unterlegene Vassiliou bildete eine neue Partei, die sich als »Linke Mitte« definierte. Als rechte Partei war »Neue Horizonte« entstanden, und von der A.K.E.L. hatte sich die »Demokratische Sozialistische Reformbewegung« ADISOK abgespaltet, der aber nur ein kurzes Leben beschieden sein sollte.

Bei all meinen Gesprächen war die scharfe Kritik an der deutschen Bundesregierung nicht zu überhören, weil sie eher die türkische Position in der Teilungsfrage unterstützte. Insgesamt war man der Auffassung, daß die BRD auf dem Balkan eigene Interessen verfolge und die Zypern-Frage daher eine untergeordnete Rolle spiele. Präsident Kliridis verwies auf fehlende Konsequenz bei der Verwirklichung der Beschlüsse des UNO-Sicherheitsrates zu Zypern, übte Kritik an der EU und äußerte Erwartungen an den neuen Außenminister Rußlands, Primakow. Es spielte auf meine Kontakte zu russischen Politikern an und bat, daß ich diese auch in der Zypern-Frage einsetzen sollte.

Damit geriet ich objektiv in einen Interessenkonflikt, der mich später im Europäischen Parlament begleiteten sollte. Denn: N. Statyllidis, ein Mitglied des ZK der KP Griechenlands, der gerade in Nikosia weilte, versuchte mich anschließend davon zu überzeugen, warum die Republik Zypern *nicht* der EU beitreten solle. Während ich in all den Jahren der Auffassung war, die Lösung der Zypern-Frage brauche den Druck aus der EU, sah er die Europäische Union als ein Projekt des Monopolkapitals, das der Sache der Einigung nur im Wege stehe.

Der Parlamentspräsident Spyros Kyprianoú war der Meinung, daß Präsident Kliridis auf dem internationalen Parkett nicht aktiv genug sei. Die Probleme beschränkten sich nicht auf Ankara. Die größere Verantwortung liege bei den USA. Allerdings knüpfte er auch Erwartungen an die Bundesregierung und die PDS-Fraktion im Deutschen Bundestag.

Im Dezember 1999 lud die A.K.E.L. zur II. Euromediterranen Konferenz linker Parteien nach Limassol. 48 kommunistische und sozialistische Parteien hatten ihre Vertreter entsandt. Dimitris Christofias, Generalsekretär der A.K.E.L., stellte der Konferenz ein hohes Ziel. Die Linke solle, auch wenn die rote Fahne nicht mehr im Kreml wehe, eine wichtige Rolle im Kampf für soziale Gerechtigkeit und beim Widerstand gegen die neue Weltordnung der USA spielen. Er appellierte an Sozialisten und Kommunisten, ihre Arbeit besser zu koordinieren und zusammenzubringen.

Der Standpunkt wurde von allen Teilnehmern unterstützt und ist bis heute als Ziel aktuell geblieben. Es ist meine tiefe Überzeugung, daß die Linke unter ihren Möglichkeiten bleibt, weil das Markieren der Differenzen untereinander wichtiger scheint als die Suche nach gemeinsamen Positionen.

Als ich Zypern im Mai 2001 als Mitglied der Europäischen Parlaments neuerlich besuchte, ging es um den Beitritt der Republik zur EU. Die Führung der A.K.E.L. hat zu jenem Zeitpunkt die Aufforderung der KP Griechenlands, den Beitritt zu blockieren, öffentlich zurückgewiesen. Wenn sie die Zustimmung von einem Drittel der Wählerinnen und Wähler nicht verlieren wollte, konnte sie nur *für* den Beitritt sein. Es wäre auch nicht logisch gewesen, erst für den Druck der EU auf die Türkei zur Lösung der Zypern-Frage einzutreten und dann gegen den Beitritt zur EU zu sein. Alle politischen Kräfte der Republik waren entschieden dafür, daß das Land mit der Gruppe von zehn Ländern aufgenommen wird, auch wenn die Teilung der Insel fortbestand. Erfreulich war für mich, daß bei jeder Begegnung mit führenden Politikern die Erwartung artikuliert wurde, daß unsere Fraktion sich für den Beitritt und die Lösung der Zypern-Frage engagiere.

Dreimal hatte ich Gelegenheit, mit Präsident Kliridis über die Zukunft Zyperns zu sprechen. Sie beschäftigte mich im Auswärtigen Ausschuß des Bundestages ebenso wie im Europäischen Parlament. Zwei der sechs Abgeordneten Zyperns im Europäischen Parlament

Bei Zyperns Präsident Glávkos Ioánnou Klirídis, 1996

kommen von der A.K.E.L., auf der Insel war ich stets ihr Gast, sie sorgte für Logis und Dolmetscher. Bei meinem Besuch 2003 übersetzte Vera, eine Mitarbeiterin in der Internationalen Abteilung. Sie hatte in Moskau studiert und sprach russisch, aber nicht deutsch. Nach meinem Gespräch mit Klirídis standen wir gemeinsam auf der Treppe des Präsidentenpalastes vor mehr als einem Dutzend Mikrofonen und Fernsehkameras. Die erste Frage kam, und ich antwortete auf Deutsch. Ein energischer Schubs von Vera unterbrach mich. Na klar. So gab ich meine erste Pressekonferenz in russischer Sprache. Ganz sicher war ich mir meiner Sache nicht. Hatte ich mich klar genug ausdrücken können? Und was machte das für einen Eindruck, wenn ein deutscher Politiker auf Zypern russisch spricht? Reagierten die Journalisten vielleicht so, wie meine Kollegen 1950 im LEW Henningsdorf: Modrow, der Russe?

Meine Sorgen waren völlig unbegründet, wie ich dem Presse-Echo entnahm.

Am 21. April 2004 erhielt ich den Auftrag, den Standpunkt unserer Fraktion zum Beitritt Zyperns zur Europäischen Union im Plenum des Parlaments darzulegen. Dafür wurden mir großzügigerweise sogar drei Minuten eingeräumt. Es ging um den Plan des UNO-Generalsekretärs Kofi Annan zur Wiedervereinigung. Das Für und Wider hatte ich bei meinem Besuch auf der Insel unmittelbar vor der Plenartagung erfahren. »Die EU steht in der Pflicht, in dieser kritischen Situation gemeinsam mit den Vereinten Nationen der Republik Zypern, aber auch gleichzeitig beiden Volksgruppen, ein verläßlicher Partner bei der Lösung des Konfliktes zu sein. Nicht nur Zypern, Europa als Ganzes wird gewinnen, wenn es uns gelingt, auch diese Wunde zu heilen.«

Jährlich besuchen Hunderttausende Touristen die Insel im östlichen Mittelmeer und stehen an der dortigen Mauer, die mitten durch die Hauptstadt Nikosia verläuft. 1960 war die ehemalige britische Kolonie unabhängig geworden und 1974 geteilt worden. Von der faschistischen Junta in Griechenland unterstützte griechische Nationalisten stürzten Präsident Makarios und strebten den Anschluß an Griechenland an. Daraufhin besetzte die Türkei den Norden der Insel, um angeblich ihre dort lebenden Landsleute zu schützen. Am 16. August 1974 wurde ein Waffenstillstandsabkommen geschlossen, seither überwacht die Friedenstruppe der Vereinten Nationen (UNFICYP) die Einhaltung der Waffenruhe, unter anderem durch regelmäßige Patrouillen an der »Green Line« genannten Waffenstillstandslinie. 1983 wurde die Türkische Republik Nordzypern proklamiert, die jedoch außer

durch die Türkei von keinem Mitglied der Vereinten Nationen anerkannt wird.

Am 9. Januar 2007 haben türkische Zyprer in Lefkosa die Lokmaci Barrikade, die seit 1967 das Symbol für die Trennung darstellt, als »Zeichen des guten Willens« abgerissen, am 8. März 2007 schleiften griechische Zyprer die Barrikade auf ihrer Seite. Gleichwohl besteht die Teilung fort – wie wir sie ähnlich erlebten. Vielleicht ist das der tiefere Grund, weshalb mich diese Insel derart beschäftigt, auf der nicht einmal 800.000 Menschen leben, und die vielleicht so groß ist wie damals unser Bezirk Dresden .

Und bei Lichte betrachtet verdanke ich auch einem Dresdner meine Zuneigung zu diesem geschichtsträchtigen Eiland. Der Fahrer unseres Botschafters in Zypern hieß Siegfried Dieringer, er ging bei der A.K.E.L. als unser Postbote aus und ein. Später war er mein Fahrer in Dresden. Als es die Bezirksleitung und die DDR nicht mehr gab, zogen er und seine Frau in die Nähe von Paphos. Dort lebten sie 16 Jahre, ehe sie wieder nach Dresden zurückkehrten. Ihm habe ich viel zu verdanken – vor 1990, als ich sein Chef war, und nach 1990, als er mir und Annemarie auf der »Insel der Götter« viele schöne Ecken jenseits der Touristenzentren zeigte. Seine Zuneigung zu Eiland und Leuten übertrug sich auf mich.

Die Hoffnungslosigkeit
ist schon die vorweggenommene Niederlage.

Karl Jaspers

Was ich der Linken mit auf den Weg geben möchte oder: Was bleibt, ist die Hoffnung

Ich hatte das Glück, viel von der Welt zu sehen und dabei Menschen kennenzulernen, deren Bekanntschaft mich reicher machte. Ich habe gesehen, gehört, gelernt.

Natürlich waren viele Begegnungen politischer Natur und damit einer bestimmten Absicht unterworfen. Zielführend heißt das heute. Es ging um Absprachen, Vereinbarungen, Festlegungen, Meinungsaustausch. Die Erweiterung des eigenen Horizontes war erwünschter Nebeneffekt.

1952 war ich in meinem Wahlkreis in Röbel bei Waren unterwegs. Ein für mich damals alter Mann, der viele Jahre auf einem Gut Kutscher gewesen war, erinnerte sich daran, daß er seinen Gutsherrn nicht nur über Dörfer und Felder kutschiert hatte, sondern einmal sogar bis nach Güstrow gekommen sei. In diese große, schöne Stadt. Das war für ihn die weite Welt, die er hatte kennen lernen dürfen. Und dafür war er seinem Herrn noch immer dankbar.

Was sollte ich ihm da antworten?

Als Rainer Eppelmann im Deutschen Bundestag den Bericht der von ihm geleiteten Enquetekommission zur Untersuchung der sogenannten SED-Diktatur vorlegte, meinte er, die DDR sei nach dem 13. August 1961 nur noch ein großes Gefängnis gewesen.

Das war wohl eine der ideologisch aufgeladenen und zweckdienlich zugespitzten Verallgemeinerungen, die keiner Überprüfung standhielt. Wege ins Ausland waren für die DDR-Bürger offen, zugegeben: Für die meisten nur in eine Richtung, was gleichermaßen ärgerlich wie bedauerlich war. Aber ich kenne keinen Knast, der auf diese Weise mit seinen Insassen umging und ihnen erlaubte, Urlaub in Polen, Ungarn, Rumänien, der CSSR oder in der Sowjetunion zu machen.

Eppelmann erzählte Unsinn, aber kaum einer widersprach.

Natürlich meinte er, daß nicht jeder in der DDR zum Reisebüro gehen konnte, um etwa ein Ticket nach New York oder Neuseeland zu kaufen. Und wenn er ehrlich wäre, hätte er hinzufügen müssen: Das kann heute auch nicht jeder. Reisen kostet nämlich Geld. Und das ist im Kapitalismus sehr ungleich und ungerecht verteilt.

Tatsache ist, daß es Gründe gab, weshalb wir damals nicht so weit reisen konnten, wie es unser eigenes Portemonnaie hergab. Damals fehlten uns nämlich die Devisen, heute nur das Geld.

Doch das ist nur die halbe Erklärung. Die andere Hälfte ist jenes Mißtrauen, mit dem wir uns begegneten. Wir glaubten offenbar nicht an die Überzeugungskraft unserer Errungenschaften und unserer Argumente. Und darum hatte nicht nur das Land, sondern auch die Freizügigkeit Grenzen.

Die Reisemöglichkeiten in die östlichen und südöstlichen Nachbarländer hatten aber noch eine andere Seite.

Daß sich nach 1945 ein neues, freundliches Verhältnis zwischen Deutschen und Franzosen trotz jahrhundertelanger Feindschaft entwickeln konnte, ist ein Verdienst der Bundesrepublik Deutschland und ihrer Bürger. Die vielen Millionen Bürgerinnen und Bürger der DDR, die über die Jahre in der Sowjetunion und den Ländern Mittel- und Osteuropas waren, dort ihren Urlaub verbrachten, oder dort studierten, arbeiteten und auch Ehen schlossen, haben nach Krieg und Faschismus gleichfalls ein neues Verständnis füreinander entwickelt und Vertrauen geschaffen.

Die üblichen Auslassungen bei der Betrachtung unserer Geschichte geben in diesem Falle auch eine Chance preis, entstandenes Vertrauen zu erhalten und fortzuführen.

Es geht aber nicht nur um das Verhältnis zu den östlichen Nachbarn.

Während ich an diesem Buch atbeitete, tauchten Begriffe auf, wurden Geschichtsbilder ausgemalt, die Deutschland weiterhin eher teilen als zusammenführen. Vieles davon erinnert mich an die 50er Jahre, an die Hochzeit des Kalten Krieges.

Zwei Freunde auf dem Pressefest des ND, 10. Juni 2006. Generaloberst a. D. Markus Wolf, bis 1986 Chef der Hauptverwaltung Aufklärung und Stellvertretender Minister für Staatssicherheit, verstarb am 9. November 2006

Der 13. August wurde zum Anlaß genommen, die DDR pauschal in einer Weise zu verteufeln, das Bisheriges weit übertraf. Die *Frankfurter Allgemeine Sonntagszeitung*, gemeinhin seriöser als die *Bild*, titelte am 12. August 2007 mit Berufung auf die Magdeburger Abteilung der Birthler-Behörde und einen dort pünktlich zum Jahrestag des Mauerbaus gefundenen vermeintlichen Schießbefehl auf Seite 1 in großer Aufmachung »DDR wollte auf Kinder schießen«. Das war nicht nur Boulevard, das war purer Haß. Nicht einmal die genaue Einordnung des Papiers war von Interesse. Es ging um »die DDR«.

Tage später wurde daraus eine Peinlichkeit. Das als sensationell bezeichnete Papier war bereits vor zehn Jahren publiziert worden. Überdies von der gleichen Behörde, in der es jetzt wieder aufgetaucht war.

Die Vizepräsidentin des Deutschen Bundestages, Petra Pau (Die Linke), beeilte sich die Entdeckung der Birthler-Behörde zum Anlaß für eine Grundsatzerklärung zu nehmen. »Für einen zivilisierten Staat – im Namen welcher Ideologie auch immer – darf es keinerlei Rechtfertigung geben, Menschen zum Mord an anderen Menschen aufzufordern.«

Ich kenne eine Menge anderer notwendiger Anlässe, an denen Grundsatzerklärungen angebracht gewesen wären. Ich erinnere mich allerdings nicht, dßs Frau Pau einen davon in vergleichbarer Weise genutzt hätte.

Die bundesdeutsche Justiz hat in ihren – nach Auffassung namhafter Juristen völkerrechtlich nicht gedeckten – Urteilen zu den Todesfällen an der Grenze zwischen den beiden deutschen Staaten stets wegen *Totschlages* angeklagt. Jetzt wird öffentlich von *Mord* gesprochen. Auch von Frau Pau.

Zwei mir gut bekannte Rechtsanwälte, Lothar de Maizière und Gregor Gysi, haben sich zur Sache geäußert. Lothar de Maizière sagte kurz und klar: Für eine Sache kann es nur eine Strafe geben, neue Prozesse seien juristisch nicht möglich. Gregor Gysi »hofft«, daß es bei den Verfahren wegen Totschlages bleibt und keine neuen Anklagen wegen Mordes erhoben werden.

Als Abgeordneter der Volkskammer der DDR habe ich einem Grenzgesetz zugestimmt, in das auch, wie in aller Welt, ihre Sicherung und deren eindeutige Kennzeichnung einbezogen war. Einen Schießbefehl enthielt es nicht. In der DDR galt eine Schußwaffengebrauchsbestimmung, die alle Waffenträger kannten und die kein Geheimnis war.

Der Chef der Grenztruppen der DDR, Generaloberst Klaus-Dieter Baumgarten, erklärte namens der Grenzsoldaten nicht zum ersten und vermutlich wohl auch nicht zum letzten Mal in seinem Buch »Die Grenzen der DDR«: »Wiederholt haben wir unsere Betroffenheit und unser Mitgefühl gegenüber den Angehörigen der an der Staatsgrenze verletzten und getöteten Grenzsoldaten, aber auch gegenüber Verwandten jener Personen zum Ausdruck gebracht, die – wissend um die Gefahren bei dem Versuch eines illegalen Grenzübertrittes – Schaden an Leib und Gesundheit erlitten. Sie alle waren tragische Opfer des Kalten Krieges. Erneut erklären wir ihnen an dieser Stelle unser Mitgefühl. Wir meinen aber, daß Achtung und Respekt vor den

Opfern auf beiden Seiten dieser Grenze sowie das Leid ihrer Angehörigen bei der Bewertung größte Objektivität, Sachlichkeit und Beachtung der Bedingungen verlangen, die dazu geführt haben.« Und genau das geschieht nicht.

Wer die Vergangenheit so maßlos verteufelt, fürchtet um seine Zukunft. Lafontaine hat mit seinem Verweis im Vorwort völlig recht: »Man muß jedoch die ganze historische Wahrheit sehen, wenn mit der DDR abgerechnet wird, mit diesem gescheiterten Versuch, eine andere, bessere Gesellschaft zu errichten.« Wer nicht die »ganze historische Wahrheit« zuläßt, wird dafür seine Gründe haben.

Es geht folglich in erster Linie nicht darum, der DDR mit Nachsicht zu gedenken und sie schöner zu reden, als sie wirklich war (wozu man durchaus neigt angesichts der Düsternis, ich habe dafür durchaus Verständnis). Sondern es geht um Souveränität des Umgangs mit der eigenen Geschichte.

Wer nur nachplappert, was in der Zeitung steht, ist nicht souverän. Er ist nicht einmal frei, sondern gefangen in den Vorurteilen und Vorgaben anderer.

1990 kam ein Begriff auf, mit dem sich vornehmlich manche Historiker und andere Gesellschaftswissenschaftler selbstanklagend vor die Brust schlugen. Sie hätten in einem Prokrustesbett liegen müssen. Einige wußten nicht einmal, was damit gemeint war, aber es klang gut. Irgendwann verschwand das Wort wie jede andere Mode auch.

Prokrustes ist eine Figur aus der griechischen Mythologie, er war ein Riese, Unhold und Wegelagerer, der Reisenden ein Bett anbot. War der Wanderer groß, gab er ihm ein kleines Bett und schlug ihm die Füße ab, damit er hineinpaßte. War er eher klein, gab er ihm ein großes Bett, zog ihn in die Länge und reckte ihm die Glieder auseinander, indem er sie wie Eisen auf einem Amboß streckte. Darum bezeichnet man eine nicht oder nur gewaltsam lösbare Zwangslage, jedes ungerechtfertigte Abkürzen oder Ausdehnen wie überhaupt jede peinliche Lage, in welche jemand gezwungen wird, als Prokrustesbett.

Mir scheint: Die Neigung mancher Zeitgenossen zielt darauf, sich selbst in eine solche Zwangslage zu bringen, damit dann andere an ihm zerren oder notfalls etwas abschlagen können. Die Füße oder gar den Kopf.

Als ich erstmals in Italien war, begriff ich, daß der Sozialismus in erster Linie eine Kulturfrage ist.

Mehr hatte ich eigentlich zur anstehenden Programmdebatte und zum Nachdenken über den Sozialismus im 21. Jahrhundert ursprünglich nicht mitteilen wollen. Doch dann drängte es mich doch, darauf ein wenig umfassender einzugehen.

Es wäre für Europa und die Welt besser gewesen, wenn es nicht zum Kalten Krieg und zur Gefahren für einen heißen gekommen wäre. Vielen Menschen wäre etliches Unglück erspart geblieben. Kriege sind auch heute eine schwere Geisel für die Menschen. Der Irakkrieg wurde durch Lügen begründet. Für das, was er ausgelöst hat, ist kein Ende abzusehen. Wir schicken Soldaten nach Afghanistan …

Zur Abschottung durch Grenzen gibt es stets Gründe. Menschen, die existenzieller Not zu entfliehen versuchen, verlieren dabei ihr Leben. An Oder und Neiße sind nach 1990 nach Schätzungen über 100 Migranten zu Tode gekommen. An der Grenze zwischen den USA und Mexiko sterben in jedem Jahr Dutzende, die sich jenseits der schwer gesicherten Staatsgrenze ein besseres Leben erhoffen. Der Kapitalismus hat die schönere Fassade, die bunteren Gewänder, doch er ist vor allem eins, wie es Rudolf Bahro in seinem »Essay für Sahra Wagenknecht, ihre Freunde und ihre Partner – diesseits und jenseits von›Plattform‹ und Partei« 1995 sarkastisch formulierte: »Der Westen ist eine goldene Nuß, innen hohl.«

Bei Ereignisse wie dem vom 13. August unternimmt man besondere Anstrengungen, ein Geschichtsbild zu verbreiten und zu manifestieren, in welchem die DDR als Hort allen Übels erscheinen soll. Der Kampf um die Deutungshoheit über die Vergangenheit ist voll entbrannt. Mit Erschrecken beobachte ich nicht nur den wachsenden Verlust an Wahrnehmungsfähigkeit, sondern auch einen Niedergang der politischen Kultur insgesamt. Inzwischen ist zumindest der Antikommunismus wieder nackt und ungeschminkt, wie ich ihn in den 50er Jahren, in der Hochzeit des Kalten Krieges, erleben mußte.

Der zitierten Zeitung entnahm ich auch, daß Petra Pau eine innerparteiliche Diskussion über die Verbrechen des Kommunismus einfordert, um diesen Teil der Geschichte weiter aufzuarbeiten. Einen Untersuchungsgegenstand zu wählen, dessen

Bewertung man vorab schon kennt, führt nicht zu neuen Einsichten. Man gewinnt in diesem konkreten Fall allerdings temporäre Anerkennung bei jenen, deren Urteil über jüngere Geschichte sich auf genau diese Bewertung beschränkt. Oder ist genau das angestrebt?

Geschichte ist ein komplexer Vorgang. Eine Beschränkung auf einzelne Elemente, eine selektive Betrachtung bestimmter Aspekte und Momente ist kaum dazu geeignet, Zusammenhänge in dieser Komplexität zu begreifen. Aber um die geht es.

Das erste Jahrzehnt des 21. Jahrhunderts ist fast vorüber. Die Zeichen von Krieg und militärisch ausgetragenen Interessengegensätzen, von wachsender Armut und steigendem Reichtum, von Klimaveränderung und Ressourcenverknappung sind nicht zu übersehen. Es gibt wenig Anzeichen dafür, daß das 21. Jahrhundert friedlicher sein könnte als das 20.

Mit dieser Befürchtung bin ich nicht allein. Schon fast vergessen ist, daß zur Zeit der Verhandlungen zwischen der Sowjetunion und den USA, zwischen Gorbatschow und Reagan, im Herbst 1985 in Genf und im Oktober 1986 in Reykjavik, die Hoffnung keimte, im nächsten Jahrhundert könnte die Welt von Kernwaffen frei sein. Statt dessen müssen wir davon ausgehen, daß die Frage Krieg oder Frieden auch im 21. Jahrhundert stets drohend präsent sein wird. Und die Anzahl der Kernwaffen, ihre Vernichtungskraft, reicht noch immer aus, um alles Leben auf der Erde auszulöschen. Neben den strategischen werden immer neue, »moderne« Waffen für taktischen Einsatz entwickelt. Die Zahl der Länder, die Kernwaffen besitzen oder an der Schwelle zum Besitz stehen, nimmt stetig zu.

Die Gefahr des Einsatzes solcher Mordwerkzeuge wächst damit ebenfalls. Wie auch die Modslust. In einer von der Europäischen Union in Auftrag gegeben Studie ermittelte das in Pasis ansässige *European Union Institute of Security Studies:* »Seit 1990 starben etwa 4 Millionen Menschen in Kriegen, davon 90 % Zivilisten. Mehr als 18 Millionen Menschen haben weltweit ihre Heimat in der Folge von Konflikten verlassen. In weiten Teilen der Entwicklungsländer verursachen Armut und Krankheit unsägliches Leid und geben Anlaß zu dringenden Sorgen über die Sicherheit. Etwa 3 Milliarden Menschen, die Hälfte der Weltbevölkerung, leben von weniger als zwei Euro pro Tag. 45 Millionen Menschen sterben jährlich an Hunger und Unterernährung ...«

Die Friedensbewegung ist weltweit schwach geworden und in ihrer Wirkung mit der in den 50er bis 70er Jahren nicht vergleichbar. In den sozialen Bewegungen ist das Engagement für friedliche Lösungen noch immer eine Randfrage.

Die Linke muß ihr Profil als Friedenspartei immer neu bestätigen und erkämpfen. Das wird nur möglich sein bei einer entsprechenden Programmatik, die Wegweiser ist bei aktuellen Entscheidungen. Eine Debatte über den Gegensatz von Partei und Bewegung hilft hier kaum weiter. Gemeinsames Agieren mit den Bewegungen muss ein programmatisches Prinzip sein. Ansätze dafür erleben wir beim Widerstand gegen das Bombodrom in der Prignitz, wo lokale Interessen der Bevölkerung durch strategisch motivierte Militärübungen der NATO unmittelbar tangiert werden. Im Parlament vorgetragene Positionen sind wichtig. Die notwendige politische Kraft wird aber nur aus der Gemeinsamkeit mit einer starken Friedensbewegung erwachsen. Das gilt auch für die kritische Auseinandersetzung mit komplexeren Leitlinien derer, die die Welt zu beherrschen trachten und ihren Anspruch beim G8-Gipfel in Heiligendamm demonstrierten.

Die neue Linke ist gegründet. Die Formel nach der Bundestagswahl 2005, eine »Fraktion – zwei Parteien«, war notwendig. Nun muß Normalität erreicht werden nach dem Grundsatz »eine Partei – eine Fraktion«. Kompromisse im Prozeß der Gründung waren erforderlich. Die haben sich jetzt zu bewähren bei der Ausformung einer gemeinsamen Programmatik, bei der Bestimmung des Platzes dieser Partei in der Gesellschaft. Denn das ist es, womit sich Menschen erreichen lassen. Sie lassen sich nicht ansprechen, weil sie unbedingt diese Programmatik lesen wollen, sondern wenn sie in aktuellen politischen Positionen und Entscheidungen den Versuch zu grundsätzlich alternativen Lösungswegen akzeptieren. Programmatik ist in erster Linie die verbindende Handlungs- und Entscheidungsgrundlage für Politiker innerhalb der linken Partei. Und das schließt aus, dabei an die Verkündung idealer Wunschziele zu denken.

Absolut kontraproduktiv ist polemisches Gezänk um Personen, wie es jüngst in bezug auf einen der gewählten Partei-Vorsitzenden in Gang gesetzt wurde. Es ist auch der Zustimmung durch eine größere Wählerschaft abträglich.

Die Frage nach Programmatik ist nicht nur eine Sache der deutschen, sondern auch ein Problem anderer europäischer linker Parteien. In vielen Ländern konnte ich in den letzten Jahren Erfolg, Mißerfolg, Zerfall und mühsame Neuformierung linker Parteien erleben. Es gehört zur Geschichte der Arbeiterbewegung und der linker Parteien insgesamt, wenn in Italien die einst stärkste Kommunistische Partei Westeuropas zerfallen ist und nun Hoffnung auf eine kleine Partei der Kommunistischen Erneuerung gesetzt wird.

In Frankreich führt die Kommunistische Partei den Kampf um die eigene Stabilität. Das ist eine Partei, die nach dem Zweiten Weltkrieg mit großer politischer Kraft, d. h. mit enormem Rückhalt in der Bevölkerung, in der Regierung vertreten war und die große Verluste erlitt, als sie der sozialistischen Regierung unter Mitterrand angehörte.

Die Linke in Griechenland ist im Europäischen Parlament durch zwei Parteien, der KPG und Synospismos, vertreten und findet weder hier noch im eigenen Land zusammen.

In Rußland wurde die KPdSU von Gorbatschow ohne Widerstand aufgelöst. Die Absicht, damit sich selbst als Präsident zu retten, erfüllte sich nicht. Im August 1991 verbot Jelzin die Partei in der Russischen Förderation. Für eine kurze Zeit war die Partei der Werktätigen ein Auffangbecken, bis sich im Februar 1993 die KPFR gründete. Sie war über Jahre die stärkste Partei in der Staatsduma, erlebte Abspaltungen und Krisen. Heute zeichnet sich eine Stabilisierung ab. Die Zukunft ist dennoch offen.

Die Aufzählung anderer linker Parteien in Europa könnte fortgesetzt werden, zum Beispiel mit dem Blick auf Polen. Das würde den Gesamteindruck aber nicht korrigieren: Die europäische Linke befindet sich in einer Krise.

Und diese Krise hat offenkundig viel mit ungeklärter Programmatik im Sinne analytisch gestützter, langfristiger politischer Konzepte zu tun. An ihre Stelle sind zu oft pragmatische, also an kurzfristig erwartetem Nutzen orientierte Entscheidungen getreten, deren mögliche Langzeitfolgen ausgeblendet bleiben.

Die Gründung der deutschen Linken scheint ein Gegensignal zu dieser Krise zu sein. Dennoch sollten die Erscheinungen und Erfahrungen in der europäischen Linken nicht unbeachtet bleiben. Will sie die sich bietende Chance voll nutzen, wird sie viel Kraft in die Ausarbeitung ihrer Programmatik stecken müssen, externes Wissen aufnehmen und eine breite innerparteiliche Debatte organisieren.

Die Diskussion um ein Parteiprogramm ist mindestens so wichtig wie das Programm selbst. Die Mitglieder machen sich bewußt, woher sie kommen und wohin sie gehen. Und wenn es dann angenommen ist, demokratisch erstritten und beschlossen, gilt es auch für alle. Die Erfahrung, beteiligt zu sein an der Bestimmung politischer Ziele und möglicher Wege dahin, stärkt Selbstbewußtsein. Und das ist nötig, wenn man dem Zeitgeist die Stirn bieten will. Deshalb darf durchaus auch mal gefragt werden, ob die von dritter Seite erteilte Titulierung von Mandatsträgern der Linken als »Pragmatiker« generell als Erfolgsrezept für linke Politik gelten kann. Nicht selten wird damit nur die Bereitschaft honoriert, den Zeitgeist bedient zu haben.

Der Zeitrahmen für ein Programm der deutschen Linken ist eigentlich schon gesetzt.

Die SPD wird mit einem Programm für soziale Demokratie im 21. Jahrhundert ihr Profil bestimmen und mit ihren Zielen im Rahmen des Kapitalismus verbleiben. Darin sind sich übrigens alle sozialdemokratischen Parteien in Europa einig. Dennoch befindet sie sich, wie ihr Mitgliederschwund, rückläufige Wählerstimmen und sinkende Zustimmung bei den Gewerkschaften zeigen, in einer nicht beneidenswerten Lage. Auch die CDU kann nicht auf den Anspruch verzichten, für soziale Gerechtigkeit einzustehen. Bei den Wahlen für den Bundestag im Jahr 2009 werden es alle Parteien so halten. Die Politik der SPD-Führung führt zum Schwächeln ihrer Partei. Ob die Linke daraus kurzfristig Erfolge erzielt, wird sich zeigen. Längerfristig wird sich allein daraus kein stabiler Zuwachs an Wählerstimmen ergeben. Allen Strömungen in der Linken sollte bewußt sein, in Deutschland hat nur eine Sozialdemokratische Partei einen Raum. Für eine zweite gibt es keinen Platz.

Wie wiederholte Umfragen in Deutschland belegen, steht die Idee des Sozialismus bei einer beachtlichen Anzahl Menschen nicht nur im Osten noch immer für eine Hoffnung auf menschengemäßere Verhältnisse, was ganz sicher nicht nur die Höhe monatlichen Einkommens meint. Es ist Sache der Linken diese Hoffnung programmatisch zu formulieren. Und das bedeutet in den einzelnen Politikfeldern die anmaßenden Behauptungen zurückzuweisen, es gäbe keine Alternativen, sondern genau diese Alternativen auszuweisen, die langfristig über den Kapitalismus hinaus führen.

Nur ein eigenes, programmatisch geschärftes sozialistisches Profil kann tragfähig für die Linke sein.

Inhalt

ISBN 978-3-360-01086-5

Umschlaggestaltung: www.buchgestalter.net
unter Verwendung eines Fotos von Ronny Marzok
Fotos: Archiv Hans Modrow
Satz: edition ost, Berlin
Druck und Bindung: Salzland Druck, Staßfurt

Ein Verlagsverzeichnis schicken wir Ihnen gern:
Das Neue Berlin Verlagsgesellschaft mbH
Neue Grünstr. 18, 10179 Berlin
Tel. 01805/30 99 99 (0,14 Euro/Min.)

Die Bücher des Verlags Das Neue Berlin und der edition ost
erscheinen in der Eulenspiegel Verlagsgruppe
www.edition-ost.de